ユーリカ民法3

債権総論・契約総論

〔第2版〕

田井義信
監修

上田誠一郎
編

笠井　修・下村正明・吉永一行
著

法律文化社

「ユーリカ民法」シリーズの刊行にあたって

　平成23（2011）年3月末のある日，中川淳広島大学名誉教授（平成29〔2017〕
年4月御逝去）と満開の桜並木を眺めながら洛北の高野川沿いをドライブして
いた際，偶々法律文化社の近くを通りかかったので，中川先生の提案により飛
び込みで会社にお邪魔した。それにも関わらず，田靡純子社長，編集部の秋山
泰氏・舟木和久氏に快く歓談していただいた。その際，思いがけず秋山氏から
民法改正を盛り込んだ新しい概説書の企画のお話をいただき，中川先生からも
私が中心に企画をしてはとのお勧めをいただいた。

　そこで，基本構想とともに，全5巻構成にすること，各巻に執筆者兼編集責
任者を置くこと，特定の地域や大学に偏らず各巻4〜5名の壮年・青年世代の
「働き盛り」の著名な先生方にお願いすること，仮にも私の価値観の影響等を
疑われないため私のゼミ出身教員には全員執筆を遠慮してもらうこと等の方針
のもと準備を進めた。各巻編集責任者を通じて，執筆していただきたい先生方
全員の早期の御快諾をいただき，法律文化社と第1回企画・編集会議を開いた
のは平成23（2011）年12月のことであった。その当時は，民法改正案の国会提
出やその通過が，各種政治勢力の思惑や行政府・立法府等の都合により，これ
ほどまでに遅れて平成29（2017）年夏になろうとは夢にも予想しておらず，諸
先生方，とりわけ第1巻（民法入門・総則）の法律行為や時効欄等の執筆の先生
方には張り切ってお書きいただいた折角の完成原稿が，何年もの間店晒しにな
り何度も原稿の手直し等を余儀なくさせてしまい，日本の政治のいつもながら
の実態をよく見通していなかった私の不明を心からお詫び申し上げたい。

　本書は数ある概説書や教科書のなかで，おおまかではあるが次のような特色
を出せたらとの願いの下に企画した。

　まず，①主な対象者は法学部やその隣接領域の学部学生とすること，②「よ
くわかる民法」等と称する書物が既に多数出版されているが，それらの中には，
実は平易すぎて要点がよく分からないものや著者や学界の一部の者の見解等に
偏って一方的に叙述しているものも散見される。そこで，本書は一定の学問的
水準を保った上で，基本的にはいわゆる判例・通説に則って叙述するが，学説

や実務上の大きな論争がある場合にはできるだけ詳しくその点を解説し，読者に深く考える素材を提供するように心掛けた。法律学のような社会科学は「答えは1つでは決してない」ことを肝に銘じて理解していただきたく，論点について，ただ無批判的に有力者の見解を覚えることが学問だと誤解する思考停止の人々を嫌悪するからである。

21世紀の世界は徐々に進歩するのではとの私の淡い期待は重過失ある錯誤であった。日本の新聞・テレビは堕落して，真実追求や言論の自由の危機にあり，国民も大変な格差社会で，いつもながらの政府の低賃金政策と超低金利政策は，収入の少ない高齢層や若者を経済的に追い詰め，彼らを投資詐欺，特殊詐欺，仮想通貨詐欺などの餌食になる危険に晒している。もとより，制定法は，その国の強者の利益や種々の政治勢力の妥協で実現した結果であって理想形とは言い難い。読者には，制定法の正体とともに，契約や不法行為などの特徴はもちろん，その大本である民法全体の仕組みへの法的知識や法的思考が強く求められる所以である。

「ユーリカ」（わかった）とは，アルキメデスが物理学上の真理を発見した時の叫び声であるが，皆さんも，民法の各課題を考えていく中で，論理的・合理的思考に基づく結論に達した時の充実感を是非味わっていただきたい。

人類社会はまだまだ発展の初期段階であり，弱肉強食，社会的差別，税制の不公平，貧富の格差の固定化など不合理を極めている。とりわけアジアでは，封建時代以来，人権の全否定・弾圧が長く続き，それが庶民の骨身に染みているためか，不公平な社会が人の世の常であると諦観して何ら声を上げない人々が多く，そんな不合理が今後何百年も続くと考えるしかない状況にある。しかし，本当にそうだとしても，読者の皆さんには，真実を知りたいという人間本来の欲求と強い正義感，情報の真偽の嗅ぎ分け力，社会経済的弱者への理解力と共感を決して失わないでいてほしいと心から願う。そのため，日々流されて生きるのではなく，法律学のような社会科学は，何よりも「世の中の事象のすべてを疑え！」の精神で，自分の頭脳だけが頼りであり，常に自分の頭で論理的・合理的にものごとを深く考える癖を身につけた者だけが目標に近づけることをよくよく理解しておいていただきたい。③その一助として，様々な人生の背景を持った読者層のことを考え，導入部分や見出しをわかりやすく表現する工夫，コラム欄での魅力的表現の工夫，理解段階に応じた硬軟両レベルの練習

問題を入れること，また，上述した民法（債権法）改正については，本書が解釈論の本であるため，改正の是非等の立法論には踏み込まず，実際に改正された条文の解説に努めた。加えて，今回の改正は，第3巻，第4巻の債権篇に止まらず，第1巻での法律行為や時効等の条文も複数変更されていることにも特に注意されたい。

　さらに，民法の成人年齢18歳化に伴う消費者契約法等の関連諸法令の改正も目白押しであることにも留意しておく必要がある。④親族篇・相続篇はウルトラ保守層の抵抗が特に強い領域なので，実際の大幅改正にはまだ時間がかかるが，男女や親子，親族等の関係に関する価値観の変化や政治的・財政的思惑による各種の法改正の動きが今後徐々に顕著になってくる領域であるので，第5巻ではそのような現代的視点の提示にも努めている。

　上記のような事情で，当初の企画から長い時間が経ち，その後，秋山泰氏が退職され，本書の近時の編集作業は偏に舟木和久氏にばかり御負担をおかけすることになった。ここに記して，御執筆いただいた多くの先生方とともに両氏に衷心より御礼を申し上げたい。

　平成30（2018）年2月

編集委員を代表して

田　井　義　信（同志社大学名誉教授）

ユーリカ民法シリーズ　編集委員

田井　義信（監修者）

大中　有信（第1巻編集責任者）

渡邊　博己（第2巻編集責任者）

上田誠一郎（第3巻編集責任者）

手嶋　豊（第4巻編集責任者）

小川　富之（第5巻編集責任者）

第2版はしがき

　今回幸いにも本書の第2版を世に送ることができた。第2版では，多くの箇所で叙述をより分かりやすくすることに努めたほか，初版出版後5年の間に行われた，細かなものも含めると6次にのぼる民法の改正（ただし物権編，親族編，相続編など債権編以外を対象とするものが多い）や民事執行法をはじめとする関連法律の改正を反映させるとともに，必要な範囲で新しい判例を加えた。

　第2版が，初版同様，これから民法を学ぼうとする人たちのお役に立つことを，執筆者一同，心から願っている。

　　令和5（2023）年3月

執筆者一同を代表して

上田　誠一郎

初版はしがき

　本書は，5巻からなるユーリカ民法シリーズの第3巻であり，債権総論および契約総則の範囲を扱っている。この分野は，平成29（2017）年の民法改正により，大きな変更を受けた。今回の改正は，明治29（1896）年の民法典（財産法に関する前三編）の公布以来，大きな改正がなかった民法典の債権編を全面的に見直したものである。改正の多くの部分は，相当に抽象的な民法の規定が具体的にどのように適用されるかを明らかにし，また社会の変化に対応するための，民法典制定以来100年以上にわたる判例学説の努力の積み重ねによって形作られたルールを条文にするという性格をもつものであり，このような部分については改正の前後ではっきりとした断絶が存在するわけではない。しかし相当多くの部分で，これまでのルールの変更や新たなルールの導入が行われている。

　改正法は2020年4月1日に施行予定である。したがって本書の出版時点での現行法は改正前の民法であり，その状態が2年近く続くことになる。この状況にどのように対応するかは悩ましい問題であったが，我々は，改正後の民法を基準とし，改正前の法状態については，改正後の民法を理解するために必要な場合を除き原則として触れないことにした。本書で民法を学んだ人たちが社会に出た後に実際に役立つのは，改正後の民法の知識になることを考えた結果である。文中では，特に明示しない限り，「民法」や「○○条」は改正後のものを指している。

　本書は，大きく分けて，第1部契約債権法と第2部金銭債権法の2つの部分からなる。第1部では，債権が主要な発生原因である契約から生まれて，当初の意図通りの経緯をたどるにせよ，意図に反した経緯をたどるにせよ，消滅に至るという債権の一生の見取り図を描くのに対して，第2部では，債権者が債務者の資力という限られた資源をめぐるライバルとの競争を勝ち抜くための債権的法上の手段として機能しうる制度を扱う。第2部で取り上げる制度は，たとえば債権譲渡のように，必ずしも金銭債権に限定された制度ではないが，さまざまな内容をもつ債権も，その本来の目的を達成できない場合には，結局損

害賠償請求権という金銭債権になること，これらの制度が，実際上，金銭債権の履行確保の場面で用いられることが多いことから，金銭債権法としてまとめることにした。ユーリカ民法シリーズでは債権総論および契約総則を合わせて1つの巻で扱うことにしたこと，また債権総論の編成自体が必ずしも事態の自然な流れに沿ったものになっていないこと（とりわけ弁済関連の規定が第2部で扱う諸制度の後に来ること）から，読者のより自然な理解に役立つよう考えたものである。

　本書が，これから民法を学ぼうとする人たちのお役に立つことを執筆者一同心から願っている。

　　　平成30（2018）年3月

　　　　　　　　　　　　　　　　　　執筆者一同を代表して

　　　　　　　　　　　　　　　　　　　　上田　誠一郎

◆第2部 金銭債権法

第5章 債権者代位権・詐害行為取消権 ──────── 159

凡　例

【1】　条文・判決文の引用

　　読者の便を考え，引用した条文・判決文を，読みやすいように書き改めた。

① 　カタカナ書きをひらがな書き・濁点付きに改めた。

② 　年月日，条文数などの漢数字を算用数字に改めた。

③ 　促音を小活字に改めた。

④ 　文脈によって平成29（2017）年民法（債権法）改正前の民法を「改正前民法」，改正後の民法を「改正民法」と呼ぶことがある。ただし，平成29（2017）年よりも前の民法改正については，年号を付して表記する（たとえば，「平成15（2003）年改正民法」）。

【2】　判例の略語（主要なもの）

大　判……大審院判決		高　判……高等裁判所判決	
最　判……最高裁判所小法廷判決		地　判……地方裁判所判決	
最大判……最高裁判所大法廷判決			

民　集……大審院（最高裁判所）民事判例集		新　聞……法律新聞	
民　録……大審院民事判決録		金　判……金融・商事判例	
判　時……判例時報		金　法……金融法務事情	
判　タ……判例タイムズ			

【3】　法令名の略記

　　本文カッコ内での法令条文号数の引用に際して，民法典については，条文号数のみ掲げ，その他の法令で頻度の高いものは，その法令名を，通例慣用されている方法により略記した。

本書の利用の仕方

【1】 本文の導入部分

▷▷ Navi ▷▷ ……… 各章のテーマがどのような場面で問題になるかを示している。

◆ Key Point ◆ …… 各章の学修上の課題や留意点などを示している。

【2】 本文中のコラム等

♪ **Topica** ……… 学説等の重要論点やキーワードをコラムにしている。

Case ………… 当該テーマを理解するうえで重要な判例をコラムにしている。

Oasis ………… ちょっとしたこぼれ話をコラムにしている。

Example ………… 本文の内容と特に関連する判例や具体例を設例として挙げている。
（※場合によっては,「Example」ではなく「Situation」など別のタイトルを付している。）

【3】 本文末尾の問題演習

Check …………… 基本問題と発展問題。前者は,基本的概念の説明を求める問題であり,後者は,具体的事例のなかで法的根拠等を考えさせる問題である。

債権とは何か

1　債権とは，債権法とは

▶1　債権と債務

　Aが自己の所有する建物をBに売り渡す契約をすると，この契約に基づいて，AはBに対して代金の支払を求めることができ，BはAに対して建物の引渡しを求めることができる。このように，特定の人が特定の相手方に対して，ある具体的な行為（作為または不作為）を請求することができる権利を「債権」という。これに対応する相手方当事者の義務を「債務」という。代金の支払については，Aは，それを求める債権を有する債権者であり，Bは，その債務を負う債務者である。目的物である建物の引渡しについては，Bが債権者，Aが債務者となる。Aは代金を，Bは目的物である建物を受け取ると，それを保持することができる。これも債権の内容ということができる。

　BがAに対して建物の引渡しを求めることができることや，AがBに対して代金の支払を求めることができることは，そのような取引をした以上，ごく常識的なことのように思われる。では，この関係を上のように債権とか債務という言葉を使って説明することにはどのような意味があるのだろうか。またそれにより，当事者の関係がどのようにあらわれてくるのだろうか。

▶2　債権と物権

　債権・債務の一般的な定義は，上に述べたとおりであるが，本書を読み進んでいけば，より具体的な情報と共に債権の姿がはっきりと見えてくるであろう。

ここではまず，債権の意味を理解するためのひとつの手がかりとして，「**物権**」と対比してみることにしよう。

▶▶ 1　働きの違い

まず，両者の権利の働きの違いをみると，基本的に債権は，人が富（お金・物・サービスなど）を移転させるための道具であるのに対し，物権は，富を帰属させ，利用するための道具であるということができる。

たとえば，富の移転が取引によって行われる場合には，契約により債権が発生し，その債権の実現として富の移転も生じる。また，故意や過失があって他人の権利を侵害したような場合には，その被害の救済のために被害者は加害者に対して損害の賠償を求めることができる。この損害賠償金の支払を求める権利も債権であり，その実現として富の移転が生じることになる。

他方，物権は主として富の帰属に秩序を与える働きをする。誰にどのような財貨がどのように帰属するかということは，わが国の経済秩序の基礎をなしている私有財産制を基礎として制度的に裏付けられる必要がある。その裏付けの基本的な単位として物権が重要な働きをするのである。

▶▶ 2　性格の違い

次に，債権と物権について法的な性格の違いをみると，しばしば，相対権・絶対権，対人権・対物権，請求権・支配権などの区別が指摘されることがある。

たとえば，他人物売買（561条）がなされた場合には，買主は取引当事者である売主に対して目的物の引渡しを請求しうるが，第三者である目的物の所有者に対しては請求することができない。この意味において債権は相対権である。これに対し，物に対して物権を有する者（たとえば，所有者）は自己の権利主張を万人に対して主張することができるので，この意味において物権は絶対権である。

なお，債権にも，**摑取力**（かくしゅりょく）のように一定の支配権が認められている。他方，物権は物に対する直接・間接の支配力を行使することができる特徴を持つが，物権的請求権のように，人に対して一定の請求を行う権能を根拠付ける場合もある。

▶▶ 3　区別が徹底していない場合

債権と物権は，民法の体系上区別されている。ただ，この2分法は隅々まで徹底しているわけではなく，この区別があいまいとなる場合もある。たとえば，

証券の形をとる債権（手形，小切手，社債など）はいうまでもなく，一般の金銭債権や不動産賃借権のような一定の債権をみると，それらは債権には違いないが，富の移転にとどまらない役割を果たしていることがわかる。これらは，債権それ自体が財産価値を持つ財貨として取引の対象とされているのである。とくに，不動産賃借権は債権であるが（601条以下），借地借家法等によって対抗力を備えたものについては，「**賃借権の物権化**」と呼ばれる現象がみられる。債権もまた，債権法の規律と高まる経済的価値によって，物権の性質の一部を獲得するようになったからである。

このような，双方の概念にまたがる権利の形態も存在するが，その上でなお，物権と債権の区別は，民法の根幹を成す区別としての重要性を持ち，また，民法典の編別構成に明確な形であらわれている。

▶3　債権法はどこにあるか

では，以上のような債権を規律する規範としての債権法は，どこにどのような形で存在しているのであろうか。

まず，民法典のなかの第三編債権の規定が重要であるが，第1編民法総則の規定もそのほとんどが債権関係に適用されるものであり（たとえば，法律行為や消滅時効の規定），また第4編，第5編の家族に関する規定も債権関係を規律する上で大きな働きをしている。さらに，民法典の外に置かれた多くの特別法も，それぞれの適用範囲において債権関係を規律している。たとえば，商法，借地借家法，消費者契約法，利息制限法，製造物責任法などである。その上で，これらの法律の規定に関して膨大な量の判例法が発展している。これらの規範の全体が「債権法」を形作っているということができる。

2　債権はどこから発生するか

▶1　債権が契約から発生する場合

では，上記のような広大な債権法によって規律される債権は，そもそもどのようにして生まれてくるのであろうか。

債権は，まず**法律行為**によって発生する。法律行為には，契約，単独行為，

合同行為が含まれるが，契約によって債権が発生する場合が最も一般的である（以下，これを中心に説明する）。

▶▶ 1　契約から債権が発生するのはなぜか

　契約から債権が発生するのはなぜか。言い換えれば，そもそも**契約の拘束力**の根拠はどこにその源があるのかについては，これまでかなりの議論が行われてきた。大きく分けると，二通りの考え方に整理することができる。

　まず，契約上の債権・債務は当事者の合意に基づいてそこから直接発生するという見解である（合意説）。これに対し，契約においても債権・債務の発生根拠は法であるという見解がある（法規説）。近代的な民法は，契約の効力の判断において当事者意思を重視するものが多く，その意味で合意が必要であるが，契約の拘束力そのものは法がその合意に法的効力を付与したからであると理解するのが妥当であろう（民法91条が重要な意味を持つことになる）。そして，この対立は，契約に基づいて一定の請求を行う場合の主張立証責任の判断にも反映されることになる。

▶▶ 2　契約自由の原則

▶▶▷ 1　契約自由の原則の意義　　契約を結ぶか否か，誰と契約を結ぶか，どのような内容の契約を結ぶか，どのような形式で契約を結ぶかは，当事者の自由に委ねられている。**契約自由の原則**という。

　民法は，契約自由の原則に関し，**契約締結の自由**については521条1項で，**内容決定の自由**については521条2項で，**方式の自由**については522条2項で，それぞれ明文規定を設けている。また，**相手方選択の自由**も，521条1項に含まれていると理解することができる。そして，契約自由の原則の下で，当事者は，公序良俗や強行規定に反しない限り，当事者の権利義務関係や責任関係に関わるさまざまなことがらを契約のなかに盛り込むことができる（⇨第1章 topica「当事者の合意内容と契約の成立」）。

　この原則においては，契約によっていかなる法律関係を形成するかは，私人間の合意に任されていることがらであり，原則として国家がそれに干渉することには謙抑的であるべきとされているが，他方で，いったん契約が締結されると，国家が契約当事者の求めに応じて契約内容の実現を司法機関のはたらきを通して保障することも意味している。すなわち，契約自由のもとで約束された利益の実現について国による支援が予定されているのである。

なお，契約自由が原則とされていることと，合意された**契約の性質決定**とは
区別されなければならない。性質決定は，あくまで契約内容に対する評価の問
題である（⇨第1章第1節▶4▶▶3）。たとえば，家屋の借主が家屋の固定資産
税を負担する約束をしていてもそれは対価ではない（その契約は賃貸借には当た
らない）と評価される可能性がある（そのように評価した先例として，最判昭和
41・10・27民集20巻8号1649頁）。

▶▶▷2　**契約自由の原則の例外**　　契約自由の原則には，多くの制限がある。た
とえば，契約内容決定の自由に対する民法上の制限としては，公序良俗違反の
法律行為に関する規定（90条）や信義則に関する規定（1条2条）をはじめ，**強
行規定**（法令中の公の秩序に関する規定〔91条参照〕，すなわち，それと異なる内容の
合意がなされてもその合意に優先して適用される規定）とされる多くの定めが存在
する。

　また，契約締結の自由，相手方選択の自由，方式の自由は，法令に特別の定
めがある場合には妥当しない（521条1項・522条2項）。契約内容決定の自由は，
法令の制限に服する（521条2項）。

　契約自由を制限する法令として，たとえば，つぎのような例をあげることが
できる。まず，契約締結の自由を制限する法令としては，市民の生活に必須の
物・サービスを独占的に供給する事業者は，原則として契約の締結を拒絶する
ことができないことを定める諸規定（水道15条など），医師の応召義務を定める
規定（医師19条1項），さらに私法上の効果として契約が締結されたものとみな
す規定（仮登記担保10条），一方の意思表示により契約が成立したものとする規
定（借地借家13条・14条・33条）などがある。

　また，相手方選択の自由を制限する法令の例としては，労働法分野における
さまざまな規定（労組7条1項・雇用機会均等5条）をあげることができる。そ
して，外国人に対し契約締結を拒絶したことが不法行為に当たると評価され
て，損害賠償責任を発生させるかが争われたケースに関する先例も現れている
（肯定例として札幌地判平成14・11・11判タ1150号185頁，否定例として東京高判平成
14・1・23判時1773号34頁）。

　さらに，方式の自由に関する法令上の制限の例としては，契約が成立するた
めに一定の方式を備えることを要件とする諸規定がある（民446条2項・3項・
465条の2第3項・587条の2，借地借家22条1項後段・23条3項・38条，農地21条など）。

▶2 債権が法律の規定から直接発生する場合

▶▶1 法定債権

　債権が法律の規定から直接発生する場合がある（「法定債権」と呼ぶことがある）。すなわち，債権法においては，事務管理（697条），不当利得（703条），不法行為（709条）に関する諸規定である。これらの規定に基づく債権の発生要件とその内容は，法律に規定されており，その具体的内容はそれらの規定の解釈によって確定される。

▶▶2 信義則上の義務違反に基づく損害賠償請求権

　また，契約を結んでいなくても一定の社会的な関係にある当事者間には，信義則の規定（1条2項）に基づいて債務が発生する場合があり，その不履行に基づいて損害賠償請求権（415条）が発生することがある。たとえば，契約締結に向けた準備段階にある者が一定の注意義務を負う場合，情報提供義務を負う場合，契約締結過程において，接触する当事者間が互いに相手方の生命・身体・財産などの法益を侵害しないように配慮する義務（保護義務）が肯定される場合などである。さらに，特定の社会的接触関係にある者の間で安全配慮義務を負う場合などもある（なお，これらの義務の不履行に基づく責任を不法行為責任とする判例や見解もある）。

▶▶3 物権法や家族法上の債権

　さらに，物権法や家族法の分野でも法律の規定が債権を発生させる場合がある。たとえば，占有者の費用償還請求権（196条）や扶養請求権（877条）である。

3　「契約債権法」という考え方，「金銭債権法」という考え方

▶1　契約債権法

　債権がその最も主要な発生原因である契約から生まれる場合には，その内容は契約に即して無限のバリエーションを持ちうる。債権内容についてさまざまな分類が行われているがそれらはあくまで分類であり，これからも今まであらわれたことがないような債権が発生するであろう。そして，契約が成立し（⇨第1章），契約からさまざまな債権が生まれ（⇨第2章），その債権内容に即した

債務の履行によって満足して消滅する（⇨第3章）。これは契約から生まれた債権の最も望ましい一生である。ところが，何らかの理由によって債権内容に即した履行が行われなくなると，契約関係はにわかにその不履行の救済の関係に様相を改め，多様であった債権は，損害賠償を求める金銭債権へと姿を変えることになる（⇨第4章）。この救済のなかで一生を終える債権もある。契約債権をめぐるこのようなプロセスを描き出すことが，第1部「**契約債権法**」の任務である。

▶2　金銭債権法

　上のようにしてあらわれた金銭債権は，はじめから契約の第1次的な内容として生じる金銭債権や法定債権として生まれる金銭債権と共通する，蒸留水のような抽象的な性格を持った権利である。このような金銭債権を持つ債権者は，他の債権者との関係において，債務者の資力という債権の最後の拠り所を目指して競い合う世界に進んでいく。その世界において，民法は金銭債権の満足のために，種々の制度を用意している。責任財産保全の制度や多数当事者関係の規律は，その主要なものであり，これらを駆使して，当事者は自己の金銭債権の実現を試みる。このような関係を規律するのが，第2部で説明する「**金銭債権法**」である。

第1部
契約債権法

第1章

契約の働きと成立

▷▷ Navi ▷▷

　　債権の発生原因として中心となる契約について，その成立に関するルールを理解することが目標です。まず，契約が今日の私たちの生活のなかで果たしている役割を見渡した上で，契約の成立に関してどのような原則が置かれているのか，また，その原則の適用をめぐってどのような問題があるのかを理解していこう。

◆ Key Point ◆

　　私たちの生活やビジネスにおける契約の役割を，なるべく具体的にとらえ，かつ契約の一生を見渡してどんな論点があるのかを確認しよう。その上で，申込みと承諾という契約の成立の重要な要素がどのように判断されているのかを，契約締結の準備段階を含めて，当事者のやり取りとして把握することが大切です。また約款のような重要な手段については，そこにおける特有の理論にも目を向けることにしよう。

1　契約と契約法

▶1　契約とは

▶▶1　契約の働き

　市民の生活から企業のビジネスに至るまで，日々実にさまざまな物が利用され，消費されているが，それらの物は，そのほとんどすべてがかつて他人によって生産され，所有されていたものである。また，労働や役務のような広い意味でのサービスについても，他人からそれを得なければならない。他人から物を

手に入れ，他人の物を利用し，他人のサービスに助けられることなしには，生活もビジネスも成り立たない。

　他人から物を得るための方法はさまざまであるが，それらのなかで最も多いのは，私たちが物を買ったり交換したりする場合のように，自己の「意思」によってそれを得る場合であろう（時効や相続のような，人が富を移転させる意思を有したかとは関係のない原因によることもありうるが，これらは契約ほど頻繁に生じることではない）。それを可能にする手段が，契約であり，それを規律する法が，契約法である。そして，今日，利用・消費される物は，ほとんどすべてが，契約によって他人に提供される（たとえば，売られる）ことをはじめから予定し，それを目的として生産されたものである（その意味で，人間が作る物はみな，はじめからいわば「商品」としての性格を与えられている。そのうえ，土地のような人間が生産したわけではない物も取引の対象とされ，それを他人から手に入れる必要がある）。

　このようなことは，他人のサービスを得ようとする場合にも当てはまる。人間のサービスも，今日ではほとんどはじめから契約の対象として，契約を通して他人に提供されている。たとえば，他人を雇用する場合もあれば，家の建築を工務店に請け負わせるということも考えられる。また，法律事務を弁護士に委任するような場合もありえよう。私たちは，それをやはり契約によって実現するのである。

▶▶ 2　契約の拡大

　契約とは，一定の法律効果の発生を目的とする，2人以上の人の相対立する意思表示の合致（合意）により成立する法律行為のことである（法律効果を発生させようという意思表示から成り立つ法律要件を「**法律行為**」というが，契約はその典型例である。法律行為には，ほかに単独行為や合同行為もある）。今日の経済活動にとって，契約は決定的な役割を果たしている。日常の食料品の購入から航空機の部品の調達，タレントのテレビ出演から最新の医療サービスの提供，さらに複雑な金融商品の取引まで，みな契約によって行われている。契約こそは，ほとんどありとあらゆる富の移転・運動を可能にするきわめて優れた道具であり，日常生活からビジネスの世界を含めて，新しい法律関係を作ろうとする場合には，私たちはまず契約を使うのである。これは，契約という手段が，ものごとを個人と個人との関係としてとらえようとする考え方になじむことや，当事者のイニシアティブを尊重しそれを利用する経済システムとも適合しやすいからであ

ろう。

　そればかりか，最近では福祉のような本来取引やかけひきの対極にあった世界にまで，契約が深く浸透し，福祉サービスの供給が契約によって行われるようになってきた（措置から契約へ）。さらには，取引の場面をこえて，広く企業や行政機関のようなさまざまな組織を構成し説明する技術としても，契約はますます広く活用されつつある（たとえば，「契約としての企業」）。

▶▶3　契約と契約法

　契約がこのように広く浸透した社会では，物やサービスが契約に従って一定の秩序の下で人から人へ移転するルールが必要となる。そのルールとしては，まず契約自体が重要であるが，契約によって取り決めておかなかったことについて法がルールを用意しておくことも必要である。また，契約によって予定したとおりに物やサービスの提供が行われなかったようなイレギュラーな事態もありうるから，それに対する対策として当事者の利益をどのように救済するかもはっきりさせておかなければならない。そのような条件が整ってはじめて他人から物やサービスを安全確実に手に入れて経済活動を行うことができることになろう。契約によって人と人との法律関係がどのように変化し，契約をめぐるトラブルが発生したときにそれをどのように解決するかを定めた法が，契約法である。

▶2　契約による法律関係の形成

▶▶1　私的自治の考え方

　契約が，今日，人と人との間の法律関係を作り説明するための手段として，社会の隅々まで浸透し非常に広い範囲で用いられるようになってきたことをみると，私たちは，契約が作る世界に住んでいるということができる。では，契約が作る世界とはどのようなものであろうか。

　古典的には，契約は，権利の変動原因と義務の拘束力の源を個人の意思に求め，さらに，そこに権利義務関係を正当化する根拠（当事者が「そのように欲したのだから」）を見いだそうとする考え方に支えられたものであった。

　つまり，さまざまな権利変動の原因のなかで，最も重要なのは，個人の意思に基づくものであるとする考え方の下では，国家はこの個人の意思とそれによって形成された法律関係を尊重するべきであるという原則が生まれてくる。

この原則を「**私的自治の原則**」という。この私的自治の原則は，私たちが自分自身の権利義務関係を自らの判断で決めることができる精神的な能力を持っていることを前提にした上で，その権利義務関係の変動の原因を私たち個人の意思に見いだそうとする考え方である。そして，私たちの法律関係を作ろうとする意思は，契約を通して実現されることが最も多いから，私的自治の原則は，「**契約自由の原則**」として重要な働きをする場面が多い。すでに述べた契約自由に関する民法の規律（521条・522条）はこのような考え方に支えられているのである。

このような契約自由の世界では，登場人物がみな自己の利益の最大化を求めてかけひきを繰り広げる。誰にとっても契約に関わる将来の状況を予想することは程度の差こそあれ不確実さを免れないことであるが，それでも人は，契約から得られる利益と契約を結ぶことによって引き受けることになるリスクとを予測・計算し，自己決定によって契約を締結する。これによる富の移転を通して，日常生活からビジネスに至るまで広い範囲の活動が行われるのである。このような世界では，自己の利益を追求する各人の行為が，結局は適切な契約内容を実現し，また社会全体としても活気あふれる状況をもたらすことが期待される。契約はそれを実現する核となる要素である。

このような世界で，契約がその期待される働きを行うためには，契約というものがどのようにして成立するのか，そこからどのような権利義務関係が出てくるかをはっきりさせると共に，契約をめぐるトラブルが起きた場合に備えて，それが適切かつ安定的に解決される仕組みが用意されていなければならない。その任務を担うのが，契約法である。

▶▶ 2 契約が作る当事者関係のゆがみ

契約は，きわめて有効な手段として私たちの生活やビジネスを支えてくれるが，決して万能ではない。契約が作り出す世界は，一面で活力があり1人ひとりのイニシアティブを尊重する世界であるが，それは，多くのゆがみを生み出すこともある。そのゆがみをただし，契約の持つよい側面が生かされるように導くこともまた，契約法の重要な任務である。

すなわち，登場する人間がみな同じ程度の精神的能力を持ち，将来のことを適切に予見・判断し，経済的にもほぼつりあった存在である場合には，契約自由が適切な契約内容をもたらすことを期待することができる。本来，民法自体，

原則として人間を個人的な属性から切り離し，個性のない抽象的な存在として扱っている。しかし，現実の契約の世界に登場する生身の人間やいろいろな法人は，みなその能力も置かれている状況もさまざまである。このことは，契約の交渉の場における力関係の差（**交渉力の不均衡**）となってあらわれ，それはただちに締結される契約の内容に反映されることになる。そして，力関係に差がある者どうしの間で結ばれた契約は，その内容が**契約正義**に反したものとなりかねない。

　たとえば，一方当事者が経済的に弱い立場にある場合（たとえば，会社に対する被用者，貸主に対する借家人・借地人）や，交渉やかけひきの能力において劣位にある場合（たとえば，事業者に対する消費者）には，契約の自由は強者の自由となってしまうであろう。このような場面では，取引に介入して，契約の成立や内容に規制を行う必要が生じてくるのである。契約内容を直接規制したり，当事者が適切な判断をすることができるように交渉の環境を整えることが求められる。これも契約法の任務なのである。

▶3　契約の一生と契約法

　契約は，その締結に向けた交渉のなかから生まれるが，その一生は，**契約の成立**，契約に基づく義務内容の確定，その履行，契約の消滅に至るひとつのプロセスである。このなかで，以下のようにさまざまな紛争・トラブルが発生し，その解決を契約法に求めてくる。いずれも第1部第1章から第4章において詳しく触れる問題であるが，ひと通り見渡しておくと，以下のようにいうことができる。

▶▶1　契約は結ばれたか

　まず，本当に契約が成立したのかどうかが争われることがある。契約が成立していれば当事者はそれにしばられることになるが，まだ成立していないならそれにしばられる前に交渉をやめることもできる。では，契約はそもそもどのようにして結ばれるものだろうか。契約が成立するためには**申込み**と**承諾**が必要であるが，そこでは，申込みと承諾について何が要求されているのであろうか。また，申込みと承諾以外の行為，たとえば契約書を作ることは必要だろうか。

　当事者の交渉が進んだ段階で一方の当事者が交渉を破棄したために契約が成立にまでたどりつけなかったという場合に，そのことによって相手方に損害が

生じると交渉を破棄した当事者に何か責任が出てくることはないのだろうか。

さらに，今日の取引の多くは約款によって行われている。約款による契約の成立にはどのような問題があるのだろうか。第2節，第3節はこれらの問題を扱う。

▶▶ 2　契約からどのような権利・義務が出てきたのか

次に，成立した契約からどのような債権債務関係が生じたのか，という契約の内容自体をめぐってトラブルが生じることもある。契約の内容について，当事者がはっきりと契約で決めておかなかった場合はもちろん，決めてはあったがその意味があいまいだった場合，契約で表示した言葉の意味について，その理解が世間一般の言葉使いや両方の当事者間で食い違ったりした場合には，**契約の解釈や補充**を行って，契約内容を具体的にはっきりさせる必要がある。

また，解釈によって債権債務関係がはっきりしても，それをそのまま有効と認めてよいかは，別の問題である。当事者の判断力に不十分なところがあって契約内容の損得をしっかり判断できない場合，契約の申込みや承諾をする際に実際の意思と表示したところが一致しない場合，さらに，出来上がった契約の内容が私たちの倫理観や社会通念に反するようなものであった場合には，それをそのまま有効にすべきかどうか，問題が生じる。

さらに，契約をするときに，将来のことを何もかも見通して契約内容を決めておくことはできない。契約をしたときには考えてもみなかった事態，つまり計算を超えたリスクが現実化した場合には，それでもなお，当事者は契約にしばられなければならないのだろうか。

第2章は，これらの点を含めて，契約から生じる債権・債務の内容を説明する。

▶▶ 3　契約に基づく債務は履行されたか

契約が有効な場合には，そこからは債権債務関係が生じることになる。契約は，そこに定められたとおりに債務がつくされて，債権の満足・消滅によって終了を迎えるのが，最も望ましい。

では，どのように履行すれば，契約上の義務をきちんとつくしたことになるのだろう。誰が，誰に，何を，いつ，どこで，どのように，という履行の諸要素（5W1H）をはっきりさせる必要がある。これらがすべて契約に決められていればわかりやすいが，はっきりしない点については，契約法がその指針を

示す必要があり，これに即して義務をつくすことになる。この点については，第3章で契約目的の実現と債権の消滅として説明する。

　ところが，不幸にして，契約に適合した形で履行がなされないと，それは契約違反である。全く履行がなされない場合はもちろん，履行がなされても債権者からみると債権が十分に満足されていないということもある。そのような場合には，いったい契約違反があったのか，どのような契約違反があったのかをめぐって，当事者間でトラブルが起きかねない。契約法は，契約違反の形態として複数の場合を規定し，それが救済の相違にも結びつけられているから，どのような行為や状態が契約違反なのかについて，はっきりさせておくことが必要である。

　第4章第1節は，このような契約の不履行を取り上げる。

▶▶4　契約違反に対する救済

　では，契約違反があったということがはっきりした場合には，当事者はどのような救済を受けることができるであろうか。きちんと履行されていないのならば，強制してでも，あくまで約束どおり履行させることが望ましいこともある。他方で，損害賠償という方法で解決する方が適切で，当事者がそれを望むことも多い。しかし場合によっては，違反された契約からさっさと脱出して，別の人と取引をした方がましだと考えることもあるだろう。

　契約法は，**債権内容の現実的履行の強制**，**損害賠償**，**契約の解除**という，救済方法のバリエーションを持っているが，それらはどのような内容の救済方法で，どのような場合に用いられることができるのだろうか。たとえば，現実的履行の強制は，どのような方法で行われるのだろうか。損害賠償により賠償されるべき損害とは何だろうか。そもそも損害賠償はどのような場合に可能なのだろうか。そして，どのように行われるのだろうか。

　これらの点については，第4章第2節から第5節が，救済の制度として詳しく説明する。

▶▶5　契約が途中で終わるとき

　最後に，契約の終了の問題が残る。契約がきちんと履行されて，債権が満足すると，契約は幸福な終了を迎えることができる。ところが，予定したとおりの生涯を終えることができないこともある。たとえば，一方当事者からの**契約の解除**によるイレギュラーな終了となることもある。これには，契約違反に対

する救済としての意味もあるし，また，客観的な事情の変化により契約自体が
もはや維持する価値がなくなった場合の終了ということもある。しかし，他方
当事者は契約の継続と実現を信じそれを前提として活動しているのが通常であ
るから，契約を途中で解消するのは十分な理由がある場合でなければならない。
きちんとした理由のある解除か否かをめぐってトラブルとなることも多い。で
は，契約の解除は，どのような場合に行うことができるのか。解除すると契約
はどうなるのか。すでに履行している分があるときはその清算はどのように
行ったらよいのか。契約の終了についても，解決しなければならない点は多い。
契約の解除については，第4章第3節で検討する。

▶4　民法が定める契約の種類——典型契約

▶▶1　典型契約の規定

　ここで民法が契約自由の原則を規定しながら，同時に贈与から始まる13の契
約について規定を置いていることに目を向けよう。

　何らかの契約が結ばれたとしても，当事者が，その契約に関わる権利義務関
係のすべてを合意によって確定しておくということは容易ではないし，通常行
われない。また，合意してあってもその内容がつねに明確とは限らない。そこ
で，合意が存在しない場合や不明確な場合に，契約内容を補充し，または明確
にするための基準が必要となる。民法の**典型契約**の規定は，社会でしばしば締
結される契約について最も共通した（あるいは適した）一般的な内容を規定し，
不完全・不明確な契約の補充・明確化の基準を提供するものであり（**任意規定**），
その意味において大きな機能を果たしている。

　任意規定としては，とくに民法典（または商法典）が規定する各種の典型契
約に関する規定が重要な意味をもつ。すなわち，民法は，贈与（549条以下）以下，
13種類の契約類型について（また，商法は，売買〔524条以下〕以下9種類の契約類
型について）規定を置いている。これらは，立法時において，社会の発展のな
かでとくに重要なものとしてあらわれてきた契約類型のカタログである。

　もっとも，契約自由の原則の下では，ぴたりと典型契約に当てはまる契約で
あっても，原則として，それに関する民法の規律を当事者の合意によって修正
することは可能である。また，典型契約に当てはまらない内容の権利義務関係
を生ぜしめる，多種多様な**非典型契約**を結ぶことも，契約当事者の自由である

（物権法定主義との対比）。今日では，このような意味における，実にさまざまな非典型契約が存在し，また日々新たに生み出されているが，これらも効力の点では，典型契約と何ら異なることはない（そもそも，民法総則，債権総論，契約総論の規定の適用に関しては，典型契約であろうと非典型契約であろうと違いはない）。

▶▶ 2　典型契約に関する規定の機能・存在意義

　では，いずれかの典型契約に当てはまる契約もいずれにも当てはまらない非典型契約も同じく有効であるならば（つまり，契約というものは，たまたま民法や商法にその類型に即した規定があろうとなかろうと，原則として，契約当事者の合意によって形成され効力を与えられるものであるならば），典型契約に関する規定を置くことや，典型契約と非典型契約とを区別することにはどのような意味があるのであろうか。

　典型契約規定の存在意義については，程度の差こそあれ古くから懐疑論が存在した。すなわち，典型契約に当てはまらない契約に関する紛争であっても，そもそも当事者意思の解釈によってその契約から生じた第1次的な権利義務関係を確定することができる場合には，その上で，その義務違反をめぐる紛争を，民法総則，債権総論，契約総論の規定の適用によって処理することができる事例が多い。さらに，慣習または慣習法によって解決できる場面もあり，それらの手がかりがない場合には，裁判官の法創造に委ねるべき領域とすることもできる。そうであれば，契約の紛争においていずれかの典型契約の規定を無理に適用しようとすべきではないことになり，その限りで典型契約に関する規定の存在意義も小さくなるのではないか，ということである。

　しかし，他方で，典型契約の概念は，さまざまな紛争事実を法律問題として検討する上で，その認識・分析の道具として有用であることも事実である。また，契約類型ごとに，そこに生じうる紛争の解決について，典型契約に関する**任意規定**が，当事者の合意とは別の次元から，**公正あるいは正義**にかなった解決の方向を指し示すという働きも注目されてよい。この公正や正義の理念に即した規律の必要性は，契約が第1次的には当事者意思によって形成されるものであるとしてもなお重要性を持つ。すなわち，この働きにより，典型契約の規定は，私人間の規範創造にとって望ましい，あるべき規範内容を表現したものとみることもできる。そのため，契約正義の実現がとくに強く求められる場面では，今日，「任意規定の強行規定化」とみられる現象も生じているのである（た

第1章　契約の働きと成立

19

とえば，消費者契約法8条1項・10条参照）。

　さらに，今日では，典型契約の冒頭規定が，その契約の履行請求権を根拠づけるものとして，要件事実論の上で重要な意味を与えられることがある。

▶▶ 3　契約の性質決定

　たとえば，ある契約について，「その契約は，賃貸借契約である」と**性質決定**するということは，その契約内容の明確化や欠缺補充において，民法の賃貸借に関する規定を適用することができるということである。この意味で，どのような典型契約と性質決定されるかは紛争解決にとって重要な意味を持つ。では，社会で結ばれるさまざまな契約について，それがいずれの典型契約に当てはまるか，あるいはいずれにも当てはまらないかは，どのようにして判断されるのであろうか。この性質決定の方法が問題となる。

　まず，実際に社会で結ばれる個々の契約はそれぞれ無限の多様性をもって存在している。他方で，各典型契約の規定からは，それぞれその契約の核心を構成する本質的要素を見いだすことができる。つまり，一般論をいえば，実際の個々具体の契約が，いずれかの典型契約の本質的要素を備えているかが，性質を決定する上での決め手となるということができる。ただ，個別の契約によってはこの判断が容易ではなく，たとえば，リース契約，代物弁済予約，クレジット契約，スポーツ選手と所属団体との契約などでは，性質決定の本質論にわたる議論が行われてきたのである（最近の例としては，電子マネーを利用した取引はどのような契約とみたらよいであろうか）。

▶▶ 4　典型契約のグループ分けと各典型契約の内部における細分化

　そこで，各契約類型の役割に着目して，大きな見取り図となる，典型契約のグループ分けをみておくと，たとえば，つぎのようなわけ方が考えられる。すなわち，①「**財産権移転型契約**」として，贈与，売買，交換をひとまとめにとらえることができ，②「**財産権利用型契約**」として，消費貸借，使用貸借，賃貸借を含めることができ，また，③「**サービス提供型契約**」として，雇用，請負，委任，寄託を数えることができる。さらに，④その他の契約として，組合，和解，終身定期金がある。このグループ分けを利用して，それぞれのグループの持つ共通性と個々の契約の個性，さらにそれらの社会的機能を理解し，加えて，それぞれのグループに属する非典型契約として重要なものが発生していることに目を向ける必要がある。

他方，これとは逆に，個々の典型契約においてそのなかでさらに細分した区分けが可能な場合には，そのような内部的な類型化に目を向けることも有用となる。たとえば，売買契約においても，不動産売買と動産売買とは細分化された個別の下位類型とみることによって，規律内容の明確化が得られるであろう。

▶▶ 5　混合契約と複合契約

　ある典型契約を構成する要素と別の典型契約の構成要素（またはいずれの典型契約の構成要素でもない要素）とを併せ持つ1個の契約が結ばれることがある。このような契約を**混合契約**という。たとえば，製作物供給契約（売買と請負の混合契約と解される）や，賃金の代わりに客からチップをもらうレストランの給仕の契約（雇傭と他の契約の混合契約と解される）である。このような契約をめぐって紛争が生じた場合に，典型契約に関する規定をどのように適用すべきかという点が議論されてきた（ユーリカ民法第4巻を参照）。

　他方，取引形態の変化・発展に伴い，ひとつの取引のために，2当事者（または3当事者以上）において複数の契約が結ばれ，その複数の契約相互間に一定の結びつきが認められることが多くなってきた（このような認識の前提として，契約の「個数」をどのように数えるかという困難な問題が潜んでいることに注意する必要がある）。このように，2当事者以上の関係において複数の契約が同時に存在する場合に，その契約を**複合契約**と呼ぶ。

　契約は，他の契約について発生した抗弁や他の契約の消滅によって影響を受けることはなく，また，契約の拘束力は当事者間にのみ及ぶのが原則であるが，複合契約では，このような原則の例外ないし修正として，契約相互の影響をどのように考えるべきかという問題が生じる。形式的にみれば個々別々の複数の契約が締結されているようにみえるが，それらはひとつの取引の実現のために相互に依存・関連する関係にあるため，たとえば，一方の契約における債務不履行を理由に他方の契約において履行を拒むことができるか，また，ある契約の消滅が他の契約の消滅をもたらすのか（契約レベルの牽連性），という問題が生じ，議論されてきたのである。

　前者の問題としては，とくに，割賦購入斡旋を代表とする第三者与信型消費者信用取引において購入者の契約上の抗弁を与信者に対抗することができるか（抗弁の接続）という問題があり，後者の問題としては，2当事者間で取引をなすために結ばれた2つの契約のうちの一方における不履行を理由に契約を解除

しうるかが争われたケースで，2つの契約が相互に密接に関連づけられていて，社会通念上いずれかが履行されただけでは契約を締結した目的が達成されない場合に解除を肯定した判例（最判平成8・11・12民集50巻10号2673頁⇨第4章第3節▶2 Case「複数契約の解除」）もある。

▶5　新しい取引と契約法

契約自由の原則の下では，当事者の合意によって多様な内容・形式の新しい取引が行われ，社会の変化や発展に応える手段となっている。しかし，新しい取引は新しい形のトラブルを発生させ，それを解決するための契約法にも変化を及ぼす。つまり，今日の新しい取引上の要請に応えるために，契約法もつねに進化しており，また，契約法が進化すれば，それは締結される契約にも変化をもたらす。契約も契約法も社会の変化と共に生きているのである。

たとえば，今日ではかつてと比べ取引の対象が拡大している。物やサービスを対象とする契約にとどまらず，権利そのものの取引もますます重要性を増し，さらに，情報や知的財産といった新しい富の形が取引されるようになってきた。契約法はこのような取引対象にも対応していかなければならない。

また，取引の方法も進化している。たとえば，**電子商取引**はその顕著な例である。事業者対消費者の取引のみならず，事業者対事業者の取引もネット上で行われるようになってきた。私たちは顔の見えない相手とこのような方法で取引をする世界に生きているのである。ではネット上で働く契約法は，どのようなものでなければならないのだろうか。

さらに，契約当事者間の義務のなかには当事者の意思のみからは説明することができないものも多い。たとえば，契約の交渉をする場合において相手方に十分な説明やさらには助言をする義務，交渉が煮詰まってきた段階で勝手にそれを打ち切らない義務，一定の法律関係にある人に対してその身体・生命などの安全を配慮する義務，契約が成立した後でも状況の変化によっては契約をもう一度交渉しなおす義務などは，契約時の当事者の意思という要素だけでは説明することが難しいであろう。これらの義務をどのような場合に認めるのか，それがつくされなかったときどのような責任が生じるのかは大きな問題である。後に，詳しく触れることにする。

▶6 契約のさまざまな分類

▶▶1 双務契約・片務契約

民法が規定の上で明記して定める分類のひとつが，双務契約・片務契約の区別である。**双務契約**とは，当事者の双方が債務を負担し，その２つの，反対方向に向けられた債務が相互に対価関係をなしている契約である。逆に，一方当事者のみが債務を負う（反対の当事者のみが権利を持つ）場合や，お互いに債務を負いあうがそれぞれの債務が対価関係に立たない場合もあり，そのような契約を**片務契約**という。たとえば，売買契約が双務契約で贈与契約が片務契約であるというのは理解しやすいであろう。

双務契約・片務契約の分類を行うことには，いくつかの目的がある。重要なのは，同時履行の抗弁権（533条）および危険負担（536条）である。これらはいずれも契約の履行過程において，双務契約の一方の債務が，履行されない場合のリスク，消滅した場合のリスクに関する規律であり，双務契約の双方の債務が運命を共にする性質（牽連性）を有することにより生じる規律である。

▶▶▶1 同時履行の抗弁権

(a) 同時履行の抗弁権の機能

契約から発生した債務は，その履行期までに履行が行われなければならない。たとえば，ある歯科医Aが高額の医療機器をBに注文しその納期も取り決めた場合には，Bはその履行期にその機器をAに納入しなければならい。しかし，この機器の売買契約後にAの歯科医院が経営危機に陥り医療機器の代金の支払に不安が生じたという場合に，Bが先に履行すると，Bは後に売買代金を回収できないかもしれないというリスクを負うことになる。このリスクを避けるために，とくに双務契約の場合には，双方の債務が共に履行期にあるなら当事者の一方は相手方がその債務の履行をするまでは自己の債務の履行を拒むことができるという権利を認めている。このような権利を**同時履行の抗弁権**という。代金の支払期日が来てもAがそれを支払おうとしないときは，Bは医療機器の引渡しを拒むことができるのである。

このような抗弁権が認められるのは，双務契約の場合には双方の債権・債務は，お互いに他方の存在を前提とした密接な対価的なつながりを持っており，債務の同時交換を確保することが公平と考えられるからである。たとえば，物

の引渡しを受けるから代金を支払うのであり，代金の支払を受けるから物を引き渡すのであって，お互いが対価的な前提となっているにもかかわらず，先に履行した方がリスクにさらされるのは不公平であろう。

(b) 同時履行の抗弁権の要件

この同時履行の抗弁権が認められるためには，3つの要件が満たされることが必要である。まず，1個の双務契約から生じたお互いに対立する債務が存在しなければならない。Bの医療機器の引渡債務とAの代金の支払義務はお互いに対立する債務である。つぎに，相手方の債務が履行期にあることが必要である（533条但書）。自己の債務が履行期になければはじめから同時履行は問題とならないから，結局，両債務が履行期にあることが必要であるということになる。さらに，相手方が自己の債務の履行またはその提供をしないで履行を請求してきたことが必要である。

(c) 同時履行の抗弁権があるとき

同時履行の抗弁権を有している場合には，履行期日を過ぎても債務者は債務不履行とはならない（損害賠償責任も生じない。契約を解除されることもない）。また，同時履行の抗弁権付きの債権は反対債権で相殺することはできない。

弁済の提供（⇨第3章第1節）をすることは，自分の債務不履行を免れる方策であるが（492条），相手方の同時履行の抗弁権を失わせその不履行責任を追及することにもなるのである。

この場合に，一方当事者が，訴訟において履行請求する場合にも他方当事者が先履行を強いられるいわれはないから，同時履行の抗弁権が主張されている場合には，引換給付判決がなされることになる。執行を開始するためには，反対給付またはその提供が必要である（民執31条1項）。

(d) 同時履行の抗弁権のサービス契約への適用

サービス提供契約では，その履行の形態から見て同時履行の関係が考えにくい。どちらかが先に履行するのが普通だからである。民法の規定も，サービス提供者の先履行義務を定めているものが多い（624条・632条・648条2項・665条）。しかし，実際のサービス提供契約では，サービスの受給者側が前払する旨の取決めがなされることが多い（たとえば，授業料）。問題なのは，サービス受給者が対価を前払した後にサービス提供者が倒産すると前払金が返還されないおそれがあることである。授業料を受け取った語学学校が授業が全部終わらないう

ちに倒産したり，入所費用を受け取った有料老人ホームがまもなく倒産したというような場合である。このような場合については，特別法や契約上の取決めを通じたリスク回避を図るほかないだろう。

(e) 533条の準用，類推適用

同時履行の抗弁権を定める533条の準用ないし類推適用が問題となる。たとえば，賃貸借契約において建物買取請求権（借地借家13条）や造作買取請求権（借地借家33条）が行使された場合に，土地や家屋の明渡しと代金の支払とが同時履行の関係に立つかが問題である。判例は，同時履行関係は造作についてのみ主張が可能であり，家屋の明渡しについてこれを主張することはできないとしているが，学説からは批判がある。また，契約を解除した後の原状回復義務（545条）のように，明文で準用が規定されている場合もある。

♟ Topica 不安の抗弁権

双務契約から生じる2個の対立する債務は常に同時履行の関係に立つとはかぎらない。契約によっては，一方が先履行で他方が後履行という関係が生じることもある。民法も，賃貸借，有償の委任，請負，有償の寄託などの契約においては，民法はむしろ金銭支払債務の後履行を原則としている（たとえば，614条，624条，632条，648条2項，665条）。

このような場合に一方の当事者が先履行義務を負うのは，相手方が後からきちんと履行するだろうという信頼があるからである。しかし，契約後になって一方当事者の財産状態が悪化し債務の履行に不安が生じることもないではない。このような場合にも，他方当事者はなお先履行の義務を免れないだろうか（参照，民法137条）。上記の設例で，医療機器の納入日から2か月後を支払期限とする売買契約をした後でAの医院の経営状態が急に悪化し本当に代金を支払ってもらえるかどうか不安になった場合にも，Bは高価な医療機器を納入しなければならないのだろうか。むしろ，後履行義務者の財産状態が悪化してその履行が危ぶまれる場合に，先履行義務者は，反対給付の履行や十分な担保の供与などの確実な履行の保証があるまで自己の先履行を拒絶する抗弁権を認めるべきではないかが問題となる（これを認めると「契約は守られるべし」の原則にはもちろん反することになる）。これを「不安の抗弁権」という。とくに，企業間の基本契約に基づく継続的取引関係において，買主たる相手方に信用不安が生じた場合に，個別契約上の債務である出荷の停止という形で行使されるケースが多い。不安の抗弁権を肯定する意見（事情変更の原則の適用例であるとか，あるいは信義則の具体化であるとする）があり，下級審の裁判例にも，実質的にこれを肯定した判断があらわれている（東京地判昭和58・3・3判時1087号101頁，東京地判平成2・12・20判時1389号79頁）。

▶▶▷ 2 **危険負担**　たとえば，建売住宅の売買契約が行われたが，引渡し前に落雷によりその住宅が焼失してしまったという場合には，リスクの問題が生じてくる。落雷は売主のコントロールを超えた要素であるから，それによる住宅の焼失はまさにリスクの現実化ということができる。このリスクは，契約のプロセスにおいて問題となるリスクのごく一部に過ぎないが，これまでこの問題を「危険負担」と呼んで，誰がどのような指針に基づいてこのリスクを負担するべきかを議論してきた。この点は，後に詳しく説明することにする（⇨第4章第6節）。

▶▶ 2 **有償契約・無償契約**

　有償契約とは，両当事者が負う給付義務が相互に経済的意味において引き当てとなっている契約をいう。上にあげた双務契約はみな有償契約である（有償契約のなかに双務契約が含まれる関係）。たとえば，売買，賃貸借，請負などは有償・双務契約である。売買に関する規定は，その他の有償契約に広く準用される（559条）。他方，利息付消費貸借のように，片務契約でも有償契約としての性格を持つものもある。

　このような関係がない契約を**無償契約**という。贈与，使用貸借などがその例である。民法は，無償契約について，契約の拘束力，注意義務のレベルなどにおいて，それを軽減する規定を置いている（550条・659条など）。

2　契約の成立

▶1　申込みと承諾——原則的な形態

　すでに述べたように，契約と契約法が課題とするところは広いが，まずは，契約がどのように成立するのかについて考察を進めよう。

　契約は**申込み**とそれに対する**承諾**によって成立する（522条1項）。すなわち，契約の締結に際し，一方当事者が「契約の内容を示してその締結を申し入れる意思表示」（申込み）をし，これに対して相手方当事者が承諾の意思表示をすることによって契約が成立する。つまり，特定の申込みに対して，その申込みに対応する内容の承諾がなされなければならない。ところが，たとえば，Aがあるマンションの1室（ここでは甲建物としておく）を5000万円で売ってほしいと

いうのに対し，Bが6000万円なら売ってよいと返答することもある。この場合には，申込みと承諾に合致はなく契約は成立しない。Bの返事は申込みに変更を加えて承諾したものであり，これは，Aの申込みの拒絶と共に甲建物について新たな申込みをしたものとみなされる（528条）。

　申込みは，それに対し承諾があればただちに契約を成立させるものであるから，たとえば売買における目的物や代金などのような，契約の成立に必要な内容が含まれていなければならない。もっとも，その内容は，申込みの意思表示に直接的な形で含まれている必要はなく，取引関係その他の事情から明らかにされうるものであればよい。たとえば，相場価格の存在する商品であれば，代金は，「○○円」と定めずに「○○の時点での相場による」というものであってもよい。

　申込みは，特定の人から特定の人に対してなされるのが通常であるが，申込みの相手が不特定多数の場合（たとえば懸賞広告の場合）であってもよいし，申込者が誰かを確認することのできない場合（自動販売機の設置）であってもよい。

　そして，一方の申込みと他方の承諾が一致し，承諾の通知が到達した時に（97条1項参照）両当事者間で契約が成立することになる。たとえば，AがBに「甲建物を6000万円で売ろう」といい，BがAに「甲建物を6000万円で買いたい」といって両当事者の意思表示が合致すれば，A・B間に甲建物についての6000万円での売買契約が成立するのである。

　契約が成立すれば，それが無効であったり取り消されたりしない限り，両当事者は相手方に対してその契約内容に従った給付を行う義務を負い，給付を請求する権利を取得することになる。上の例で，契約の成立が認められれば，AはBに対して，甲建物の所有権を移転し，引き渡し，登記を移転する義務を負い，BはAに対して，それらの義務をAが実際に行うこと（履行）を請求する権利を取得する。他方，BはAに対して，甲建物の代金を支払う義務を負い，AはBに対して，代金の支払を請求する権利を取得する。逆に，たとえA・B間で契約交渉を積み重ねてきたとしても，契約の成立に至らない段階では，このような契約内容に従った給付をなすべき義務や給付を請求する権利は生じない（契約交渉の破棄の問題については，⇨▶5）。

　ただ，実際の契約の成立をみると，申込みと承諾の形態にはさまざまなものがあり，何をもって申込みと承諾とするか，実際に申込みと承諾があったもの

してよいかをめぐり，議論となる場合もある。たとえば，時間をかけた予備的合意（メモランダムと呼ぶことがある）を積み重ねて契約締結に至る場合，約款を利用する場合，さらには一定の事実の発生をもって契約成立とみるべき場合などもあり，どのような表示を申込みあるいは承諾とみるかは，個別の場合ごとに異なってくる。

♟ **Topica** 当事者の合意内容と契約の成立

契約自由の原則の下で，当事者は，公序良俗や強行規定に反しない限り，契約当事者の権利義務関係や責任関係に関わるさまざまなことがらを契約のなかに盛り込むことができる。たとえば，売買契約においては，目的物，その数量・品質，その引渡しの時期・場所・方法，代金の額・支払方法・支払時期，遅延利息，裁判管轄，危険負担，損害賠償責任，損害賠償額，契約の解除，免責事由などである。

しかし，だからといって，これらのことがらのすべてについて合意しておかなければはじめから契約が成立しないということにはならない。それは，そのような合意をつねに行いうるかを考えれば現実的でないし，それを実際に要求すれば契約が成立する可能性がきわめて限定されてしまう。しかし，逆に，あまりにわずかの取決めでも契約が成立すると，その契約内容から当事者の権利義務関係をはっきりさせることが困難となるし，性質決定によって任意規定の助けを借りることもできない。たとえば，ある物を相手方に引き渡す合意だけでは，当事者の法律関係としてあまりに不明確であるし，その性質が贈与なのか，売買なのか，交換なのか，使用貸借なのか，賃貸借なのか，あるいはその他の非典型契約なのかなど，はっきりしない。契約の性質を見極めるための最小限度の本質的な事項についてはどうしても合意（場合によっては推認される合意であっても）が必要と考えられる。

そこで，このように契約の性質を決定するために必要な最小限度の事項を契約の「要素」と呼び，少なくとも契約の要素についての合意がなければ契約は成立しないと考えられる。他方，履行方法，履行時期，履行場所などは，当事者がこれらについて特約をしておけばそれが契約内容となるが，とくに合意をしなくても任意規定（たとえば，533条・412条・484条）によって契約の内容が補われるのであり，当事者の法律関係としてこれらの点が不明確となることはない。このような事項を，契約の「常素」と呼んでいる。さらに，免責特約や裁判管轄などは，当事者がとくに合意しておくときにのみ契約の内容となり，それが当事者の法律関係を構成する。このようなことがらを，契約の「偶素」ということがある。そして，契約の成立に不可欠なのは，上の「要素」に限られると一般に考えられている。

▶▶ **1　申込みと承諾に関する諸問題**

▶▶▷ **1　申込み・申込みの誘引と承諾**　　申込みは，相手方がそれに対して承諾してくれれば契約を成立させるという意思表示であるから，その内容も契約を成

立させてよい程度に具体的に確定したものでなければならない。ところが，一方当事者が何らかの意思表示を行ったが，それは相手方が承諾しても，契約を成立させるか否かの決定についてはなお保留する趣旨であるという場合もある。これは，申込みではなく，**申込みの誘引**という。

　申込みの誘引は，相手方の承諾を得て契約を成立させるという趣旨の意思表示ではなく，他人をして自分に申込みをするように誘い促す行為である，一般に求人広告や貸家広告がこれに該当する。この場合には，求人広告や貸家広告（申込みの誘引）を見た人が，あらためて広告主に申込みを行い，これに対して広告主が承諾をすることによってはじめて契約は成立する。

　申込みか申込みの誘引かは具体的な場合における意思表示の解釈によって判断するほかないが，区別が明確でない場合も多い。たとえば，カタログ販売の場合には，カタログの配布は申込みの誘引であり，客の注文が申込みに当たると解されることが多い。しかし，場合によっては，このような解釈が難しい場合もある。たとえば，インターネットにショッピングサイトを開設しそこに出品する行為についてはどうだろうか（ネット上の表示を申込みの誘引に当たるとした裁判例として，東京地判平成17・9・2判時1922号105頁）。

▶▶▷ **2　申込みの効力はいつまで続くか**　　申込みは承諾があれば契約を成立させることができる効力がある（**申込みの効力**）。つまり，申込みの意思表示を受けた者は契約を成立させるか否かの決定権をもらったことになる。では，その決定権はいつまで存続するのか。これは，申込者からみると自分はいつまで申込みに拘束されるのかということであり，また，相手方からすれば自分が承諾すれば契約が成立するのはいつまでだろうかということになる（さらに，手紙で通信する場合のように，申込み・承諾それぞれの通知につき発信時と到達時が時間的にずれると，その効力がいつ生じるかが問題となる）。

　(a)　表意者の意思能力の喪失等があった場合

　すでに述べたように，申込みの意思表示は，それが相手方に到達することによって効力を生じる（**到達主義**。97条1項）。申込みの意思表示は，意思者が通知を発した後に死亡し，意思能力を喪失し，または行為能力の制限を受けたときであっても，その効力に影響しない（97条3項）。ただ，契約についてはさらに規定が置かれており，申込者が申込後に死亡し，意思能力を有しない常況となった場合に，申込者が自身の死亡等の事実が生じたとすればその申込みは効

力を有しない旨の意思を表示していたとき，または相手方が承諾の通知を発するまでに申込者の死亡等の事実が生じたことを知ったときは，その申込みは，効力を有しない（526条）。

(b) 承諾期間を定めた申込みの場合

承諾期間を定めた申込みの場合，たとえば，申込者Ａが，申込みに「諾否のご返事は10月1日までにご連絡ください。」と申し添えていた場合には，その申込みは撤回することができない（523条1項。申込者が撤回する権利を留保していたときは別である。同条同項但書）。

このように一定期間**申込みの拘束力**が認められると，その期間内は相手方Ｂは契約の成立を前提とする行為（たとえば，第三者への転売）を安心して行うことができる。また，Ａは承諾期間を設けたことにより，相場変動のリスクを負ったことになる。

申込みは，承諾されれば契約が成立するという効力をもつ。この効力は，上の承諾期間中存続し，Ｂは，承諾をすれば契約を成立させることができる地位（形成権）を得る。Ａがこの期間内に承諾の通知を受けなかったときは，その申込みは効力を失う（523条2項）。なお，Ｂの承諾通知が承諾期間よりも遅れて，Ａに届いたという場合には，ＡはそれをＢの新たな申込みとみなすことができる（524条。つまり，Ａは遅れた通知に対し承諾の意思表示をして，契約を成立させることができる）。Ａが，もはやその取引に関心を失っていた場合には，遅れた通知に反応しないことも自由である。

(c) 承諾期間の定めがない申込みの場合

Ａが申込みにおいて承諾期間を定めておかなかった場合には，承諾の通知を受けるのに相当な期間を経過するまでは，その申込みを撤回することができない（525条1項本文）。その相当な期間の判断は，当該取引の状況や一般的な取引慣行等の考慮による。もっとも，Ａが撤回をする権利を留保したときは，申込みの撤回には制限がない（525条1項但書）。

他方，ＢがＡの対話者である場合において，Ｂに対して承諾期間を定めずに申込みをしたときは，対話が継続している間は，Ａはその申込みをいつでも撤回することができる（525条2項）。また，申込みが対話において行われた場合には承諾も対話のなかでなされるべきであるから，対話が継続している間にＡが承諾の通知を受けなかった場合には，Ａの申込みは効力を失うことになる

（525条3項本文）。ただし，Aが対話の終了後もその申込みの効力が失われないと表示したときは，この限りでない（525条3項但書）。

▶▶2　申込みと承諾以外の方法によって契約が成立することもある

▶▶▷1　**交叉申込み**　AがBに，「甲建物を5000万円で買いませんか」と書いた手紙を送ったところ，その申込みがBに到達する前に（Aからの申込みを知らずに），BもAに，「甲建物を5000万円で売ってくれませんか」と書いた手紙を送ったということが起きたとしよう（稀にしか起こりえないであろうが）。この場合に，AとBの意思表示は，いずれも売買契約の申込みであって，相手の申込みに対する承諾とみることはできないであろう。このように，当事者が互いに合致する内容の申込みをする場合を**交叉申込み**という。民法は，交叉申込みによる契約の成立についてとくに規定を置いていないが，契約の成立にとって重要なのは当事者の対立する意思表示の合致であること，これを認めることが取引の要請にも適合することから，交叉申込みによっても契約が成立することは，一般的に承認されている。

▶▶▷2　**意思実現**　また，申込者Aの意思表示または取引上の慣習により承諾の通知を必要しない場合には，契約は，承諾の意思表示と認めるべき事実があった時に成立する（527条）。たとえば，車を探す顧客が，ある中古車販売店を訪れ，在庫の何台かを試乗した。そして翌日その販売店にメールを送り，「昨日試乗した2014年型のVWビートルが気に入った。ただ色が好みではないので，黄色に塗り替えてくれたら買うことにする。」と告げた。このメールを読んだ販売店は，その顧客がその車を買うものと考えて車を黄色に塗装し始めたとすれば，それによって，両者の間で車の売買契約が成立する。これを**意思実現**による契約の成立という。この場合には，相手方に対する承諾の意思表示はなされていないにもかかわらず契約の成立が認められる。

　意思実現による契約の成立は黙示の承諾による契約の成立と区別しにくいこともあるが，後者は，少なくとも相手方に向けられた行為であることが必要である。

> **♟ Topica** 事実的契約関係論
>
> 契約は，合意（申込みと承諾）によって成立するのが原則であるが，合意によらずに
> 一定の契約関係の発生を認めるべきであるという理論がある。たとえば，無人の有料駐
> 車場に車を停めた場合に，たとえ有料で駐車スペースを利用する意思がなくても，駐車
> という社会類型的行為自体によって契約の成立を認めて料金の支払義務を発生させてよ
> いという考え方である。また，バスや電車などの交通機関の利用関係は，不特定多数の
> 人との間で契約内容を個別に合意することなく行われている。このような場合にも，企
> 業から給付が事実上提供されており，利用者から給付が事実上請求されているという社
> 会類型的な容態が存在することにより，当事者の具体的意思にかかわりなく，契約が有
> 効に成立した場合と同じ法的効果の発生を認めようとする学説が主張された。これを，
> 事実的契約関係という。
>
> しかし，この考え方によれば，上記のような行為態様については，明文の規定もない
> のに，意思表示や契約の成立に関する民法のルールが排除されることになる。これを，
> 現代社会の公衆向け大量取引の必要性というだけで根拠づけるのは難しいという批判も
> ある。他方で，むりに事実的契約関係という考え方をとらなくても，このような場合に
> も黙示の承諾があるとみる意見や，意思実現による契約の成立の場合としてとらえれば
> 足りるという見解，さらに，矛盾行為の禁止という理由により契約の成立を否定するこ
> とは信義則に反するという指摘もある。そのように考えて，事実的契約関係という理論
> は要らないという意見も少なくない。

▶2 懸賞広告・優等懸賞広告

▶▶ 1 懸賞広告

▶▶▶ 1 懸賞広告とは　ある行為をした者に一定の報酬を与える旨を広告した
場合に，これを**懸賞広告**という。たとえば，「迷子になったペットの猫を見つ
けてくれた人にお礼として10万円さし上げます。」という広告を出した場合で
ある。この場合に，広告をした者（懸賞広告者）は，その猫の発見者がその広
告を知っていたかどうかにかかわらず，その発見者に報酬を与える義務を負う
（529条）。猫を取り戻すという懸賞広告者の利益が実現した以上，猫を見つけ
てくれた者に報酬請求権を認めるのは妥当であろう。

　懸賞広告の法的性質については，それを契約と解する見方と単独行為とする
見方がある。やや形式的な理由であるが，民法は，契約の成立の款のなかで懸
賞広告を規定しているから（529条以下），ここで予定された懸賞広告は，契約
の申込みであり，承諾の意思をもって指定行為をなすことにより契約が成立す

るものと解すべきであろう。

▶▶▶ 2 **懸賞広告の撤回**　懸賞広告については撤回の期間が問題となる。民法は，①懸賞広告者が，指定した行為がなされるべき期間を定めて広告をした場合と②その定めをしなかった場合とを区別している。

まず，①の場合には，その広告において撤回をする権利を留保した場合を除き，広告を撤回することができない（529条の2第1項）。これは，承諾期間を定めてした申込みの拘束力に関する523条1項と同趣旨の取扱いである。また，その期間内に指定した行為を完了する者がないときは効力を失う（529条の2第2項）。

これに対して，②の場合には，その広告において撤回をしないと表示したときでない限り，指定した行為を完了する者がない間は，広告を撤回することができる（529条の3第1項）。指定した行為に着手した者があったとしても，その者には報酬に対する正当な期待が生じているとはいえないからである（承諾期間の定めのない申込みの場合とは異なる）。

さらに，懸賞広告の撤回の効力については，前の広告と同一の方法による場合には，撤回を知らない者に対しても，その効力を有するが（530条1項），前の広告と異なる方法による場合（たとえば，懸賞広告を出した新聞が廃刊となっていた場合）には，撤回を知った者に対してのみその効力を有する（同条2項）。前者については，いかに前の広告と同一の方法であろうとも，撤回を知らない者に対して撤回を有効とすることについては疑問もあろう。

広告に定めた行為を行った者が複数いるときは，最初にその行為を行った者だけが報酬を受ける権利を持つ（531条1項）。複数の者が同時にその行為を行ったときは，それらの者が平等の割合で報酬を受ける権利を得る（同条2項）。ただし，これらの規律は，広告中にこれと異なる意思を表示して回避することもできる（同条3項）。

▶▶ 2 **優等懸賞広告**

ある出版社が小説を募集し，最優秀者に賞金を与えるという広告を出す場合のように，指定された行為をした者のうち優等者にのみ報酬を与える旨の懸賞広告を，**優等懸賞広告**という。民法は，優等懸賞広告は，応募の期間を定めた場合にのみ効力を有するものとする（532条1項）。

この場合に，どの小説が最も優秀かは，広告で定められた者が判定し，それ

が定められていないときは懸賞広告者が自ら判定する（532条2項）。応募者はこの判定に異議を述べることができない（532条3項）。数人の小説が同等と判定されたときには，報酬は各自が等しい割合で受け，報酬が分割できない場合や広告中でひとりが受けるものとされていたときは，抽選による（532条4項・531条2項）。

▶3　契約の成立と情報提供（説明）

▶▶1　情報提供義務が問題になる場合

▶▶▶1　**契約締結の判断に必要となる情報の提供義務**　契約を締結するか否かを，その交渉段階において判断するに当たっては，当事者は，取引をめぐる多くの情報を必要とするのがふつうである。当事者が特定の取引についてすでに十分な情報を持っている場合は別であるが，そうでない場合には，自分で情報収集をするか（これが原則である），相手方から情報提供（説明）を求めることが必要になる。後者の場合について，そもそも相手方当事者に**情報提供義務**があるか，あるとしてそれはどのような性質の義務か，その義務の不履行についてどのような救済が認められるかは，今日重要な問題となっている。

判例においては，すでに，金融取引，不動産取引，医療，フランチャイズに関する契約などにおいて情報提供義務（説明義務）を肯定し，その義務違反の責任を認めたケースがみられる（たとえば，最判平成8・10・28金法1469号49頁〔変額保険の説明〕，最判平成18・6・12判時1941号94頁〔建築計画の説明〕ほか）。

なお，情報提供（説明）は，一律な態様で行われる場合から，相手方の具体的な理解能力のレベルにあわせて個別的な態様で行われる場合まで，さまざまな場合を含みうる。

▶▶▶2　**契約から得られる利益を実現するための情報提供**　契約を締結し，それを履行する過程においても一定の情報提供が必要となる場合がある。たとえば，目的物の適切な利用方法に関する情報を提供する（説明する）ことは，契約当事者が契約よって得るべき利益を実現する上で必要となる。

▶▶▶3　**他方当事者の生命・身体・財産の保護のために必要となる情報提供**　さらに，契約締結過程において，または，契約の履行において，他方当事者の相手方の生命・身体・財産に対する危険を防止するための情報についても，それを提供する必要が生じる。

たとえば，防火戸付きマンションの売主から委託を受けてその販売に関するいっさいの事務を行っていた宅建業者は，信義則上，買主に対し，防火戸の電源スイッチの位置・操作方法等について説明すべき義務を負うとした先例もみられる（最判平成17・9・16判時1912号8頁）。

▶▶ 2　情報提供義務の性質・根拠

　では，上のような種々の場合に必要となる情報の提供義務は，どのような性質のものとして，どのような要件の下で認められるであろうか。

▶▶▷ 1　**付随義務・保護義務としての情報提供義務**　契約締結の準備段階における情報提供義務については，契約が成立していない段階であるから，契約自体ではなく信義則（1条2項）に基づいた付随義務であると理解することが多い。

▶▶▷ 2　**主たる給付義務としての情報提供義務**　他方，契約それ自体において情報提供に関する債務が合意されている場合には，その情報提供がまさに債務内容となる。たとえば，天気情報の提供契約，株式市場の情報提供契約，医療契約における療養指導としての説明などがこれに当たる。

　また，一定の契約類型においては，法律の規定に基づいて当事者に報告義務が課される場合もある（645条・671条。従たる義務とみる余地もある）。

　これらの情報提供義務は，契約の債務の履行行為の一部として義務付けられるものであり，相手方当事者は情報提供自体の履行を請求することができる。

▶▶▷ 3　**特別法上の情報提供義務**　さまざまな特別法が，契約当事者に情報提供義務を課している。たとえば，契約相手方に対して契約条件を示す義務（割賦販売3条・29条の2・30条・35条の3の2など），法律に定める事項について説明する義務（商品先物取引218条，金融サービスの提供に関する法律4条など），法律の定める事項ないし内容を記載した書面を交付して説明する義務（宅地建物取引業35条，借地借家38条3項など）などである。ただ，これらの義務のうちとくに行政法規に基づくものについては，ただちに私法上の義務と同一視しうるものではない。

▶▶ 3　情報提供義務違反に対する救済

▶▶▷ 1　**情報提供義務違反の責任の法的性質**　上に述べたように，情報提供義務にはさまざまな場面・性質のものがあるが，その義務違反に対する救済についても重要な問題がある。

　まず，主たる給付義務としての情報提供義務の不履行については，情報提供

行為の履行請求，その義務の不履行（情報の不提供のみならず，誤情報・不完全情報の提供も含む）に基づく損害賠償・解除が救済手段となる。

ここで，とくに問題となってきたのは，契約締結過程の情報格差を是正するための，信義則に基づく情報提供義務の不履行に対する救済である。契約締結に関連する情報提供義務・説明義務の違反による損害賠償が金融商品取引，不動産取引，フランチャイズ契約など多様な契約において肯定されており，また，意思表示の取消し（96条），一定の条項の錯誤無効（改正前民法95条），さらに不法行為に基づく損害賠償が肯定された先例もみられる。

情報提供義務違反の責任の法的性質はしばしば問題とされてきたが，判例はこれを不法行為責任であるとする（たとえば，最判平成23・4・22民集65巻3号1405頁は，不法行為説に立って，事案における損害，賠償請求権に改正前民法724条前段の3年の消滅時効規定を適用した）。学説には，債務不履行責任とする見解も有力に主張されている（説明の必要性は契約から生じているから）。

なお，上記のように情報提供自体が契約上の主たる給付義務となる場合には，その義務違反が債務不履行となることは当然である。

▶▶▷2　**特別法上の情報提供義務の違反に対する効果**　他方，特別法が定める情報提供義務の違反の効果は，その特別法の性質に応じて種々である。たとえば，行政法に基づく情報提供義務の違反の場合には，その効果は行政法上のサンクション（制裁）である。他方，それが私法上どのような効果をもたらすかについては（たとえば，法律行為の効力，損害賠償責任などに対する効果），議論がある。

▶4　契約の成立と合意・物の授受・書面の作成

契約には，当事者の合意だけで成立する**諾成契約**と，合意に加えて物の引渡しを要件とする**要物契約**とがある。売買契約や賃貸借契約をはじめ，民法の規定している契約類型の多くは，諾成契約であり，物の引渡しは契約の成立要件とされていない。他方，民法は，消費貸借を要物契約として規定している。つまり，消費貸借では，金銭その他の物の授受が契約の成立要件とされている（587条。ただし，587条の2も参照）。もっとも，これが要物契約とされているのは，歴史的沿革によるところが大きく，今日においては，解釈上も要物性がある程度緩和されている。

また，一般に契約は，その成立に特段の形式を必要としないが（522条2項），

なかには，書面（通常は契約書）の作成が成立要件とされているものもある。たとえば，民法は保証人の意思を慎重かつ明確なものにするという観点から保証契約につき要式契約としている（446条2項）。

▶5　一方当事者の交渉破棄とその責任——契約締結前の法律関係

契約が実際に締結される前の段階では，契約に基づく債権・債務は発生していないため，その不履行が生じることもないはずである。しかし，契約締結に向けた交渉過程においては，当事者間に一定の社会的接触が生まれ契約締結を前提とした行動がとられる場合がある。このような場合に，一方当事者が契約の成立前に不当に交渉を破棄すると相手方当事者に大きな損害が発生することがあり，破棄者側の責任が問題となる。とくに，不動産取引，企業間提携契約，金融機関の融資に関する取引などで，このような問題が発生しやすい。

たとえば，Aがマンションの建築・分譲を計画し，購入募集を始めたところ，歯科医師Bが，歯科医院を開業するために1階部分を買い受けたい旨の意向を表明し，Aにスペース・レイアウト等の希望を示した。Aはこれを考慮し，さらに，Bの希望に応えて設計変更も行った。ところが，契約成立の直前になってBは資金繰りの困難を理由に買取りを断ってきた。このような事案が発生した場合に，Bは何らかの責任を負うべきであろうか。

▶▶1　契約の成否と交渉破棄

このような場合に，交渉を破棄された相手方当事者Aは，まず，すでに契約が実際に成立していたという主張をすることが多い。ただ，マンションの売買契約締結に至るプロセスを考慮すると，通常は，すでに契約が成立しているという見方は難しい。「1階部分を買い受けたい」というBのAに対する申入れは，購入に向けて交渉を開始したい旨の意向を表明したものと理解するのが適切であろう。また，Aが設計変更・追加工事を行ったことについても，意思実現とまではいいにくい。判例も，上記の例のような事案において，原告による契約の成立の主張を認めなかった（最判昭和59・9・18判時1137号51頁）。

▶▶2　交渉破棄者の責任（契約締結上の過失）

ただ，契約の成立が認められない場合にも，Aは自己の下で発生した損害の賠償を求める余地はある。その場合の法律構成や賠償請求の可否などをめぐっては議論がある。上の設例のような事案において，最高裁は，Bの契約準備段

階における信義則上の注意義務違反を理由として損害賠償責任を肯定した原審の判断を，正当として是認した（前掲最判昭和59・9・18）。この判決は，この場合の損害賠償責任の性格に触れてはいないが，契約準備段階における信義則違反が不法行為責任を生ぜしめるとした判断も現れている（最判平成19・2・27判時1964号45頁）。

このような考え方は，学説によっても展開され，今日では，契約締結前の交渉段階であっても，その不当な一方的破棄は，相手方に対しその被った損害を賠償する責任を発生させるという法理が，判例・学説により確立されたといえよう（**契約締結上の過失**）。

ただ，このような責任の法的性質については，学説上なお議論がある。すなわち，一種の契約責任とみる考え方と不法行為責任とみる考え方がある。時効期間，補助者の過失の場合の構成，損害賠償の範囲などの違いが指摘されている。契約に向けた交渉に基づく責任ということを考えると，不法行為責任というより，むしろ一種の契約責任と考えることができるようにみえるが，具体的にもなお検討されるべき点が多く残されている。

3　約款とその拘束力

▶1　約款の利用

▶▶1　約款とは

日常生活においてもビジネスにおいても，今日の取引は**約款**（普通取引約款）を利用するものが圧倒的に多い。約款とは，契約の一方当事者により一般的かつ反復的な使用のためにあらかじめ準備された契約条項であって，かつ，個別的に合意された条項でないものをいう（1回の取引のためにあらかじめ用意された契約条項は約款ではない）。日常的に行われる大量の取引についていちいち個別の交渉によって契約内容の取決めを行うのは現実的ではないから，約款を利用した契約を結ぶことには両当事者にとって利益が大きい。しかし，つぎのように，解決しなければならない問題も少なくない。

▶▶2　約款が契約の一部となるために──約款の組入れ

取引の当事者が契約締結に際し約款を隅々まで読んでおらずその内容をはっ

きり知らないというのは，むしろ一般的な状態であろう。それにもかかわらず約款が当事者間で拘束力を持つのはなぜなのかが古くから問題とされてきた。かつては約款を一種の自治的な法規とみる見解もあったが，今日では，当事者が約款の内容を詳細に知らなくてもそれに従うという意思で契約したものと理解して，約款もまた一種の契約であるとするのが，判例の考え方でもある（古い先例として大判大正4・12・24民録21輯2182頁は，火災保険約款中の免責条項が契約内容を構成するか否かに関し，保険会社の約款による旨を記載した申込書に客が調印して申し込み，契約を締結した場合には，たとえ当事者が契約の当時その約款の内容を詳細に知らなくても約款による意思で契約したものと推定するものとした。今日もこれが判例の原則的な考え方であると理解される）。

　上のような考え方を基礎として，約款がある契約の構成部分となることを，約款の契約への「**組入れ**」という。では，約款が契約に組み入れられるための要件は，どのように考えられるか。

　上に述べたある古い判決（前掲大判大正4・12・24）は，組入れの根拠として意思の推定論に立っていたが，つねにこの推定が認められるわけではない。たとえば，建物賃貸借の契約条項に引用されている「負担区分表」に基づく通常損耗補修特約の効力が争われたケースにおいて，判例は，「賃借人にその賃貸借において生ずる通常損耗についての原状回復義務を負わせるのは，賃借人に予期しない特別の負担を課すことになるから，賃借人に同義務が認められるためには，少なくとも，賃借人が補修費用を負担することになる通常損耗の範囲が賃貸借契約書の条項自体に具体的に明記されているか，仮に賃貸借契約書では明らかでない場合には，賃貸人が口頭により説明し，賃借人がその旨を明確に認識し，それを合意の内容としたものと認められるなど，その旨の特約が明確に合意されていることが必要である。」と述べて，上記の特約の効力を否定した（最判平成17・12・16判時1921号61頁）。

▶▶3　約款の文言の解釈

　また，約款に基づいて発生する法律関係を理解するためには，約款の文言の解釈が必要になるが，約款は上記のように対象に定型的に作成・使用されるものであるから，その解釈も個別的な交渉を経た契約の解釈とはやや異なる対応が必要となる。判例は，客観的に表現された文言のみを対象として解釈を行うという傾向にあるようにみえる（たとえば，誤振込みに関する最判平成8・4・26民

集50巻5号1267頁）。学説もまた，このような考え方に立っている。

▶▶ 4 　約款の規制

　さらに，約款の内容は，一般にそれを作成した当事者が自己に一方的に有利なことがらを盛り込みがちであるから，契約の公正さの実現を図るために**約款の規制**の問題が重要となる。基本的な着眼点として，次のような考え方がある。

　まず，約款によって契約が結ばれる場合には，契約内容は約款使用者が一方的に作成しているのであるから，通常の契約条項とは違って，約款条項の内容につきより積極的な介入を行うべきであるという考え方がある。

　これに対して，契約当事者間の交渉力不均衡こそが問題の核心であるとして，交渉力不均衡に着目した規制を行うべきであるという側面もあるであろう。

　規則の手段としては，次のようなものがある。

▶▶▷ 1 　**司法的規制**　　法的紛争を通じて，裁判所が約款の規制を行う場合がある。たとえば，信義則（1条2項）・権利濫用（1条3項）・公序良俗（90条）などの一般条項の適用を通して，約款の条項に制限を加えたり，それを無効としたりする場合である。ただ，これらはあまり一般的ではない。他方，裁判所が約款条項の解釈を通じてそれを制限的に解することは少なくない（いわゆる「隠れた内容規制」。たとえば，最判平成5・3・30民集47巻4号3262頁）。

▶▶▷ 2 　**行政的規制**　　また，約款の内容に対し，事前に行政的な規制が及ぶこともある。たとえば，約款の作成や変更に主務官庁の許可を必要とする場合がある（道路運送11条，海上運送9条など）。

▶▶▷ 3 　**立法的規制**　　約款に対する立法的規制は，今日広く利用されている。たとえば，割賦販売法に基づく，一方当事者に不利な契約条項を無効とする規律（割賦販売5条・6条）や，特定商取引法上の同旨の規律（特定商取引10条・25条等）がある。

　さらに，消費契約法上の不当条項（消費者の利益を不当に害する条項）の規制は，より一般的な約款規制としての実質を有している（消費者契約の大部分は約款による）。同法は，1条の目的規定において，事業者と消費者の間の情報の非対称性や交渉力の不均衡に触れた上で，8条から10条までにおいて契約条項を無効とする内容規制ルールを定めている。

▶2　定型約款

▶▶1　定型約款の意義と要件

　改正民法は，約款一般に関する規定を設けるものではないが，新たに「**定型約款**」という概念を立て，とくにこれに限定して，その法的取扱いに関する基本的で重要な規律を設けた（548条の2以下）。

　定型約款とは，定型取引において，契約の内容とすることを目的としてその特定の者により準備された条項の総体をいう（548条の2第1項）。この定義の核心は，「**定型取引**」の概念である。これは，ある特定の者が不特定多数の者を相手方として行う取引であって，その内容の全部又は一部が画一的であることがその双方にとって合理的なものを指している。

　これを整理すると，定型約款とすることができるのは，①問題となる取引が，ある特定の者が不特定多数の者を相手方として行うものであり，②問題の取引の内容の全部または一部が画一的であることがその双方にとって合理的であって，かつ，③定型取引において，契約の内容とすること（一括して契約に組み入れられること）を目的としてその特定の者により準備された条項の総体であるということになる。

　改正民法は，このようにかなり限定的に枠づけられた定型約款のみを，新たな規律の対象とした（従来の約款の概念についてはかなり広くとらえる見解もあった）。たとえば，各種の工事請負契約約款は，上記の要件を満たすものが多いであろう。これに対し，就業規則は，相手方当事者の個性に着目したものであるから，定型約款には含まれない。ただ，定型約款とそれに当たらない約款との区別は必ずしも明瞭ではない場合も多く，今後先例の集積と共にその区別が具体化されていく面は残されている。

▶▶2　定型約款が契約へ組み入れられるには

　上のような意味における定型約款はどのようにして契約に組み入れられるか。改正民法は，定型取引合意をした者は，2つの場合において，定型約款の個別の条項についても合意をしたものとみなしている（548条の2第1項）。定型約款が契約の構成部分となる過程は，一般の契約の成立に関する考え方とは異なるため，個別条項についての合意を擬制する特別な規定を設けて対応したものである。

すなわち，①**定型約款を契約の内容とする旨の合意をしたとき**，および，②定型約款準備者があらかじめその定型約款を契約の内容とする旨を相手方に表示していたときである。①の場合には，両当事者が，その契約にその定型約款を一括して組み入れることを，明示的ないし黙示的に合意しているのであるから，原則として（例外は，548条の2第2項の定める場合），定型約款の個別の条項が契約の内容になるものと扱ってよい。②の場合には，そのような表示に対して，相手方が異議を唱えなければ，定型約款を契約の内容とする黙示の合意があったものとみることができる場合もあろう。そうであれば，①②とも基本的にこれまでの当事者意思の推定を根拠にした要件とみることもできる。しかし，548条の2第2項の明文により，当然にそのような黙示の意思表示があったと認定できるわけではない場合も定型約款の契約への取込みを認めることになる。

　なお，定型約款の契約への組入れが認められるためには，上記の要件のほかに，相手方が定型約款の条項の内容を知ることができたことも必要か（従来の約款論では，約款の内容を知る機会が確保されていたかが要点であった）。この点について，改正民法は，定型約款を契約内容とする合意を組入れの基準とし，相手方の定型約款の内容を知る機会の確保の問題は，定型約款の契約への組入れの問題には影響しないものとした。その上で，内容を知る機会の確保については，後述のように，定型約款の表示の問題として対応した（548条の3）。

▶▶ 3　契約に組み入れられない条項

　他方，契約への組入れから除外される条項もありうる。民法改正の審議の過程では，不意打ち条項規制と不当条項規制が取り上げられたが，改正民法はこれを一本化し，定型約款は，上記の548条の2第1項の要件を満たす場合であっても，「相手方の権利を制限し，又は相手方の義務を加重する条項であって，その定型取引の態様及びその実情並びに取引上の社会通念に照らして第1条第2項に規定する基本原則に反して相手方の利益を一方的に害すると認められる」条項については組入れを否定するものとした（548条の2第2項）。

　この要件は，消費者契約法10条のそれとよく似たものであるが，消費者契約法同条は，消費者と事業者の情報の質・量および交渉力の格差に着目した規制であるのに対し，組入れからの除外は，定型約款による取引の特質に着目し信義則を基準とした不当条項規制であって，規律の趣旨が異なる。そこで，消費者契約法10条違反の効果は条項の無効であるのに対して，548条の2第2項に

よる組入れからの排除は，問題となる条項がそもそも契約の内容となることを否定したものである（「合意をしなかったものとみなす」という表現がとられている。したがって，定型約款中の個別条項が，548条の2第1項の定める一括組入れではなく，個別に合意されて契約内容になる例外的な場合には，548条の2第2項は適用されない）。

　定型約款を用いて契約を締結する場面では，相手方も定型約款の内容を逐一読もうとしない場合が多く，定型約款準備者の側からつねに相手方に事前に内容を表示ないし開示しなければならないとするのは，煩雑である。しかし，相手方にとっては，自己が締結しようとする契約，または締結した契約の内容を確認することができるようにすることがきわめて重要であることも確かである。そこで民法は，定型取引を行い，または行おうとする**定型約款準備者**は，定型取引合意の前または定型取引合意の後相当の期間内に相手方から請求があった場合には，遅滞なく，相当な方法でその定型約款の内容を示さなければならないものとして（548条の3第1項本文），相手方から定型約款準備者に対して定型約款内容の表示を請求する権利を認めた（この請求がなされた場合にのみ，定型約款準備者は表示が義務付けられる）。そして，請求に対する表示は契約上の義務となる（その不履行は損害賠償等の責任を発生させる場合がある）。

　ただ，相手方が定型約款の内容の表示を請求できるのは，契約の締結前のほか，締結後相当の期間内においてであることには注意を要する。

　なお，定型約款準備者が相手方に対して，定型約款を記載した**書面**を交付し，または，定型約款を記録した電磁的記録を提供していたときには，相手方は定型約款の内容の表示を請求することができない（548条の3第1項但書）。この場合には，定型約款準備者の対応により相手方が定型約款の内容を知りうる状態になったからである。

　定型約款準備者が定型取引合意の前になされた相手方からの表示請求を拒んだときは，定型約款の個別条項についてのみなし合意（548条の2第1項）は生じない（548条の3第2項本文）。したがって，当該定型約款は契約内容に組み入れられない。もっとも，一時的な通信障害が発生した場合その他正当な事由がある場合は，この限りでない（同項但書）。

▶▶ 5　定型約款の変更

▶▶▷ 1　環境変化に応じた約款の変更が必要になる場合　定型約款を用いた取引が

継続的なものである場合には，その取引が続いている間に，取引をめぐる種々の状況が変化することがあり，そのような状況の変化に応じて一律に契約内容を変更する必要が生ずることは少なくない。そのような場合に，両当事者間であらかじめ一定の場合に契約内容を変更することができる旨の合意をしておけば問題はないが，そうでない場合に，一方当事者が一方的に契約内容を変更することは，原則的には許されない。しかし，だからといって定型約款を使用した契約のきわめて多数の相手方に約款の条項の変更を提案して個別に新条項への承諾を得ることは，事実上困難な作業となる。

▶▶▷ **2　定形約款の変更の要件**　そこで，改正民法は，定型約款準備者がすべての相手方との間で画一的に定型約款を変更したいと望む状況を考慮して，①定型約款の変更が，相手方の一般の利益に適合するとき（548条の4第1項1号），および，②定型約款の変更が，契約をした目的に反せず，かつ，変更の必要性，変更後の内容の相当性，548条の4条の規定により定型約款の変更をすることがある旨の定め（変更条項）の有無およびその内容その他の変更に係る事情に照らして合理的なものであるとき（548条の4第1項2号）には，変更後の定型約款の条項について合意があったものとみなし，個別に相手方と合意をすることなく契約の内容を一方的に変更することのできる権利を認めた。①の場合には，相手方の利益になる変更なのであるから，これを認めてもさしつかえないであろう。②の場合には，変更が相手方の利益にならない場合もありうるので，上の列挙されている諸要素を考慮して合理的であることが必要とされている（この考慮要素については，判例・学説によって今後さらに具体化される）。これは契約法の一般的な考え方からみるときわめて例外的な配慮であるが，定型約款の組入れに関する548条の2第1項と同様，定型約款準備者の利益（経済界のニーズ）にとくに配慮した規律である。

上の①②の要件は，すでにみた組入れ除外の要件（548条の2第2項）よりも明らかに厳格であり，考慮要素も異なるから，組入れ除外の要件をここに適用することはない（548条の4第4項）。

▶▶▷ **3　定型約款の変更の周知**　上記の変更について，改正民法は，定型約款準備者に，定型約款を変更する旨及び変更後の定型約款の内容並びにその効力発生時期をインターネットの利用その他の適切な方法により周知する義務を課す（548条の4第2項）。これは，意思表示の到達主義からみるとかなり緩和され

た規律である。これも，定型約款を変更する定型約款準備者側の事務負担に配慮したものである。

　なお，この規定による定型約款の変更は，定型約款準備者が周知義務を怠っても，その変更が1項1号の当事者の利益に適合したものである場合には，変更の効力に影響はない。他方，1項2号の変更については，その効力発生時期が到来するまでに2項による周知をしなければ，その効力を生じない（548条の4第3項）。

⚡ Check

●設問1　（基本問題）

(1)　契約はどのようにして成立するか。

(2)　契約が約款によって結ばれる場合に，約款上の文言はどのようにして契約内容となるか。約款の内容が一方当事者との関係できわめて不当なものである場合に，それを規制することは可能か。

●設問2　（発展問題）

　Aは，引越しに際し，先祖伝来の家宝として大切にしてきた中国宋代の陶器の水差しを運送業者Bに委託して運び，引越し先で梱包を解いたところ，その水差しの首の部分が割れ，ほとんど価値のない状態となっていた。Aは，Bに対しこの水差しの価値3000万円の賠償を求めた。これに対し，Bは，自社が用いている陸上運送約款には，運送目的物の破損に対する損害賠償責任の上限を2000万円までに制限する旨の条項が置かれているとして，それ以上の損害の賠償には応じられないと述べている。Aは，生じた侵害の全額の賠償を求めたいと考えている。この請求は可能か。

　Aは，B運送の支店で引越し荷物の運送契約を行い，その際に「お引越し確認書」という書類の綴りに対して署名・捺印を行ったが，この綴りのなかに運送約款が含まれていた。Bからはとくに責任制限について口頭の説明はなく，Aもこの約款を読んではいなかった。

第2章

契約の目的

▷▷ Navi ▷▷

契約から発生した債権の内容について，その有効性，種類を整理してお
くことは，債権法の法律論を理解する上で，重要な基礎になる。とくに，
特定物債権・種類債権，金銭債権，利息債権，選択債権の概念を正確に理
解しよう。

◆ Key Point ◆

上の各概念についてそれがどのような内容のものかをしっかり押さえた上
で，そのような概念が使われる実際的な理由に目を向けてほしい。ここに出
てくる概念の道具としての性格を踏まえて，実際にそれらが用いられる場面
を確認しよう。

1 契約から生じる債権の目的

▶1 契約から生じる債権・債務

契約が成立すると，その効果として両当事者に債権・債務が発生する。とく
に，当事者が債務の内容としてどのような行為を行う義務を負ったのか，他方
当事者がそれに対応してどのような権利を得たのかが重要である。そのような
債権の内容のことを「**債権の目的**」と呼んでおり，それに対応する債務者の義
務としての一定の行為を**給付**という。これは，まずは契約の解釈から具体化さ
れ（また，それが，成立した契約が民法の規定する契約類型のいずれに当たるのかを決
定する上で拠り所となり），さらに，契約で決めておかなかったことについては，

民法の規定が任意規定として働く場面も多い。

　なお，一般に債務にはそれに対応する債権が存在するが，例外もあり，付随義務については，それに対応する債権が存在するわけではないと解されている。安全配慮義務・保護義務についても同様である。

▶2　契約を解釈することが必要

　上のような契約から発生する債権・債務関係については，その内容の決め手となるのは，まずは契約自体であり，それが解釈を通して具体化される。この契約の解釈においては，当事者の実際の意思のほかその取引をめぐる多様な要素も拠り所とされる。

2　契約から債権が発生するために

▶1　契約が成立しない場合・効力を持たない場合

　契約から発生する債権は，少なくとも3つの要件を満たすものでなければならないとされてきた。すなわち，①給付内容が適法なものであること（**公序良俗に反する法律行為の無効**。90条），②給付内容が実現可能なものであること，③給付内容が確定されうるものであることである。

　しかし，改正民法は，②については考え方を改め，契約に基づく債務の履行がその契約の成立の時に不能であったとしても，契約は，その効力を妨げられないという考え方をとった。そのことによるひとつのあらわれとして，このような場合であっても履行不能によって生じた損害の賠償請求を妨げないものとした（412条の2第2項）。

　なお，**消費者契約**の場合には，とくに，事業者の損害賠償責任を免除する旨の条項（消費者契約8条），消費者が支払う損害賠償の額を予定する条項等（同法9条），消費者の利益を一方的に害する条項（同法10条）を無効とする規律を設けている。

▶2　条件・期限，無効・取消し

　法律行為としての契約に条件や期限が付されていることがある（127条以下）。

また，法律行為としての契約が無効であったり取り消される場合がある（119条以下）。このような理由によって，契約から発生する債権が効力に影響を受ける場合については，⇨「ユーリカ民法」第1巻。

▶3 予想外の事態が債権に及ぼす影響

ただ，契約締結時には全く予想していなかったような事態が後になって発生したときには，当初の契約内容をそのまま維持することが不公平となることもある。そこで，このような場合に契約の改定（代金の増減額など）や解除が許されるべきであるという主張が古くからあり，これを**事情変更の原則**と呼んできた（ほぼ同じ意味で，行為基礎論ということもある）。また，契約の改定の前提として，契約内容を改定するべく再交渉をする義務がある（相手方が再交渉を求めたときには応じる義務がある）という主張も行われるようになってきた。

ただ，事情変更の原則の考え方は第一次世界大戦後のドイツの猛烈なインフレ等を背景に発達したものであって，やや厳しい物価変動があったという程度では適用されない。その程度なら，当事者の契約環境に関する予測の外れとして，各当事者がリスクを負うべきだからである。

実際に，判例も一般論としては事情変更の原則を認めたことはあるが（最判昭和29・2・12民集8巻2号448頁，最判平成9・7・1民集51巻6号2452頁），この原則を実際に適用することについては慎重である。

3　契約に基づく債権の種類

▶1　民法が規定する債権・債務の種別

▶▶1　特定物債権・種類債権

▶▶▷1　**特定物債権**　**特定物債権**とは，特定物の引渡しを目的とする債権をいう（400条）。特定物の引渡し，つまり占有の移転を目的とする債権は，さまざまな原因によって発生するが，契約による場合としては，たとえば，贈与，売買，交換，使用貸借，賃貸借，請負，寄託などがあり，また，事務管理，不当利得（現物返還）などを原因とする場合もある。さらに，意思表示の取消しや契約の解除もまたそこから原状回復の請求権に含まれる特定物債権を発生させる。

このような特定物債権においては，それに伴う保存義務（自然的または人為的な滅失，損傷，変質から特定物を保護し，その経済的価値を維持する義務）について，債務者は，特定物の引渡しをするまで契約その他の債権の発生原因および取引上の社会通念に照らして定まる**善良な管理者の注意義務**を負う（400条）。この注意義務は，当該契約その他の債権の発生原因に応じ，債務者の地位，職業，経験等から一般に要求される取引上の注意義務であるが，これは，過失とは異なるとする主張もある。これに対して，善管注意義務よりも低い，自己の物についてはらうのと同一の注意義務が課される場合もある。たとえば，無報酬で他人の物を預った場合（659条）である。

なお，特定物であっても，契約時と履行時とでその性状，形態等に変化が生じることがありうる。その場合に，契約その他債権の発生原因および取引上の社会通念に照らして引渡しをするべき時の品質を明確にすることができないことがありうる。このような場合について，民法483条は，引渡しをなすべき時の現状で引き渡せば足りるものとする。つまり，履行期までの特定物の性状等の変化は，債権者の負担となる（ただ，これは400条からも明らかである）。

▶▶▷ **2 種類債権**　　**種類債権**とは，ある種類に属する物のうち一定数量の物，つまり**種類物**の引渡しを目的とする債権である。今日市場に大量に流通している動産としての商品のほとんどは種類物である。種類債権は，贈与，売買，消費貸借，消費寄託などの契約から生じることが多い。

債権の目的物が種類と数量で定められていても，それに当てはまる物の品質にバリエーションがある場合には，どの品質の物を提供すればよいだろうか。この点について当事者の意思がはっきりしないときは，中等の物を提供すればよい（401条1項。ただし，587条・666条のような例外もある）。もっとも，債務者が給付しようとする物が中等の物であるか否かについて当事者間に争いが起こると，結局は，裁判所が（必要に応じて鑑定をも用いて）決定することになる。

つぎに，種類債権は，その目的物が種類と数量のみによって示されているにとどまるから，実際に履行するためには，その種類に属するたくさんの物のなかから実際に引渡しを行うべき物を特定する必要がある。これを**種類債権の特定**というが，この特定が行われる場合として，民法は，債務者の一定の行為があった時（債務者が給付をするのに必要な行為を完了したとき，または，債権者の同意を得てその給付すべき物を指定したとき）を規定している（401条2項）。このほ

かに，当事者の合意で特定することができるのは当然である。

　債務者の行為のうち，後者はわかりやすいが，前者の，「債務者が給付をするのに必要な行為を完了したとき」とはいつのことをいうのかは，債務の内容によって引渡しのやり方が違うので，分けて考える必要がある。しばしば債務を履行するべき場所との関係が基準とされ，たとえば債務者が目的物を自分で債権者のところへ持参することになっている債務（**持参債務**という）の場合には，債務者が債権者の住所に持参して現実に提供した時に特定する。また，債権者が債務者の下へ出かけて行き取り立てる債務（**取立債務**という）の場合には，債務者が自分の住所地で目的物を分離し引渡しの準備を整えてこれを債権者に通知した時に特定する。さらに，債権者や債務者の住所以外の第三地に目的物を送付する債務（**送付債務**という）の場合には，第三地が履行地ならその場所で現実の提供をした時，債務者が好意で送付したのであれば発送の時に特定が生じる。このような方法によって，引渡しを行うべき目的物が特定すると，債務者は，以後その特定した物のみを引き渡す債務を負うことになる。

　なお，種類物のなかで**制限種類物**と呼ばれるものがあり，このようなものを目的とする債権を**制限種類債権**という。制限種類物とは，当事者の特約によりその目的物の範囲が一定の基準によって限定された種類物をいう。たとえば，特定の倉庫内に保管されているあるジャガイモ100キロの引渡しを目的とする債権である。一般に種類債務者は市場から目的物を調達して供給する場合が多く，種類物の保管が問題となるのは特定後であるが，制限種類物の場合には，目的たる種類物を供給する前提として，制限種類物の保管がなされ，その段階で保管義務の内容が問題となりうる。その際，債務者はどのような注意義務を負うのかは議論がある。

▶▶ 2　金銭債権

▶▶▶ 1　**金銭債権とは**　　**金銭債権**とは，金銭の支払を目的とする債権をいう。紙幣か硬貨か，あるいは外国通貨かという金銭の種類にはかかわりなく，一定額の金銭の支払を目的とする債権である。売買，賃貸借，消費貸借，雇傭，請負，委任など有償契約一般において発生し，また，損害賠償請求権も通常は金銭債権である（417条・722条1項）。経済的にも，きわめて重要な役割を担っている。

　金銭，とくにわが国内で強制通用力を持つ通貨である貨幣は，占有の移転に

所有権の移転が伴うことなど，物とは異なる性質を備えている（さらに電子マネーは新しい問題をもたらしている）。また，金銭の引渡しは，物質としてのそれ自体の占有移転ではなく価値の移転にその本質があり，価値を移転できる以上どの貨幣でもよいという，種類債権よりもいっそう抽象度の高い特性がある。ただ，東京オリンピック記念500円硬貨10枚の引渡しのように物質としての特定の種類の通貨が契約の目的となっている場合には通常の種類債権となる。また，最初の番号が記されたはじめての1万円札の引渡しのように物質的に特定されている場合には，特定金銭債権は特定物債権である。

▶▶▷ **2 金銭債権の特徴**　　**金銭債権**には，いくつかの特徴が認められる。まず，①特約がない限り，債務者の選択により各種の通貨をもって弁済しうる（402条1項本文）。たとえば，5万円を，1万円札5枚で支払っても，5000円札4枚と1000円札30枚で支払ってもよい。ただし，特定の種類の通貨の給付を債権の目的とした場合はそうではない（同条同項但書）。もっとも，特定の種類の通貨が弁済期において強制通用力を失っているときは（現在の日本ではあまり考えにくいが），他の通貨での弁済が求められる（同条2項）。以上のことは，外国の通貨の給付がその債務の目的である場合にも準用される（同条3項）。

また，②外国の通貨をもって債権額を指定した場合，債務者は履行地における為替相場により日本の通貨で支払うことができる（403条）。

さらに，③金銭債務の不履行における損害賠償責任は，不可抗力の抗弁も認めない無過失責任である（419条3項）。

なお，金銭債務は経済変動によってその実質的価値が変化しても，その名目額を交付すればよいとする名目主義の原則が貫徹している。経済変動に連動して金銭債務の名目額が変動して経済秩序が混乱するのを回避する趣旨である。たとえば，昭和9（1934）年発行の割増金付勧業債権が戦後のインフレのため貨幣価値が300分の1に下落していてもそのスライド償還を否定した同様の先例（最判昭和36・6・20民集15巻6号1602頁），軍事郵便貯金の払戻しに関する同様の先例（最判昭和57・10・15判時1060号76頁）がある。ただし，遺産相続における特別受益分のスライド換算は認められる（最判昭和51・3・18民集30巻2号111頁）。

▶▶ **3 利息債権**

▶▶▷ **1 利息債権とは**　　利息を支払うべき場合は多いが，通常は金銭消費貸借契約に基づく利息の弁済が問題となる。とくに重要なのは，利率をどのように

決めるかという点，利息を元本に組み入れることができるかという点，そして，利息を支払う側は通常立場が弱い当事者であるからその保護をどのように図るかという点である。

　まず，利率については，当事者間で別段の意思表示をしておかなかった場合には，年3パーセントとなる（404条1項・2項）。これに加えて，改正民法は**法定利率について変動制**を取り入れた。これは，市中の金利と法定利率との間に大きな乖離があることの不合理の是正を意図したものである。すなわち，上の法定利率は，法務省令で定めるところにより，3年を1期とし，1期ごとに変動するものとする（同条3項）。その各期における法定利率は，法定利率に変動があった期のうち直近のもの（「直近変動期」）における基準割合と当期における基準割合との差に相当する割合を直近変動期における法定利率に加算し，または減算した割合とする（同条4項）。そして，この「基準割合」とは，法務省令で定めるところにより，各期の初日の属する年の6年前の年の1月から前々年の12月までの各月における短期貸付けの平均利率（当該各月において銀行が新たに行った貸付け〔貸付期間が1年未満のものに限る〕に係る利率の平均）の合計を60で除して計算した割合として法務大臣が告示するものをいうものとした（同条5項）。

　つぎに，重利については，契約によって取決めがなされることも多い（利息規制との関係で問題が生じることもある）。他方，民法は利息が1年以上遅滞して債権者が催告しても支払がない場合には，特約がなくても元本に組み入れることができるものとしている（405条）。

▶▶▷ **2　利息の規制**　　さらに，利息の規制に関しては，金銭を借りざるをえない弱い立場の者の保護が問題となる。かつては，極端な高利を公序良俗違反とした判例があったが，今日では，特別法による規制が重要である（⇨ Topica「貸金法制の改正」）。

　♦ Topica　貸金法制の改正

　　利息制限法は，金銭消費貸借契約が一定の利率（元本が10万円未満の場合には年2割，元本が10万円以上100万円未満の場合には年1割8分，元本が100万円以上の場合には年1割5分）を超える定めをした場合には，その超過部分について無効としている（1条1項）。ただ，かつては，債務者が制限超過部分を任意に支払った場合には，その返還

を求めることができないものとしていたので（改正前の1条2項），利息制限としては
実効性に乏しかった（そのため，制限超過利息の元本充当等をみとめて借主を保護する
判例法が発展した）。

　他方で，出資法（出資の受入れ，預り金及び金利等の取締りに関する法律）は，刑事
罰をもって高利を制限しているが，その制限は年109.5パーセントを超える割合による
利息で貸付けをしたときとしているので（5条1項），民事法上は無効となっても刑事
罰は課されないという利率の範囲（グレーゾーン）が生じてサラ金問題などを防止する
ことはできなかった。そこで，後に，特に貸金業者が業として貸付けを行う場合につい
ては，年29.2パーセントを超える利息であれば処罰の対象となるものとされた（改正前
の5条2項）。

　しかし，貸金業法（貸金業の規制等に関する法律）が，書面等の一定の要件を備えれ
ば利息制限法の制限を超えて債務者が任意に支払った利息を，正面から利息の有効な弁
済とみなしたから（改正前の43条1項），狭くなったとはいえグレーゾーンの範囲内の
利息は，借主にとってむしろ大きな負担となっていた。そこで，判例は，一連の判決（最
判平成18・1・13民集60巻1号1頁など）において，この制度の適用について貸金業者
に厳しい判断を示すようになっていた。

　このような判例を受けて，2006年には貸金法制に関する重要な改正が実現し，多重債
務者問題等の抜本的な解決がなされた。その結果，現在では，出資法上の制限金利が利
息制限法の上限金利に合わせて年20パーセントとされ（出資法5条2項），グレーゾー
ンがほぼなくなった（元本額が10万円以上の場合についてはなお残っているが行政処分
の対象となった）。また，貸金業法上のみなし弁済制度が廃止されるとともに，制限超
過利息の任意支払いに関する利息制限法条の規定も削除されたのである。

🐾 Topica　中間利息控除

　改正民法は，中間利息控除について明文の規定を設けた（417条の2）。すなわち，将
来において取得すべき利益についての損害賠償の額を定める場合において，その利益を
取得すべき時までの利息相当額を控除するときは，その損害賠償の請求権が生じた時点
における法定利率によるものとした。これは，中間利息控除を行う場合にも法定利率に
よるとする判例（最判平成17・6・14民集59巻5号983頁）の立場を取り入れ，法定利率
の上記の変動制を考慮して，中間利息控除に用いられる法定利率の基準時を損害賠償請
求権が発生した時点とする旨を明記したものである。

▶▶▶ 4　選択債権

　選択債権は，数個の給付のなかから選択によって決定する1個の給付を目的
とする債権である。特段の合意がなければ，選択権は債務者に属する（406条）。
選択の対象となる数個の給付にはそれぞれ個性がある。選択権は相手方に対す

る意思表示によって行使される（407条）。弁済期に相当な期間を定めた催告がなされたが，それでも選択権が行使されない場合には，選択権は相手方に移転する（408条）。第三者が選択権を行使する場合には，その意思表示は債務者または債権者に対してなされる（409条）。ただ，選択される給付で原始的後発的に不能なものがあって，その不能が選択権者の過失によるものであるときは，選択権は残部の給付を対象とする（410条）。

選択の効果は債権発生の時に遡及するが，第三者の権利を害することはできない（411条）。

▶2　民法が規定していない債権・債務の区別

さらに，民法自身が規定していない債権・債務の区別が主として学説により用いられることもある。たとえば，作為債務はあることを積極的にする給付を目的とする債務であるが，これは，さらに**与える債務**と**なす債務**に分けられる。与える債務では，給付は物の引渡しを目的とし，なす債務はそれ以外の作為を目的としている。この区別の実益は，とりわけ，債務の強制的実現の態様が異なる点にある。

なお，**結果債務**と**手段債務**の区別も用いられることがある。債務が，一定の結果の実現そのものを内容としているか（財貨の引渡し，仕事の完成等），結果実現に向けて最善をつくすことを内容としているか（各種の労務提供等）による区別である。この区別は，債務不履行における有責性の判断において実益がある。もっとも，同一の債務が結果債務とも手段債務とも解される例があるので，必ずしもその分別基準や概念としての有用性が明確でない場合もある。

4　債権の効力

▶1　契約から直接生じる債権の効力

契約からは上記のようにさまざまな種類の債権が発生してくる可能性があるが，では，その債権を持つ者は，自分が債権者であるということに基づいてどのようなことができるのか。これが「債権の効力」と呼ばれているテーマである。

このテーマについては，大きく2つの区別をすることがわかりやすい。すなわち，債務者に対する効力（債権の**対内的効力**ということがある）と第三者に対する効力（債権の**対外的効力**ということがある）である。

▶2　債権の対内的効力

　債権の対内的効力には，大きく分けてさらに2つの段階がある。ひとつは，契約そのものに基づいて（第一次的な履行請求として）債務者に何を請求することができるか，という段階と，契約から生じた債務の不履行があった場合に，救済として債務者に何を請求することができるか，という段階である。2つの段階とも債権の効力の問題として理解されてきた。

　まず，債権者は，債務者に対して債務の内容となる特定の行為（作為，不作為）を求めることができる。これが**請求力**（裁判外の請求力ということがある）であり，債権の最も核心的な効力である。つぎに，債権者の請求に応えて（場合によっては請求を待たずして），債務者が任意に給付を行った場合には，債権者はそれを受領して自己のものとして保持することができる。これが**給付保持力**である。この2つは，債権という権利が持つ最小限の権能であり，少なくともこの権能が備われば債権ということができる。

　他方，債務者が任意に債務を履行しないときには，債権者は，債権の目的を実現するために，裁判所に対しその強制的な実現を求めることができる。これが**訴求力**（裁判上の請求力ということもある）である。訴求の内容としては，債権の本来的な内容そのものの実現を求めることになる。これに応じて裁判所が債務者に対し一定の給付を命じる場合に，債務者は普通はこれに従うであろうが，場合によってなお給付を行わないという場合もありうる。この場合には，判決に基づいて執行機関により債権内容の強制的実現が図られる。さらに，損害賠償として債務者の一般財産（責任財産ともいう）から金銭の形で満足を得る方法もある（**攝取力**という）。債務者の一般財産が攝取力によって把握されていることを「**責任**」という。

▶3　債権の対外的効力

　債権者は，債務者以外の第三者に対しても，債権に基づいて一定の権利行使をすることができる（債権の相対性の例外）。

▶▶ 1　責任財産の保全

　まず，債務者の責任財産を保全するために（債務者の責任財産は債権者にとって最後の拠り所），第三者に対して債務者の権利を代位行使すること（債権者代位権），または債務者が第三者に対して行った法律行為を取り消すこと（債権者取消権）ができる（ただ，責任財産保全の制度は債権の反射的効果であるとして，債権の効力とは区別して説明することもある）。この，責任財産保全の制度については，第2部金銭債権法，第5章で詳しく説明する。

▶▶ 2　第三者の債権侵害

▶▶▷ 1　第三者の債権侵害と不法行為責任　　つぎに，第三者が**債権を侵害する**という場合もあり，その場合に債権者は不法行為を理由にその第三者に対し損害賠償の請求をすることができるかも問題となる。たとえば，特定物の引渡しを目的とする契約において第三者が目的物を滅失させるという給付の侵害があって債権が消滅した場合，あるいは，第三者が債務者と共謀して債務者の唯一の財産を隠匿し責任財産の把握を困難にして債権者が弁済を受けるのを妨げた場合など，さまざまな形で債権侵害が生じる。

　判例は，債権もまた権利としての不可侵性を持つとして，古くから**債権侵害**の不法行為の成立を肯定してきた（たとえば，大判大正4・3・10刑録21輯279頁）。学説もこのような立場にある。ただ，第三者が，債務者と交渉をして別途対立する権利を取得することは自由競争の範囲であれば許されるから，不法行為が成立するのは債権侵害の態様が違法性を帯びる場合や，事実上故意による場合に限られるであろう。

▶▶▷ 2　第三者の債権侵害と妨害排除請求権　　また，損害賠償にとどまらず，侵害そのものの排除を請求することができるかについても議論がある。これが問題となるのは，債権のなかでも物の利用に関する債権，とくに不動産賃借権に対する侵害が生じた場合である。この問題については，具体的な侵害態様のバリエーションや法律構成の種々の可能性を含めて，ユーリカ民法第4巻で詳しく説明する。

▶4　債権が満足されない場合の債権者の手段

　契約から生じる債権そのものが満足されない場合（債務不履行。⇨第4章参照）には，債権者は，上記の債権の効力を行使して，債務者に対し，本来の履行の

強制的実現を求めていく。不履行に対する救済として損害賠償を請求する場合（415条）にも基本的に同じことが当てはまる。他方，債権が満足されない場合に，債権者は，契約を解除して（541条以下）その契約から離脱することも可能である（これは債権の効力ではない）。つまり，契約から生じた債権が満足されない場合には，債権者には３種の対応（債権内容の強制的実現，損害賠償，解除）の可能性が債権者に与えられていることになる。

　では，この３つの手段（とくに，本来の債権についての履行請求権と不履行による損害賠償請求権）の関係はどのように理解すればよいであろうか。かつては，債務不履行に基づく損害賠償請求権は債務不履行によって本来の債権の履行請求権が形を変えた（転形した）ものであり，この両者は同一のものであると考えられていた。そう考えることにより，本来の債権の担保は，不履行の際の損害賠償請求権をもカバーし，また，損害賠償請求権の消滅時効期間が本来の債権の性質によって決まることになり，またその起算点も本来の債権を基準とするとされてきた。

　しかし，改正民法は，上のような転形の考え方をとらずに，本来の債権の**履行請求権**と**塡補賠償**の請求権との併存を認める規定を置くことにした。すなわち，新設の415条２項は債務の本旨不履行（同条１項）における履行に代わる損害賠償が認められる場合を規定するが，そこにおいて，債務者がその債務の履行を拒絶する意思を明確に表示したとき（同項２号）および，債務の不履行による解除権が発生したとき（同項３号後段）にも損害賠償の請求が認められるものとしている。これらの場合には，なお履行請求権が残っている状態でありながらその履行に代わる損害賠償の請求ができるのであるから，これらの規定は，本来の債権の履行請求権と塡補賠償の請求権との併存を前提とした規律であるということになる。また，この両者の請求権の関係は，売買の引き渡された目的物の契約不適合（これもまた415条１項の本旨不履行の一形態）に基づく責任（562条以下）においても同様に現れる（有償契約に準用された契約不適合責任においても同じ）。

▶5　債権が本来持っている力の一部が欠ける場合

　上記の債権の効力のなかで，請求力と給付保持力は，債権という権利にとって必須の効力であり，この２つの力がなければいかに債権を持っているといっ

てもそれは法的には意味のない状態であろう。他方，訴求力と強制力を持たない債権は，現実に存在し一定の機能を果たしている。

まず，当事者の合意や法律の規定によって**訴求力のない債権**が生じることもある。たとえば，契約当事者間で，債務者が任意に履行しない場合に裁判所に訴えを提起することをしないという特約（合意）がなされることがある（まれではあるが）。このような合意は必ずしも明示に結ばれるとは限らない（そのような合意がなされたものとされた古い先例として，大判昭和10・4・25新聞3835号5頁。ただし，公序良俗〔90条〕または心裡留保〔93条〕による解決の方が妥当であったとする指摘もある）。また，法律の規定に基づいて訴求力のない債権が生じることもありうる。たとえば，消滅時効が援用された債権，破産手続において免責された債権などである。もっとも，これらの債権も債務者が任意に履行すれば，債権者はそれを有効に受領することができる。

このような債権に対する債務を**自然債務**ということがある。ただ，上記の債権には多様なものが含まれ，訴求力を欠く理由もそれぞれ異なるため，自然債務という言葉で括るよりも個別にその債務の性質を明らかにすることが適切であり，それで足りると考えられる。

▶▶ 2 強制力のない債権

強制執行をしないという特約が結ばれることがあり，判例（大判大正15・2・24民集5巻235頁）・学説はこのような特約を有効としてきたため，これにより強制力を持たない債権が生じることはありうる。このような債権については，債権者は訴えを提起することはできるが，請求が認められても強制執行をすることはできない。このような債権に対応する債務を「**責任なき債務**」ということがある。

💡 Check

● 設問1 （基本問題）

(1) 契約から生じる債権にはどのような種類のものがあるか。

(2) 金銭債権にはどのような特徴があるか。また，利息について民法はどのような規定を置いているか。

● 設問2 （発展問題）

婦人服の製造業を営むＡ社は，Ｂ社から在庫のイタリアＣ社製の洋服用布地につき2000ｍ分を総額2000万円（１ｍ当たり１万円）で買い受けた。Ａは，服飾業界の目まぐるしい流行の変化を考慮し，とりあえず必要とする生地以外の自社の在庫を避けることを望んで，Ｂと交渉の末，Ａは，製品製造上必要となるたびに，50ｍ単位でＢにＣ社製の布地の提供・送付を求めることができ，その代金は納品の翌月末までに，Ｂが指定した銀行口座への振込みにより支払うこととした。

　ところが，その後Ａは，流行の変化によりもはや残りの布地は製品化することが難しいと考えるようになり，Ｂに対し引取価格をその時点の相場である１ｍ当たり7000円に改定してくれるよう求めた。しかし，Ｂはこれを拒絶し，従来どおり布地をＡ社の工場に送付するからそれを引き取るように連絡した。しかし，Ａはその受取りを拒んだため，Ｂは，倉庫が一杯になりつつあることを考慮して布地を仮設の乙倉庫にいったん保管し，引き続きＡの引取りを促すことにした。ところが，その後に，台風が来て仮設倉庫の雨漏りが生じ生地は商品価値を失った。ＢはＡに対し，どのような請求をすることができるか。

契約目的の実現と債権の消滅

▷▷ Navi ▷▷

　君が友だちに100万円を貸しているとしよう（リッチだね！）。このとき君は，100万円を返してもらう債権を持っていることになる。

　でも，それだけでうれしいだろうか？

　本当にうれしいのは……もちろん，友だちが約束どおりに100万円を返してくれたときだろう。このとき，債権は役目を終えて消滅することになる。債権は，その内容を実現されて，消滅するためにこそ存在しているのだ。

　しかし，いつもいつも契約が予定されたとおりに進むとは限らない。たとえば，現金では返せないので，何か代わりのもので返したことにしてほしいと言われることもあるかもしれない。あるいは君の方から，友だちでもあるし，半分だけ返してくれたら，残額は返さなくていいよと言ってあげることもあるかもしれない。契約がうまくいく場合もいかない場合も含めて，債権の消滅を勉強していこう。

◆ Key Point ◆

　本章では，債権の消滅原因（債務者の側からみれば債務の消滅原因）を，弁済（⇨第1節），相殺（⇨第2節），そしてそれ以外の消滅原因（第3節）に分けて説明をする。このうち弁済は，たんなる債権消滅事由のひとつというだけでなく，債権の内容が実現されるという点，つまり債権債務関係が当初予定されたとおりに展開するという点に特徴がある。

1 弁 済

▶1 弁済による債権の消滅

▶▶1 弁済とは

弁済とは，債務者（第三者の場合もある⇨▶3 ▶▶1）が，債務の内容である給付を債務の本旨に従って行うことである。たとえば，100万円の融資を受けた借主が，この金銭を（定められた利息と共に）債権者に支払うことが，その典型例としてあげられる。もっとも，債務の内容である給付は，この例にあるような物の引渡しに限られない。肖像画を描くというように役務（サービス）の提供であることもあるし，夜8時以降はピアノを弾かないというように不作為であることもある。この場合には，肖像画を描くことや，ピアノを弾かないことが弁済に当たる。

弁済が行われると，その債務は消滅する（473条）。弁済により，債務はその内容が実現され，目的を達成したのだから，もはや存続する意味はなくなっているからである。

債務の内容を実現することは，「履行」ともいう（たとえば「履行期」「債務不履行」などといった用語で使われる）。弁済と履行は，意味において違いはない。ただし，「履行」という言葉が，債務者によって行われる行為に焦点を当てるのに対して，「弁済」という言葉は，それによって債権が消滅するという結果に重点を置いているというニュアンスの違いがある。

弁済をめぐる問題は，弁済が正常に展開する場合（⇨▶▶2〜▶▶5）と，弁済が行われるなかで何か正常ではないことが生じている場合（⇨▶2・▶3）とに分けることができる。

▶▶2 弁済の方法

▶▶▷1 債務の本旨に従った給付　　弁済が正常に行われたというためには，債務の本旨にかなった給付であることが必要である。

「**債務の本旨**」は，債務本来の趣旨や目的と説明される。その内容は，法律の規定や契約内容のみならず，契約の目的，取引の慣行，信義誠実の原則などを考慮して決めるものとされている。

このことについて，具体例で説明しよう。

▦Example

> A大学が花屋Bに，大学主催の講演会の際に演台に飾る大きな生花を注文した。代金は銀行振込みで先払しており，残っているのはBがAに対して負っている債務（生花を準備し配達する債務）だけである。そしてこの債務に関連して，Aからの注文の際に，AとBとの間で，「生花は15日午前中に講演会会場となるAのホールまで配送する」という合意が行われていた。

このとき，Bが15日の午前11時に生花をAのホールまで配達したとすれば，これがBの負っている債務についての「債務の本旨にかなった給付」に当たり，弁済が正常に行われたことになる。これに対して，たとえばBが生花を16日に届けたという場合や，ホールから遠く離れた大学の本部事務室に届けたという場合には，「債務の本旨にかなった給付」とはいえないだろう。前者は契約によって定められた期間を経過してから給付が行われており，後者は契約によって定められた場所と異なる場所で給付しようとしているからである。この場合には，弁済が行われたとはいえず，弁済による債権の消滅も生じない。

> ▼ **Oasis** 債権者の容認による弁済の成立
>
> 　債務者が配達場所を間違えたというような本文に述べた事例では，実際には，Aが配達場所の違いを容認して生花を受け取ることも考えられる。そのようなときには，有効な弁済が成立したとみてよいだろう。しかし，「債務の本旨にかなった給付」が行われた場合と異なり，債権者の意向に関係なく弁済が成立しているわけではないことに注意が必要である。

　ここまでの例でわかることは，「債務の本旨」（債務本来の趣旨や目的）といったときには，「何を」（債務の「目的物」という。ここでは「生花」）とか，「どのようにするか」（給付行為の内容。ここでは「生花を準備し配達する」）だけではなく，「いつ」「どこで」といったことも要素になるということである。

▶▶▷ 2 「債務の本旨」を定めるための考慮事由　では，「債務の本旨」はどのように定められるのだろうか。上述の例からわかることは，契約によって生じる債務においては，契約の内容，すなわち当事者がどのような意思表示をしていたのかが重要になるということである。もっとも，ある事項について契約内容

が明確ではない場合，あるいは当事者が定めていなかった場合がありうる。民法は，そうした場合に適用される解釈規定・補充規定をいくつかおいている（⇨ ▶▶▶3）。

　契約以外の原因（事務管理，不当利得，不法行為）によって債務が発生する場合には，当事者の意思表示が存在しない。これらの場合に「債務の本旨」を定めるに当たっては，法律の規定が重要となる。たとえば，不法行為に基づく損害賠償であれば，民法709条の規定で定められているとおり，損害として算定された金銭を支払うことが債務者に課された債務の内容となる。

　しかし，契約の内容や法律の規定だけで「債務の本旨」が定まるか（正常な弁済か否かを判断できるか）といえば，そうではない。

　たとえば上述の Example で，Bが配達した生花が白一色のものであって，まるで葬儀の際に飾るもののようだったとしたらどうか。かりにAとBとの間の契約で花の種類や色が指定されていなかったとしても，このケースで「債務の本旨にかなった給付」があったと認めるのは，抵抗感がある。また，配達される生花の色について定めた法律の規定があるわけでもない。このことからは，「債務の本旨」を定めるに当たって，契約の内容でも法律の規定でもない別の基準が働いていることが明らかになる。すなわち，「債務の本旨」を定めるに当たっては，契約の目的（何をすることが契約の内容とされているのか），取引の慣行，そして信義誠実の原則（相手方の正当な期待に沿うよう行動するべきだとする原則）なども，考慮に入れるものとされている。ここでの例でいえば，債権者Aは，生花を講演会で飾るつもりでいたのであり，債務者Bもその趣旨にかなった生花を準備することが可能であったという事情が，Bの負う債務について「債務の本旨」を定める際の要素となり，Bの配達した生花が講演会にはそぐわないものであれば，Bは，「債務の本旨にかなった給付」をしていないことになる。

▶▶▶3　債務の本旨に関する規定　　民法のなかには，「債務の本旨」に関連する規定が数多く置かれており，そのうちのいくつかは，あらゆる債務に共通して問題になるものとして，第3編債権第1章総則（そのなかでも第5節債権の消滅第1款弁済）に規定されている。そうした規定を順に説明していこう。これらの規定は，債務の発生原因が契約であるときには，当事者の定めが不明確であったり，そもそも当事者が定めを置いていなかったりした場合に備えた解釈規

定・補充規定として働く（いずれも任意規定であるから，当事者はこれと異なる合意をすることも可能である）。契約以外の債務発生原因が問題となるときは，まさに「債務の本旨」を定める法律の規定として働くこととなる。

(a) 目的物の品質

債務の内容が物の引渡しであるときには，目的物が備えているべき品質を確定しなければならない。

もちろん，当事者が目的物の品質について合意していれば（たとえば「一等米」「特級」などというように），それに従うことはいうまでもない。そして，当事者は目的物の品質に関心を持つのが通常であるから，品質に関して明示的に合意をすることが多いだろうし，そうでなくても取引上の社会通念に照らして契約を解釈することで，目的物の品質が定められることが多いだろう。たとえば，中古自動車店で中古自動車を購入する場合，（古いとはいえ）ちゃんと走る車を引き渡すべきことが定められているとみることができる。

問題となるのは，当事者が目的物の品質をどのように定めたのかが，契約を解釈しても明らかにならない場合である。そうした場合のために，民法は規定を設けている。規定は，目的物が特定物の場合と種類物の場合に分かれているので，順にみていこう。

まず，**特定物**の場合には，「引渡しをすべき時の現状」で引き渡すこととされている（483条）。この基準によるとき，たとえば，売買の目的物である中古自動車のエンジンがかからなくても（通常は「故障している」というだろう），それが引渡しをするべき時（つまり弁済期）の実際の状態なのであれば，その自動車さえ引き渡したら，弁済を完了したことになる（もっとも，弁済期までの売主の保管の仕方に問題があった場合には，民法400条に違反したことを理由として，損害賠償責任が発生する）。

つぎに，**種類物**の場合には，「中等の品質を有する物」を引き渡さなければならない（401条1項）。たとえば，たんに「りんご20kg」と契約され，そのりんごに特級，上級，標準の3つの等級があるときには，上級のりんご20kgを引き渡すことが債務の内容となる。

(b) 弁済の場所

弁済の場所について，民法は，債務の内容が特定物の引渡しである場合と，それ以外の場合とを分けて規定している。特的物の引渡しについては，債権の

発生時（契約であれば契約締結時）にその物が存在した場所において弁済されるべきものとされている。

その他の場合には，弁済をする時点での債権者の現住所において弁済されるべきとしている。この債権者の現住所において弁済されるべき債務を，債務者が債権者のところまで目的物を持参するという意味から「**持参債務**」という。この民法484条1項の規定を根拠に，債務は持参債務が原則であるといわれている。

当事者は，契約のなかで，これとは異なる場所を弁済の場所として定めることもできる。このとき，債務者の現住所において弁済されるべきと定められていれば，これは，債権者が債務者のところへ取り立てにいくという意味から「**取立債務**」という。また，債務者が，債権者・債務者いずれの現住所とも異なる場所へ目的物を送付することとされていれば，「**送付債務**」と呼ばれる。

弁済の場所については，さらに，民法の契約各則の規定（574条・664条）などで，例外が設けられてもいる。

（c）弁済期・弁済の時間

弁済をするべき時期を**弁済期**（または履行期）という。契約に基づく債権については，原則として成立の時に弁済期を迎えるが，停止条件が付されていればその成就の時，始期（確定期限もしくは不確定期限）が付されていればその到来の時が弁済期となる。

これに加えて，契約各則の規定（573条・591条など）に例外が設けられている。

不法行為に基づく損害賠償請求権，不当利得に基づく利得返還請求権など法律の規定に基づく債権は，要件が満たされて成立する時に弁済期を迎える。なお，履行遅滞に陥る時期は412条の規定による（⇨第4章第1節▶2▶▶2）。

さらに，一日のうちでいつ弁済（または弁済の請求）をすることができるかという点について，民法484条2項は，法令または慣習によって取引時間の定めがあるときは，その取引時間内に限られると定めている。もっとも，法令または慣習さえ守れば，いつでも弁済できるというわけではない。たとえば，店の営業時間は，法令とも慣習ともいうことができないが，債務者がことさらにそれを無視して，非常識な時間（たとえば早朝や深夜）に弁済を行おうとすれば，それは信義誠実の原則（1条2項）に反しているといえ，やはり「債務の本旨にかなった給付」とは呼べないと評価されるだろう。

▶▶ 3 弁済の効果

　はじめにも述べたとおり，弁済が成立すると，その効果として債権は消滅する。

　民法はこのほかに，弁済により債務者に生じる権利として，**受取証書交付請求権**（486条1項）と**債権証書返還請求権**（487条）を定めている。いずれも，債務者が弁済の証拠を確保することができるようにするために認められた権利である。請求権の相手方について，厳密にいえば，受取証書交付請求権は弁済受領者に対する権利であるが，債権証書返還請求権は債権者に対する権利である。

👤 Topica　受取証書と債権証書

　「受取証書」とは，弁済受領者が弁済を受けたことを証明する書面である。売買代金を支払った際に発行されるレシートや領収証が典型例である。この受取証書は，弁済をする者にとって弁済をしたことの証拠となる重要な書類である。このため民法486条1項は，弁済を受領する者は弁済と引換えに受取証書を交付するべきことを，すなわち弁済と受取証書の交付が同時履行の関係（533条）に立つことを明文で定めている。

　「債権証書」とは，債権が成立したことを証明する書面である。契約書や借用書などが典型例である。債権者が弁済を受けたにもかかわらずこうした書類を持ち続ければ，債務者は，債権者から再度支払の請求を受ける危険にさらされることとなる。これを防ぐというのが，弁済をした者に債権証書返還請求権が認められている理由である。ただし，弁済をした者の保護としては受取証書交付請求権があること，さらに債権者が債権証書を紛失した場合に弁済を受領できなくなるという不都合を回避する必要があることから，この債権証書返還請求権については，弁済と同時履行の関係に立たない（弁済が先に履行されるべきである）とされている。

　こうした弁済の効力は，債務の本旨にかなった給付が行われ，それを債権者（または弁済受領者）が受領した時に生じる。これに関連して，金銭の支払が銀行振込み（「債権者の預金又は貯金の口座に対する払込み」）で行われるときには，払い込まれた金額の払戻しを請求する権利を債権者が取得した時が，弁済の効力の生じる時であると定められている（477条）。

▶▶ 4 弁済の費用

　弁済をするには，費用がかかることがある。たとえば，銀行振込みの手数料，物の荷造費や運送費などである。その費用の負担について，民法は，債務者が負担するものと定めている（485条本文）。ただしこれには例外があり，債権者が住所を移転するなどして，余分の費用がかかった場合（費用を増加させた場合）

には，その増加分については債権者の側が負担することとされている（同条但書）。

　なお弁済の費用と混同しやすいのが契約に関する費用（契約費用）である。契約費用とは，契約の締結に必要な費用をいい，契約書の作成費用や，契約目的物の測量・鑑定などにかかる費用が典型例である。民法は売買契約に関する契約費用について，弁済費用のように一方の当事者にのみ負担させるのではなく，「当事者双方が等しい割合で負担する」（558条）と定めている（この規定は他の有償契約に準用される。559条）。

▶▶ 5　弁済の充当

▶▶▷ 1　**弁済の充当とは**　　債務者が，1人の債権者に対して複数の債務を負っている場合には，債務者のした弁済がどの債務に対する弁済か明確でないということが起こりうる。このような場合に，どの債務への弁済として扱うかを定めることを，**弁済の充当**という。

▶▶▷ 2　**弁済の充当が必要となる場合**　　弁済の充当の問題が生じるのは，①債務者が，1人の債権者に対して複数の給付をしなければならず，②その給付がいずれも同種の行為である場合（実際上はいずれも金銭債権であるケースでのみ問題となる）であって，かつ，③債務者のした給付が，債務のすべてを消滅させるには足りない場合である。

　このうち，①の「1人の債権者に対して複数の給付をしなければならない場合」というのは，2つの場合に分けられる。ひとつは，同じ債権者に対して，売買代金債務を負い，さらにその後金銭の融資を受けて貸金債務も負ったというように，複数の債務を負っている結果，複数の給付が必要となる場合である。もうひとつは，売買契約は1つ（したがって代金債務も1つ）であるが，それを分割払にしたという場合のように，債務は1つであるが，複数の給付が必要となる場合である。民法は複数の債務を負っている場合の弁済の充当について規定（488〜490条）を設けた上で，1つの債務の弁済として複数の給付をするべき場合についてその規定を準用している（491条）。このためいずれの場合でも，同じルールが適用される。

▶▶▷ 3　**弁済の充当の方法**

(a)　合意充当

　弁済の充当について，当事者（弁済をする者と弁済を受領する者の両当事者という意味である）は，あらかじめ合意をしておくことによって，その方法を自由

に定めることができる（言い換えれば，弁済の充当に関する民法の定めは任意規定である）。たとえば，銀行が融資を行う際には，融資契約の契約書（取引約定書<ruby>書<rt>しょ</rt></ruby>）のなかに，弁済の充当に関する条項を入れておくことが通常であるが，これが充当の合意の典型例だといえる。充当に関する合意は，このように，契約の際にあらかじめしておくこともできるし，契約の後から（たとえば弁済の際に）してもよい。

(b) 指定充当

弁済の充当に関する両当事者の合意がない場合には，一方の当事者の指定によって充当方法を決めるためのルールが適用される。この場合の弁済の充当は指定充当と呼ばれる。

最初に指定権を持つのは，弁済をする者の側である。弁済をする者は，給付の時に，その弁済がどの債務に充当されるかを指定することができる（488条1項）。

弁済をする者がこの指定を行わなかった場合には，弁済を受領する者に指定権が生じる。すなわち弁済を受領する時に，その弁済をどの債務に充当するかを指定することができる（488条2項本文）。ただし，弁済をする者がこの指定に対して「直ちに」異議を述べたときには，弁済受領者による指定は効力を失う（同項但書。このときは誰も指定を行わなかったことになる）。

充当の指定は，いずれも相手方に対する意思表示によって行う（488条3項）。このため，意思表示に関するルールが適用される。

(c) 法定充当

充当に関する指定が行われなかったとき，あるいは弁済受領者がした指定が，弁済をする者の異議によって効力を失ったときには，民法488条4項の定めに従って充当の方法が決まる。法律が定める方法で充当されるので，これを法定充当という。

① まず弁済期にある債務と弁済期にない債務があるときには，弁済期にある債務に対する弁済が先に行われる（488条4項1号）。すでに弁済期にある債務というのは，債務不履行（履行遅滞）の状態になっているのであるから，それによって遅延利息の発生（あるいは損害賠償）などの責任が生じている。債務者がこうした責任を免れることができるよう，弁済期にある債務に先に充当されるものと定められている。

② いずれの債務も弁済期にある，あるいは逆にいずれの債務も弁済期にな

いという場合には，つぎの基準として，債務者のために弁済の利益が多いものに先に充当される（488条4項2号）。たとえば利率に違いがあれば，利率の高い債務を弁済する方が，債務者にとって利益が多い。あるいは担保付きの債務と担保なしの債務があれば，担保付きの債務を弁済する方が，債務者にとって利益が多い。このような事情を総合的に勘案して，債務者にとって弁済の利益が多いものが，優先される。

③　弁済の利益が等しい場合には，弁済期がより早いものに，先に充当される（488条4項3号）。すなわち，すべての債務が弁済期にある場合であれば，弁済期が先に到来したもの（債務不履行の期間がより長いもの）に先に充当される。すべての債務が弁済期にない場合であれば，弁済期が先に到来するもの（弁済期がより近いもの）に先に充当される。

④　ここまでの基準によっても，どの債務に充当するべきかが決まらない場合には，「債務の額に応じて充当する」（488条4項4号）。すなわち，すべての債務が一部弁済されることとなり，その充当額は，弁済として支払われた額を，債務の額に比例させて分配することで決定する。

▶▷▷ **4　元本，利息，費用の充当**　　以上のような弁済の充当に関するルールに対して，民法489条は特則を定めている。

民法489条が定めているのは，債務者が元本のほかに，利息や費用の支払をも債務として負っている場合である。この場合，当事者に充当に関する合意がなければ，費用，利息，元本の順に充当するべきものとされている（489条1項。指定充当の定めが適用されない）。元本への充当が一番最後になるというルールは，利息を生む元本部分がより大きいままに残ることとなるから，債権者にとって有利である。

複数の費用債務（あるいは利息債務，元本債務）があり，弁済された額がそのすべてを消滅させるには足りないときの充当の方法は，原則どおり，当事者間の合意があればそれに従い（合意充当），合意がなければ指定充当のルールが適用され，有効な指定が行われなかった場合には法定充当によって，どの債務に充当されるかが決まる（489条2項）。

▶2　弁済に必要な債権者の協力が得られない場合の債務者の免責

債務者が，弁済期に債務の弁済を行わなければ，債務不履行となり，債務者

には，損害賠償責任が発生し，また債権者から契約を解除される可能性が生じる。しかし，例外として，債務者にこうした責任を負わせるべきではないときもある。それは，債務の弁済のために債権者の協力が必要であるにもかかわらず，債権者が必要な協力をしなかったために，債務者が弁済できなかった場合である。例として，債権者が目的物の受渡し場所に来なかった場合や，代金振込先の口座番号を伝えることを怠ったような場合があげられる。

こうした場合に，債務者の利益を保護するために，民法は「弁済の提供」と「弁済の目的物の供託」(以下では単純に「供託」ということもある）という2つのルールを設けている。

♨ Topica　さまざまな供託

供託は，本書で説明をする弁済の目的物の供託（弁済供託。494条）以外にも，さまざまな法律で規定されている。ただし本書では，この弁済供託を指して，たんに「供託」という用語を用いる。

弁済供託以外の供託としては，①後の支払を確保するための供託（担保供託。366条3項・461条1項など），②民事執行のなかで金銭等を当事者に交付するための供託（執行供託。民執91条など），③一定の政策目的から，一定額の金銭等を供託させ，一定の事由が生じた場合には供託物を没収して国家に帰属させるための供託（没取供託。公職の立候補者が選挙において一定の得票数に満たなかった場合に供託金を没取する旨を定める公選92〜94条など）などさまざまなものがある。

▶▶ 1　弁済の提供

▶▶▶ 1　弁済の提供とは／弁済の提供の効果　　弁済の提供とは，債務者が給付の実現に必要な準備を整えた上で，債権者に受領（その他給付への協力）を求めることをいう。民法は，弁済の提供が行われた場合には，かりに債権者が弁済を受け取らなかったために弁済が完了しなかったときでも，債務者が「債務を履行しないことによって生ずべき責任を免れる」（492条）こと，すなわち債務不履行責任を負わないことを定めている。

さらに，双務契約においては，一方の当事者は，弁済の提供をすることによって，他方の当事者の持つ同時履行の抗弁権を消滅させることができる（533条）。したがって，たとえば売買契約における売主は，売買目的物の引渡しを準備して買主に対して弁済の提供を行えば，かりに買主がこれを受け取らなかったと

しても，買主に対して売買代金の支払を求めることができるようになる。

　このように，弁済の提供が行われると，債務者は，債務不履行責任を免れ，相手の同時履行の抗弁権を失わせることができ，債務を弁済した場合と似た状況となる。しかし，弁済の提供が行われても，弁済それ自体が行われたわけではないから，債務が消滅するわけではない。すなわち，債務者が請求するのであれば，債務として定められた給付を行わなければならないという状態に変わりはない。債務を消滅させるためには，弁済，または，弁済の目的物の供託（⇨▶▶2）を行う必要がある。

▶▶▷2　弁済の提供の要件

　(a)　原則：現実の提供

　弁済の提供を行うために，債務者は，実際に弁済が行われる場合と同様に，自分の側でできることをすべて行ったということが求められる。すなわち，債務の本旨に従った給付を，後は債権者が受領しさえすればよいという状態にまですることが必要である。この状態にすることを**現実の提供**という。前述の売買契約の例であれば，売買目的物を債権者宅に持参するような場合に，現実の提供が行われていることになる。

　有効な弁済の提供といえるためには，原則として，現実の提供をすることが必要である（493条本文）。

　(b)　例外：口頭の提供

　しかし，例外的に，現実の提供をすることまでは必要がないとされる場合がある。この場合は，より簡便な方法である**口頭の提供**をすれば，有効な弁済の提供となる（493条但書）。

　口頭の提供とは，債務者が弁済の準備を整えた上で，その旨を債権者に通知し，受領を催告することをいう。たとえば，商品の売買契約について，いつでも発送できるように手配を整えた上で，その旨を債権者に通知し，受け取るように求めることがこれに当たる。

　こうした口頭の提供で足りるとされるのは，つぎの2つの場合である。ひとつは債権者が，あらかじめ給付の受領を拒んでいるような場合である。債権関係の成否や債務額について争いがあるような場合などに，こうした**受領拒絶**が行われることがある。こうした場合には，債務者が現実の提供をしても，それが無駄になってしまう可能性が高い。このため，口頭の提供で足りるとされて

いる。

　もうひとつは，債務者が給付を行うために，債権者の行為が先に行われる必要がある場合である。たとえば，商品の売買契約において，目的物を配達するべき倉庫を買主が指定することになっているというケースが例としてあげられる。この場合，目的物を引き渡す場所が決まっていないのだから，そもそも売主が現実の提供をすることは不可能であり，口頭の提供で足りるとされている。

▶▶ 2　弁済の目的物の供託

▶▶▷ 1　供託の必要性　　弁済の提供が有効に行われれば，債務者は債務不履行責任を免れることができる。しかし，債務そのものが消滅したわけではないから，債権者から請求されれば，債務者は，再度給付を行わなければならない。このため債務者は，いつでも給付を行うことができるように準備を続けなければならない。目的物の保管に費用がかかるようなものであるときには，債務者にとって大きな負担となることもある。

　さらに，債権者が行方不明になってしまったり，債権者が誰であるかがわからなくなってしまったような場合には，そもそも弁済の提供を行うことができない。

　こうした場合に，債権者が給付を受け取らなくても（したがって弁済が成立していなくても）債務を消滅させる制度があれば，債務者にとって便利である。それを実現するのが**供託**（**弁済の供託**）という制度である。これは，債務の目的物を供託所という国の機関に預ける（供託する）ことによって，債務の消滅を認める制度である（494条1項柱書）。

> **⚖ Topica　供託所**
>
> 　供託所という機関が存在しているわけではなく，いずれも国の機関である法務局および地方法務局が，その事務を取り扱うものとされている（供託1条）。

　もっともこの制度は，債権者が給付を受け取っていない段階で債権の消滅を認めるものである。これが広く認められれば，債権者にとっては不当なこととなる。このため，供託ができる場合（供託原因）は，限定されている。

▶▶▷ 2　供託原因　　供託ができる場合として民法が定めるのは，つぎの3つである。このいずれかに該当しなければ，供託所は供託を受け付けない（誤って

受け付けた場合でも供託としての効果を生じない）。

　第1に、債権者が、弁済の提供を受けたにもかかわらず、その受領を拒んだ場合である（受領拒絶。494条1項1号）。債権者が弁済の提供を一度は受けたということが必要である。このため、債権者があらかじめ受領を拒絶する意思を明示していたとしても、債務者は一度弁済の提供（この場合はあらかじめ受領を拒絶したという要件に該当するため、口頭の提供で足りる。493条但書）を行ってからでなければ、供託を行うことができない。

　第2に、債権者が弁済を受領することができない場合である（受領不能。494条1項2号）。債権者の行方が（一時的であっても）わからなくなっていて、弁済をすることができないという場合が典型例とされる。

　第3に、債権者が誰であるかを債務者が確実に知ることができない場合である（債権者不確知。494条2項本文）。たとえば債権者が死亡したものの、誰が相続人であるかを知りえない場合や、債権が二重に譲渡され、複数の譲受人の間で債権の帰属について争いになっているような場合（⇨第7章第1節▶3▶▶3▶▶▶4）などが当てはまる。ただし、債権者不確知を原因とする供託をするためには、債権者を知らないでいることについて、債務者に過失がないことが必要である（494条2項但書）。債務者が、調査をすることもなく、安易に供託を行って債務を免れてしまうことを避けるためである。

▶▶▶3　**供託の方法**　供託は、債務の弁済場所を管轄する供託所に、弁済の目的物を提出をして行うこととされている（495条1項）。

　ただし、弁済の目的物が供託に適さない場合、滅失や損傷による価格低落のおそれのあるものである場合、あるいは保存に過分の費用を要するものである場合などには、供託所で保管することは好ましくない。例としては、腐敗しやすい物、動物のように飼育が必要となる物などがあげられる。このような場合には、弁済を行おうとする者は、裁判所の許可を得て弁済の目的物を競売に付した上で（これを自助売却という）、その代金を供託することができる（497条）。

　供託をした債務者は、債権者に対して、供託をした旨の通知を遅滞なく行わなければならない（495条3項）。

▶▶▶4　**供託の効果**　供託によって、債務は消滅する。このため債権者は、それ以降、債務者に対して債務の履行を求めることができない。代わりに、債権者は、供託所（国）に対して、供託された物を自分に引き渡すように請求する

権利を取得する（498条1項）。この権利を，**供託物還付請求権**という。

　ただし，供託物を受け取ろうとする債権者の側も供託を行った債務者に対して債務を負っている場合には，債権者の側が自らの給付を行ってからでないと，供託物を受け取ることができない（498条2項）。たとえば売買契約において買主が代金を供託している場合であれば，債権者（代金債権についての債権者である売主）が目的物を債務者に引き渡してからでないと，供託された代金を受け取れない。

▶▶▷ **5　供託物の取戻し**　　供託をした弁済者は，供託所に対して，供託した物を取り戻す請求権を持つ（**供託物取戻請求権**）。供託物が取り戻されると，供託が撤回されたことになり，最初から供託がなかったことになる（496条1項後段）。すなわち，債権者は，ふたたび債務者に対して弁済を請求することができるようになる。

　しかし，債権者が供託所から供託物を受け取ることについてすでに期待を持っているのに，弁済者が取戻しをすることによってその期待を害することは認めるべきではない。このため民法は，弁済者が供託物を取り戻すことができるのは，「債権者が供託を受諾せず，又は供託を有効と宣告した判決が確定しない間」に限ると定めている（496条1項前段）。

　さらに，供託によって債権が消滅し，これに付随して担保物権が消滅したような場合にも，供託物を取り戻すことはできないとされている（496条2項）。供託の撤回を認め，債権が復活することを認めた上で，担保物権も復活するとすれば，債権者と債務者のみならず，担保権の設定者，担保の設定後や消滅後に担保目的物に権利を持つに至った者など，多くの当事者の利害が複雑に絡み合うこととなってしまう。他方で，供託の撤回によって債権が復活しても，担保物権は復活しないことにすると，今度は担保権設定者は，一度供託をして，それをただちに撤回することで担保物権を消滅させることができてしまうことになり，これもまた不当な結果を生んでしまうからである。

▶3　弁済が原則どおりの展開をしない場合

　弁済は，原則として，債務者が行為者に対して債務の内容どおりの給付を行うことで成立する。しかし，そうした原則どおりの展開をしない場合もある。すなわち，①債務者以外の者が弁済をしたり（⇨▶▶1・▶▶2），②債権者でない者に対して弁済が行われたり（⇨▶▶3），③債務の内容とは異なる給付が行

われたり（⇨▶▶4）することが考えられる。それぞれの場合に弁済が成立するのか、するとして、それはどのような要件の下でかということを、順に説明する。

▶▶1　第三者弁済

▶▶▷1　原則：第三者弁済は有効　ここまでは、債務者自身が弁済をする場合を考えてきた。しかし、「債務の弁済は、第三者もすることができる」（474条1項）とされている。家族間で、他人の債務を肩代わりして支払うということもあるかもしれない。個人経営の会社において、経営者の個人資産で会社の債務を弁済するということがあるかもしれない。あるいは、他人の債務のために自己の財産に担保権を設定している者（物上保証人）が、債務者の負う債務を弁済によって消滅させることによって、担保権を消滅させるということもあるかもしれない。債権者にとっても、債務が弁済されることに不利益はないのだから、原則として債務者でない者からの弁済も有効とされているのである。

▶▶▷2　例外：第三者弁済が無効となる場合　これに対して、第三者弁済が無効となる場合（弁済としての効力が認められない場合）もある。

（a）第三者に弁済をすることについて正当な利益がない場合の例外

第1の例外は、弁済をしようとする第三者が、弁済をすることについて正当な利益を持たない場合に関するものである。この場合において、第三者弁済が債務者の意思に反して行われるときは、その弁済は無効になる（474条2項本文）。ただし、債権者が、債務者の意思に反していることを知らずに弁済を受領したときには、その弁済は、有効なものとなる（同項但書）。

🍸 **Oasis**　弁済をすることについての正当な利益

　ここでいう「弁済をすることについて正当な利益」とは、物上保証人、担保不動産の第三取得者のように弁済をするについて法律上の利害関係を有する第三者をいうとするのが判例（最判昭和39・4・21民集18巻4号566頁）である。すなわち債務者に代わって弁済をすることによって、自分の権利義務関係に影響を受ける者をいう。たんに親族あるいは友人であるなどといった事実上の利害関係は含まれないとされている。

　なお、債権者は、弁済をすることについて正当な利益を持たない第三者が弁済をしようとする場合には、その弁済が債務者の意思に反しているか否かにかかわらず、弁済の受領を拒むことができる（474条3項本文参照）。債務者が反対

の意思を有しているという客観的に判断できない事情によって弁済が無効になってしまう危険から、債権者を保護するというのが、この規定の趣旨である。ただし、弁済者が債務者から委託を受けて弁済をしており、そのことを債権者も知っているという場合であれば、その弁済が無効になることはないのだから、債権者の保護を考える必要はない。この場合には、債権者には弁済の受領を拒絶する権利は生じない（474条3項但書）。

(b) 債務の性質による第三者弁済の禁止

第2に、債務の性質上、第三者弁済が禁じられることがある。すなわち、債務者自身が給付を行わなければ、債務の弁済として意味がなくなってしまうような債務であれば、第三者が弁済することはできないという例外である（474条4項前段）。

債務者自身が給付を行う必要がある例としては、画家が絵を描いたり、歌手がコンサートに出演したりするなどといったものが、典型的である。このほか、雇用契約では労働者は使用者の承諾なしに、第三者に労務の提供をさせることはできないとされている（625条2項）など、法律上、第三者弁済が制限されている場合もあるが、これも債務者の個性に注目して契約が締結され、債務者自身が給付を行う必要があるのが通常であることに基づくものである。

(c) 当事者の意思表示による第三者弁済の禁止・制限

第3に、当事者があらかじめ第三者弁済を禁止または制限する意思表示をした場合がある（474条4項後段）。ここでいう「当事者」とは、債務発生原因となる法律行為をした者をいう。すなわち、契約によって発生する債務であれば、その契約の両当事者が第三者弁済を禁止（制限）する旨の合意をすることによって、単独行為によって発生する債務であれば、その単独行為を行う者が第三者弁済を禁止（制限）する旨を一方的に通知することによって、第三者弁済を禁止（制限）することができる。

この意思表示は、第三者が弁済をする前に行われればよく、債権発生と同時である必要はないとされている。

▶▶▷ 3　第三者弁済と求償権　　第三者弁済が有効に成立すると、本来は債務者が弁済するべき債務を第三者がいわば立替払をした状態が生じる。そのため当該第三者は、債務者に対してその清算を求める請求権を取得する。この権利を**求償権**という。求償権は、**物上保証人**（質権について351条、抵当権について372条

で351条を準用）については個別に法定されている（このほか，自己の債務を弁済しているのであって第三者弁済にはあたらないが，関連するものとして不可分債務者（430条で442条を準用），連帯債務者（442条），保証人（459条，459条の2および462条）の求償権も参照）。これ以外の場合には，債務者の委託を受けて第三者弁済が行われたときは，委任契約における費用償還請求権の規定（650条1項）が，債務者の委託なしに第三者弁済が行われたときは，事務管理における費用償還請求権の規定（702条1項）がそれぞれ適用され，これが求償権の根拠となる。

▶▶ 2　弁済による代位

▶▶▷ 1　弁済による代位の意義　　第三者弁済が行われると，弁済をした者は，本来債務を弁済するべきであった債務者に対する求償権を取得する。民法はさらに，弁済をした者が「債権者に代位」（499条）して，「債権の効力及び担保としてその債権者が有していた一切の権利を行使することができる」（501条1項）としている。これが「**弁済による代位**」である。

　これは，第三者弁済が行われると，元々債権者が債務者に対して有していた（弁済によって消滅するはずの）債権（これを原債権という）が，担保権と共に，弁済をした者に移転するのと同じ状態を生じさせるものである。弁済をした者は求償権を取得するのであるから，それに加えて原債権を取得したとしても，そのこと自体にはあまり意味はない。しかし原債権と共に，その担保権もまた弁済をした者に移転する（担保権の随伴性という。このうち保証債務の随伴性については，⇨第6章）。これによって弁済をした者は，「求償権を確保」すること，すなわち求償権の弁済をより確実に受けることができるようになる。弁済による代位は，こうした目的を持った制度であり，さらにそれを通じて，第三者による弁済を促進させる意義があるといわれている。

　なお，弁済による代位は，第三者弁済の場合だけでなく，**不可分債務，連帯債務，保証債務**の弁済のように，自己の債務の弁済が，同時に他の者（不可分債務や連帯債務における他の不可分債務者や連帯債務者，保証債務における主たる債務者）の債務を消滅させる場合にも生じる。

▶▶▷ 2　弁済による代位の要件・効果　　こうした弁済による代位が生じるためには，第三者（あるいは不可分債務者，連帯債務者，保証人）が，自らの財産を減少させて債権者に満足を与え，それによって求償権を取得することが必要である。求償権の取得についてはすでに説明したので，ここでは自らの財産を減少させ

て債権者に満足を与えるという要件について説明をしよう。

　自らの財産を減少させて債権者に満足を与える代表的な例が弁済であるが，それだけではなく，代物弁済（⇨▶▶4）や供託（⇨▶2▶▶2），さらに相殺（⇨第2節）も含まれる。また連帯債務者や連帯保証人の一人について混同（⇨第3節▶3）が生じたときには，弁済をしたものとみなされるので（440条・458条），弁済による代位が生じる。このほか，物上保証人や，抵当不動産の第三取得者が担保権の実行によって所有権を失った場合にも，自らの意思で債権者に満足を与えたわけではないが，弁済による代位が生じる。

　弁済による代位によって，弁済をした者（代位者）は，原債権およびその担保（人的担保および物的担保）を行使することができる（501条1項）。ただしその範囲は，代位者が自己の権利に基づいて債務者に対して求償をすることができる範囲内に限られる（501条2項）。

　なお，弁済を受けた債権者は，債権証書およびその占有する担保物を代位者に交付しなければならない（503条1項）。代位者が原債権とその担保とを行使するために，これらが必要となるからである。

▶▶▷3　**弁済による代位の対抗**　　前述のとおり，弁済による代位は，原債権が債権者から代位者に移転するのと同じ状態を生じさせるものである。すなわち債務者からみれば，債権者ではない者から突然に「自分が代位したから，これ以降は自分が債権者である」と主張されることとなる。また，この債権を差し押さえようとする者などの第三者に対しても，代位者は自分が代位によって原債権を取得したことを主張しなければならない。

　このように，原債権の債務者，あるいは第三者に対して，弁済による代位が生じた事実（それにより代位者が原債権を取得した事実）を主張するに当たっては，債権譲渡の対抗要件について定めた民法467条が準用される（500条）。すなわち代位者は，原債権の債権者から債務者に対して代位が生じた旨が通知されるか，債務者が代位の事実を承認しない限り，自分が原債権を取得したことを主張できない。そして，この通知または承諾が確定日付のある証書によって行われない限り，第三者に対して，自分が原債権を取得したことを主張できない（⇨詳しくは第7章）。

　ただし，代位者が，弁済をするについて正当な利益を有する者である場合には，このルールは適用されない。すなわち，民法467条の定める対抗要件を備

えることなしに，債務者に対しても第三者に対しても，弁済による代位により原債権を取得したという事実を主張することができる（500条カッコ書）。この「弁済をするについて正当な利益を有する者」というのは，第三者弁済に関する民法474条2項が定めるのと同じ内容である（⇨▶▶ 1 ▶▶▷ 2(a)）。

▶▶▷ 4　弁済による代位をする可能性のある者が複数いる場合の調整

（a）調整の必要性

　弁済による代位をする可能性のある者が複数いる場合には，その間の権利行使の仕方を調整する必要がある。たとえば，債権者が債務者に対して持つ債権について，**物上保証人**が自己所有の土地に抵当権を設定すると共に，**保証人**が債権者との間で保証契約を締結していたという場合で考えてみよう。ここで保証人が債権を弁済した場合，保証人は，原債権とその担保である抵当権を代位行使することができるだろうか。これができるとすると，結局，保証人は，物上保証人が設定した抵当権によって自らの求償権を満足させることができ，負担を物上保証人のみに押し付けることができるという結論になるのだろうか。もしも物上保証人の方が先に第三者弁済を行っていれば，今度は負担を保証人のみに押し付けることができるのだろうか。それではなんとも不合理なルールになってしまう。そこで民法は，利害関係を調整するためのルールを置いている。このルールについて説明するために，次のような事例で考えてみよう。

　債権者Aが債務者Bに対して6000万円の金銭債権を持っている。この債権を担保するために，①債務者Bは，自己の所有する土地甲（時価2000万円）に抵当権を設定している。その後，土地甲はCに売却されている（このように債務者から担保の目的となっている財産を譲り受けた者を**第三取得者**という。なお物上保証人から担保目的物を譲り受けた場合も第三取得者と呼ぶことができるが，501条3項の適用に当たっては，債務者から担保目的物を譲り受けた者だけを第三取得者と呼ぶ）。②物上保証人Dが，自己の所有する土地乙（時価4000万円）に抵当権を設定している。さらに③保証人Eが，Aとの間で保証契約を締結している（⇨図表3-1）。

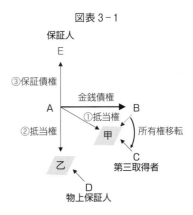

図表3-1

保証人
E

③保証債権

金銭債権
A ━━━━━▶ B
①抵当権 甲 所有権移転

②抵当権
乙 C
第三取得者
D
物上保証人

(b) 第三取得者と物上保証人・保証人の関係

　まず前提として確認をするべきことは，この債権は，最終的には債務者Bが全額を支払うべきであるということである。したがって，債務者Bが弁済をした場合には，弁済による代位として，物上保証人Dに対して抵当権を行使したり，保証人Eに対して保証債務の履行を求めたりすることはできないのは当然である。逆に，物上保証人Dや保証人Eが弁済を行った場合には，債務者Bに対して，弁済による代位として原債権を行使できるのもまた当然である。

　そして，債務者が担保を設定した担保目的物を債務者から譲り受けた第三取得者（ここではC）も，債務者の立場を引き継ぐ。すなわち，第三取得者が第三者弁済を行っても，債権者に代位して，物上保証人の提供した担保を実行したり，保証人に対して保証債務の履行を求めたりすることはできない（501条3項1号。逆に，第三者弁済を行った物上保証人や保証人は，債権者に代位して，第三取得者の所有する目的物に対して担保を実行することができる）。

(c) 第三取得者が複数いる場合の相互の関係

　では，第三取得者が複数いて，その関係が問題となった場合はどうなるだろうか。たとえば債務者Bが，土地甲（時価2000万円）と共に土地丙（時価4000万円）にも抵当権を設定しており，甲をCに，丙をFに譲渡していたような場合で考えてみよう。この場合には，担保目的物の価格に応じて債権者に代位するものとされている（501条3項2号）。たとえばCが6000万円を第三者弁済したのであれば，Cは，土地甲と土地丙の価格の割合（1：2）に応じて，6000万円の3分の2に当たる4000万円について債権者に代位して，第三取得者Fの所有する丙に設定された抵当権を実行することができる。

(d) 物上保証人が複数いる場合の相互の関係

　こうした担保目的物の価格に応じた調整というのは，物上保証人が複数いて，その関係が問題となった場合にも，同じように適用される（501条3項3号）。

(e) 物上保証人と保証人の関係

　つぎに，物上保証人と保証人がいる場合にはどうなるだろうか。この場合には，「その数に応じて，債権者に代位する」，すなわち債権額を物上保証人と保証人の人数で等分し，その額の範囲で原債権とその担保を代位行使することができると定められている（501条3項4号本文）。例でいえば，物上保証人Dが6000万円全額を第三者弁済したとすれば，物上保証人1人と保証人1人の計2

人がいるので，2分の1の額について債権者に代位して，保証人Eに対して保証債務の履行を求めることができる（Dが，このほかに，債権者に代位して，弁済した額の全額について第三取得者Cの所有する甲の上の抵当権を実行できることは，(b)で説明したとおりである）。

> 📖 **Case** 物上保証人と保証人を兼ねる人がいる場合
>
> 　1人の人が物上保証人と保証人を兼ねているような場合には「1人」と数えるというのが判例である（大判昭和9・11・24民集13巻2153頁）。

　ただし，物上保証人が複数いる場合には，物上保証人相互の関係については，上述(d)で説明したように，担保目的物の価格に応じて債権者に代位するものとされている。たとえば，もうひとり物上保証人Gがいたとして，土地丁（時価4000万円）に抵当権を設定していたとすると，まず保証人Eに対して代位できる額は，物上保証人と保証人の人数が3人であることから3分の1（2000万円），つぎに物上保証人Gに対して代位できる額は，残額である3分の2について，それぞれの所有する担保目的物（土地乙と土地丁）の価格の割合（1：1）に応じて決まる（ここでは2000万円）こととなる。

　(f)　第三取得者・物上保証人から担保目的物を譲り受けた者

　第三取得者から担保目的物を譲り受けた者は第三取得者と同視し，物上保証人から担保目的物を譲り受けた者は物上保証人と同視するものとされている（501条3項5号）。

▶▶▷ **5　一部弁済と代位**　ここまでは，債権の全額が第三者によって弁済される場合を前提に説明をしてきた。では，債権の一部しか弁済されなかった場合にはどうなるだろうか。

　一部弁済にとどまる場合，弁済をした者は，その弁済の価額に応じて原債権とその担保を行使することができるが，そのためには債権者の同意が必要とされている（502条1項）。他方で債権者は，この同意を与えた場合であっても，原債権およびその担保を単独で行使することができるものとされている（502条2項）。さらに，担保目的物の売却など，担保権の行使によって金銭が得られた場合，その金銭は，代位者に先立って債権者に配当される（502条3項）。このように，第三者の弁済が一部弁済にとどまるときには，代位者の権利はさ

まざまな制約を受けている。

　なお，債務者が残部の弁済を行わないために，債務不履行を理由とする解除権が発生した場合，この解除権を行使できるのは債権者だけであり，代位者は解除権を行使することができない（502条4項前段）。

　ここで，債権者が契約を解除した場合には，債権が元々なかったことになるのであるから，債権者は一部の弁済を受けることもできなかったはずである。このため債権者は，代位者に対して，受けた弁済の価額およびその利息を償還しなければならない（同項後段）。

▶▶▷6　**債権者の担保保存義務**　最後に，弁済による代位そのものの問題ではないが，これに関連したルールを説明する。

　上述の説明でわかるとおり，債権者がある債務について担保を持つということは，債権者自身にとって債権の回収を確実にするという意味と共に，将来あらわれるかもしれない代位者にとっても，求償権を確保する意味がある。債権者が，たとえばむやみに担保権を放棄してしまったり，時効の管理を怠って保証債務を消滅させてしまったりするようなことがあれば，将来あらわれるかもしれない代位者は，これによって十分な償還を受けられなくなる可能性があり，不利益を受けることとなる。

　そこで債権者は，債権が弁済される前の段階でも，弁済をするについて正当な利益を有する者（代位権者と呼ばれる。物上保証人，保証人，あるいは担保目的物の第三取得者が典型例である）がいるときには，その者のために担保を保存する義務を負う。すなわち，債権者が故意または過失によって担保を喪失させ，または減少させたときには，代位権者は，将来償還を受けられなくなる部分について，その責任を免れると定められている（504条1項）。

　もっとも，債権者が担保を喪失させ，または減少させたときであっても，それが合理的な場合がありうる。たとえば，債務者に担保目的物を売却させ，その代金で債務の一部を弁済させるために，担保を解除する場合や，担保を解除する代わりに，同等の価値を有する物を新たに担保として差し入れさせる場合などである。こうした場合には，代位権者の利益を不当に害するとはいえない。そこで民法は，「債権者が担保を喪失し，又は減少させたことについて取引上の社会通念に照らして合理的な理由があると認められるときは」，504条1項の定める代位権者の免責は認められないとする（504条2項）。

▶▶ 3 　債権者でない者に対する弁済をめぐる問題

▶▶▷ 1 　**債権者でない者に対する弁済：原則と例外**　　ここまで，債務者でない者による弁済の問題を扱ってきたが，つぎに債権者でない者に対して弁済をした場合にどうなるかという問題を考えよう。

　もちろん，債権者でない者が，債務者から代理権を与えられるなどして，弁済を受領する権限を付与されている場合には，弁済が有効に成立することに問題はない。債権者と弁済を受領する権限を付与された者を併せて「**受領権者**」と呼ぶが，問題となるのは，受領権者でない者に対して，債務者が弁済をしてしまった場合である。この場合，原則として弁済は成立せず，したがって債権も消滅しないことになる。債務者は引き続き債権者に対する給付が義務付けられていることになる。この結果，債務者は，2回目の給付をしなければならないこととなり，いわゆる「二重払い」を強いられることになる（もちろん受領権者でないにもかかわらず弁済を受け取った者に対して，不当利得返還請求権を持つが，この者の行方が知れなかったり，返還するための資力がなかったりするリスクを負わされることとなる）。

　しかし民法は，この原則に対して，例外として弁済が有効になる場合があると定めている。それは，受領権者ではないが受領権者らしい外観を持つ者に対して，債務者が，それと知らずに，かつ，知らないことについて過失がない状態で弁済をしてしまった場合である。

　こうした例外が設けられている理由は，次のように説明される。債務者が，受領権者らしい者から債務の履行を請求された場合を考えてみよう。債務者がこれに応じて弁済をしたものの，後になって，この受領権者らしい者が，実は，受領権者でなかったことが判明したときには，弁済は，有効に成立していないこととなり，債務者は，二重払いを強いられることとなる。しかし，こうした二重払いのリスクを避けようとして，債務の履行を求めてきた者に本当に受領権限があるのか否かを，時間をかけて慎重に調査することを，債務者に期待することはできない。債権の履行が遅れれば，債務不履行（履行遅滞）に基づいて損害賠償を請求されたり，契約を解除されたりするおそれがあるからである。

　また，日常的に頻繁に行われる「債務の弁済」が，煩雑で時間のかかるものとなれば，社会全体にとっても損失となりうる。こうした理由から，民法は，受領権者でない者に対する弁済も，一定の要件の下で有効となることを定めて

第3章　契約目的の実現と債権の消滅

83

いるのである。

▶▶▷ 2　受領権者でない者に対する弁済が有効となるための要件　　受領権者でない者に対する弁済が有効となるためには，民法478条の要件を満たす必要がある。その要件は，弁済受領者側に関する要件と，弁済をする者の側に関する要件とに分かれる。

　弁済受領者側に関しては，この者が受領権者ではないものの，「取引上の社会通念に照らして受領権者としての外観を有する」ものであることが必要である。

🧎 Topica　受領権者としての外観を有する者の例

　「取引上の社会通念に照らして受領権者としての外観を有する」者の例として，①虚偽の養子縁組届によって戸籍上養子となっている者のように，実際には真正な相続人ではないのに相続人として振る舞っている者（表見相続人），②偽造された債権証書を所持している者，③債権譲渡が行われたが，その譲渡が無効であったという場合の債権譲受人，④債権の二重譲渡が行われた場合において，対抗要件で劣後する債権譲受人，⑤偽造された委任状を所持するなどして債権者の代理人と称する者などがあげられる。

　弁済をする者の側に関しては，受領権者と称している者が実際には受領権限を持っていないことについて，善意無過失であることが必要である。受領権者と称する者が持参した書類に不審な点があるのに漫然と見過ごした場合などが，弁済をする者に過失があると判断される典型的なケースである。

▶▶▷ 3　弁済が有効となる場合の当事者の法的関係　　前述のような要件を満たすとき，受領権者でない者に対する弁済も，弁済として有効となる。これによって，真の債権者が債務者に対して持つ債権は消滅する。真の債権者が，債務者に対して弁済をするように求めたとしても，債務者は，すでに債権は消滅しているとしてこれを拒絶することができる。

　真の債権者は債権を失うことによって，損失・損害を被ることになる。これについては，受領権者でないにもかかわらず弁済を受け取った者を相手として，不当利得に基づく返還請求または不法行為に基づく損害賠償請求として，その回復を請求することができる。

▶▶ 4　代物弁済

▶▶▷ 1　代物弁済とは　　ここまで，弁済が正常に展開した場合の説明に続けて，債務者でない者による弁済，債権者でない者に対する弁済についての説明を

行ってきた。最後に，債務の内容とされたものとは異なる給付を行う場合を取り上げる。

　もちろん，債務は「その本旨に従って」給付をするのでなければ，弁済とはならず，したがって債権が消滅することもない。たとえば，100万円を支払う義務がある債務者が，自分の所有する時価100万円の自動車を債権者宅に持参しても，それによって弁済が成立することにはならない。しかし，かりに，本来の給付である金銭の支払に代えて，自動車の引渡しでもかまわないと，債権者が承諾するのであれば，これによって債務の弁済が行われたとみてもかまわないだろう。このように，債務者が本来負担していた給付の代わりに，他の給付をして債務を消滅させることを**代物弁済**といい，民法は一定の要件の下で，代物弁済を認めている。

▶▷▷ **2　代物弁済の要件**　　民法482条の定める代物弁済の要件は，2つに分けることができる。

　(a)　債務者と債権者の契約

　まず債務者が債権者との間で，債務者の負担した給付に代えて，他の給付をすることによって債務を消滅させる旨の契約（合意）をすることが必要である。元々定められていた債務内容と異なる給付をしようというのであるから，債権者の承諾が必要とされるのは当然のことである。また，債務者の側としても，元々義務付けられていた債務内容とは異なる給付を意に反して強制されるとすれば，不適当である。このため，債権者と債務者の双方が，代物弁済をするということについて合意をすることが必要である。

　ここで，本来の給付に代えて行われる「他の給付」の内容については，制約はない。債務者と債権者が合意をしさえすれば，本来の給付と客観的な価値が均衡している必要もない。もっとも，債権者が債務者の窮状につけ込んで，本来の給付の額の何倍にも及ぶような過大な給付をさせるような場合には，代物弁済契約が公序良俗違反として無効となることはありうる。

　なお，債務者以外の者が第三者弁済を行う際にも，代物弁済を行うことができる。この場合は，弁済を行おうとする者と債権者の間で，代物弁済をする旨の契約をすることになる。

　(b)　「他の給付」の実行

　代物弁済によって，弁済としての効力が生じるためには，そうした契約によっ

て定められた「他の給付」が, 実際に行われることが必要である。たとえば「他の給付」が不動産所有権の移転である場合には, 登記の完了（すなわち対抗要件を具備すること）までが要求される。

　なお, 実際の取引においては, とくに金銭債権を担保するための手段として, 債務者が履行遅滞に陥ったときには債務者の所有する不動産を代物弁済するという合意があらかじめ結ばれることがある。このとき, 債務者が履行遅滞に陥れば自動的に不動産の所有権が債権者に移転し, 代物弁済が完了するという形式にすることも, 債務者が履行遅滞に陥ると, 債権者には一方的な意思表示によって不動産の所有権を自分に移転させる権利（予約完結権）が生じるという形式にすることもある。前者は停止条件付代物弁済, 後者は代物弁済予約と呼ばれる契約である。

▶▶▷ 3　代物弁済の効果　　代物弁済が成立すると, 「弁済と同一の効力を有する」（482条）。したがって, 債権は, 消滅する。

　代物弁済は, 「他の給付」の実行と債権の消滅とが対価関係に立つことから有償契約であり, 売買契約の規定が準用される（559条）。重要なのは, 給付が契約内容に適合しなかった場合の売主の責任に関する規定（562〜566条）であり, これによって, 「他の給付」として行われた給付が代物弁済契約の内容に適合しないときに弁済をした者がどのような責任を負うか判断される。

2　相　殺

▶1　相殺とその機能

▶▶ 1　相殺とは

　相殺とは, 2人の者が互いに相手に対して債務を負っている（＝互いに相手に対して債権を持っているという状態でもある）場合において, そのうちの一方が相手方に対する意思表示をすることによって, 自己の負う債務を免れ, それと同時に, 自己が有する同額の債権を失うことをいう。このとき, 自己の負う債務と, 自己が持つ債権とが, 同じ金額で消滅するということを, 「対当額で消滅する」という。相殺とは, 簡単にいえば, お互いに債権と債務を持ち合っているときに, 対当額の部分で「差し引きゼロ」にする制度である。

図表 3-2

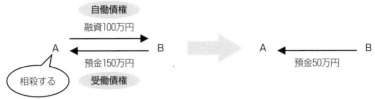

　たとえば，A銀行がBから150万円の預金を預かっており，他方でA銀行がBに対して100万円の融資を行っていたという場合で考えてみよう。ここでA銀行が，「相殺をする」と一方的に意思表示を行えば，BはA銀行に対して融資金100万円を支払う債務を免れ，同時に，BがA銀行に対して持つ預金債権は100万円の部分が消滅して，残額50万円の債権として残ることとなる（⇨図表3-2）。

　相殺は，相殺ができるための要件が満たされている状態であれば，相手方の同意や承諾を得ることなく，一方的な意思表示のみで行うことができる。すなわち，相殺は単独行為である。

▶▶2　自働債権・受働債権

　相殺について説明するに当たって，用語を確認しておこう。

　相殺においては，2人の当事者がお互いに相手に対して債権を持っている。この対立する債権のうち，相殺の意思表示をする側が持っている債権を「**自働債権**」といい，その相手方が持っている債権（相殺の意思表示をする側からみれば債務となる）を「**受働債権**」という。上述のようにA銀行が相殺の意思表示をする例であれば，A銀行がBに対して持つ融資債権が自働債権，BがA銀行に対して持つ預金債権が受働債権ということになる。

▶▶3　相殺の制度趣旨・機能

　それでは，こうした相殺という制度は，なぜ存在するのか。そして社会のなかでどのような機能を果たしているのかみていこう。

▶▶▷1　簡易な決済

まず相殺の意義としてあげることができるのは，相殺によって決済が簡単になるということである。上述の例でいえば，A銀行がBに対して150万円の払出しを行い，それからBがAに対して100万円を返済するということを行うよりも，相殺によって対当額（100万円）を消滅させておいて，

残額50万円をA銀行がBに対して払い戻すとすることで，当事者は決済にかかる時間も費用も節約することができる。

▶▶▷ 2　当事者間の公平　またこうした決済の仕方は，たんに簡便であるというだけではなく，当事者間の公平にも資するものである。

たとえば，A銀行がBからの要求に応じて，150万円の預金の払出しに応じたとしよう。その後，A銀行がBに対して100万円の融資金の返済を求めたときに，Bは無資力になっているかもしれない。そうなると，A銀行は，自分の負う債務150万円は弁済したものの，自分の持つ債権100万円の弁済は受けられないこととなり，不公平なこととなる。

ここで，相殺によって，双方の債権・債務を対当額で消滅させることとすれば，その部分では，お互いに債務を弁済し，債権の弁済を受けたのと同じことになる。一方のみが弁済を強いられるということが生じない。このため，相殺は当事者間の公平に資する制度としての存在意義もある。

▶▶▷ 3　担保的機能　さらに，社会のなかで（そのなかでも例にあげたような銀行取引において）重要な意義を持つ機能として，相殺の持つ担保的機能をあげることができる。

上述の例でいえば，A銀行は，Bが無資力の状態に陥り債権の弁済ができない状態になったとしても，相殺が利用できれば，他の債権者に先立って自己の債権の弁済を受けたのと同じ状態を実現することができる。つまり，A銀行は，預金という形で150万円の債務を負っていることによって，Bに対する融資について担保をとっているのと同じ地位を手に入れているのである。これを，相殺（相殺できるという状態）が担保としての役割を果たしているという意味で，「**相殺の担保的機能**」という。

▶2　相殺の要件と方法

相殺が成立するためには，相殺を行うことができる状態（これを相殺に適した状態という意味で「**相殺適状**」という）にあるとき（⇨▶▶ 1）に，当事者の一方が相殺の意思表示を行うこと（⇨▶▶ 2）が必要である。

▶▶ 1　相殺適状

相殺適状となるための要件は，民法505条1項本文に定められている。それを整理すると，つぎの3つの要件がいずれも満たされたときに，相殺適状にあ

ることとなる。

▶▶▷ 1　**債権が対立していること**　　第1に,「2人が互いに……債務を負担する」
ことが必要である。互いに債務を負担するということは,言い換えれば,互い
に債権を持っているということでもある。このため,「両当事者の間で債権が
対立していること」という言い方をしても同じことである。

▶▶▷ 2　**両債権が同種の目的を有すること**　　第2に,両当事者の間で対立してい
る債権が,「同種の目的を有する」ものであることが必要である。

　債権の「目的」というのは,その債権によって債務者に対して請求できる行
為の内容のことである(なぜその債権を取得したかという「動機」や「理由」とは異
なる)。たとえば上述の例でいえば,A銀行が持つ債権(自働債権)の目的も,
Bが持つ債権(受働債権)の目的も,いずれも「金銭の支払」であり,同種で
あるといえる。そして実際の社会において相殺が問題となるのは,ほとんどの
場合がこのように金銭債権を互いに持っている場合である。

　対立する債権が同種の目的を有しているのでなければ(たとえば自働債権の目
的が「金銭の支払」であり,受働債権の目的が「商品の引渡し」のような場合),これ
を一方的意思表示によって消滅させてしまうとなると,受働債権の債権者は本
来受け取ることができたはずのものとは異なるものを押し付けられたことに
なってしまう(金銭の支払を免れているかもしれないが,本来手に入ったはずの商品
を受け取ることはできない)。これは不当であるため,両債権が同種の目的を有
することという要件が課されている。

▶▶▷ 3　**両債権が弁済期にあること**　　第3に,両当事者の間で対立する同種の債
権が,いずれも「弁済期にある」ことが必要である。

　たとえば上述の例で,A銀行がBに対して持つ融資金の返還を求める債権(自
働債権)の弁済期が5月1日であったとしよう。このときBは,5月1日まで
は支払をしなくてよいという利益(「期限の利益」という)を持っている。かり
にA銀行が1カ月早い4月1日に融資金の返済を求めてきたとしても,Bは「ま
だ弁済期になっていない」として拒絶することができる。

　同じことは相殺の場合でも認められなければならない。すなわちA銀行は,
自働債権の弁済期である5月1日よりも前に相殺をして,Bが持つ期限の利益
を奪ってしまうことは許されない。

　なお,505条1項本文によれば,自働債権と共に受働債権も弁済期にあるこ

とが必要である。もっとも，受働債権（相殺の意思表示をしようと思っている者からみれば自分が負う債務）については，相殺の意思表示をする者は期限の利益を放棄する（期限の利益が来る前に弁済をしてしまう）ことができる（136条2項本文）。これによって，受働債権は，弁済期よりも前であってもいつでも弁済期を到来させることができる。

▶▶ 2　意思表示による行使

以上の要件が満たされ相殺適状が生じていても，それだけで当然に相殺の効果が生じて債権が消滅するわけではない。相殺の効果が生じるためにはさらに，当事者の一方が，相手方に対して，相殺をする旨の意思表示をする必要がある（506条1項前段）。この意思表示は，一方の当事者のみで行うことができるので，単独行為に分類される。

この相殺の意思表示には，条件や期限を付すことができない（506条1項後段）。当事者の一方的な意思表示によって，相手方が不安定な立場に置かれることは不当と考えられるからである。

🍸 **Oasis**　法定相殺・相殺契約・相殺予約

本文ではここまで（そしてこれ以降も），民法505条以下が定める相殺を説明している。法律が定めている相殺ということで「法定相殺」とも呼ばれる。その特徴は，当事者の一方の意思表示のみで相殺の効力（債権の消滅）が生じる点にある。このため，当事者の一方の意思表示のみで債権が消滅しても相手方にとって不当とならないように要件が規定されている。

しかし，両当事者（あるいは3当事者以上）が合意をするのであれば，法定相殺以外の相殺を禁止する必要は存在しない。そして実際の社会の中ではそうした相殺契約や相殺予約が結ばれている。たとえば，ABC3当事者間において，AがBに対して持つ債権を自働債権とし，BがCに対して持つ債権を受働債権とする相殺を，三者の合意によって行うといった例である（AとCがグループ会社であるといった場合などにみられる）。債権が当事者間で対立していることという要件を満たさないため，法定相殺を行うことはできないが，三者間での決済を簡便にするために必要だとして当事者が合意するのであれば，こうした相殺契約を禁止する必要はない。

実務上より重要なのは，一定の事由（とくに当事者の資金状態の悪化）が生じることを停止条件として，この条件が成就したときには当事者の意思表示を待たずに自動的に相殺の効力が生じる旨をあらかじめ定めておくという相殺予約である。たとえばA銀行とBとの間のあらかじめの合意（実際には銀行の取引約款を通じて合意していたものとみなされる。548条の2第1項）のなかで，「預金者（ここではB）に対して差押えの申立てがされたときには，銀行が預金者に対して持つ債権と預金とを相殺する」などと定

めておくといったことが行われる（その際には併せて，差押えの申立てがされたときには，Bは期限の利益を失う旨の約款条項（期限の利益喪失約款）も定めておくのが通例である）。これは，相殺の意思表示に条件（「差押えの申立てがされたら」という停止条件）を付すものであり，法定相殺の場合であれば許されないが，両当事者の合意によって行われる相殺（相殺の予約）であるため，認められている。

▶3　相殺の効果

▶▶1　債権の消滅

　相殺適状が生じている場合において，当事者の一方が相手方に対して相殺の意思表示をすれば，相殺が成立する。そしてその効果は，両当事者が「その対当額について……債務を免れる」ことである。債務が消滅するということは，裏を返せば債権が消滅することでもある。その結果として，両債権の差額部分についてのみ，債権が残ることとなる（上述の例であれば，BがA銀行に対して持つ50万円の預金債権が残る）。

▶▶2　相殺の遡及効

　この相殺の効果（債権の消滅）は，「双方の債務が互いに相殺に適するようになった時（＝すなわち相殺適状が生じた時）にさかのぼってその効力を生ずる」（506条2項）と定められている。このことを，例を用いて説明しておこう。

　上述の例のように，A銀行がBに対して100万円の融資金債権を，BがA銀行に対して150万円の預金債権を有していたとしよう。ここで，相殺適状は5月1日に生じていたところ，6月1日になってA銀行が相殺の意思表示をしたとしよう。このとき，相殺の効果は，相殺の意思表示をした6月1日から生じることになるのではなく，相殺適状の時である5月1日に遡って生じる（つまり5月1日をもって債権は対当額で消滅しており，BのA銀行に対する50万円の預金債権だけが残っていた）こととなる。このように，相殺の効力が遡って生じることを，「相殺の遡及効」という。

　相殺の遡及効が認められることの実際上の意義は，相殺適状が生じた時点から後は，対当額の部分（債権が消滅する部分）について，履行遅滞がなかったこととなる点にある。先ほどの例でいえば，相殺適状が生じた5月1日以降，本来Bは，履行遅滞の状態にあり，6月1日には，1カ月分の遅延損害金（遅延

利息）を支払わなければならなかったはずである。しかし，相殺の遡及効によって，5月1日に債権が消滅していたこととなれば，遅延利息が生じることはない。反対に，銀行預金についても，消滅する100万円の部分については，5月1日以降の利息は生じなかったものとして扱われる。

▶▶ 3　相殺の遡及効と相殺の要件

　上記の例で，5月1日に相殺適状が生じた後，5月15日にBが100万円を弁済していたとすればどうだろうか。その後BがA銀行に対して預金の払出しを請求したのに対して，A銀行が相殺の意思表示を行い，「5月1日の時点で債権は消滅していたことになるはずだから，50万円しか払い戻さない」と主張することはできるだろうか。

　もちろん，こうした主張は許されない。その理由は，A銀行が相殺の意思表示をした時点では，Aが持つ債権（自働債権）はBの弁済により消滅していたのだから，相殺適状になかったということで説明できる。相殺の意思表示をする時点で相殺適状になければ相殺はできないということに，注意が必要である。

　ただし例外的に，相殺適状が生じた後，相殺の意思表示をするまでの間に，一方の債権が消滅していたとしても，相殺をすることができる場合がある。それが相殺適状が生じた後に，債権が時効によって消滅していた場合である。時効完成前に相殺適状が生じていれば，相殺をすることができるというのが民法508条の規定である。相殺適状が成立することによって，すでに債権債務が消滅したとの期待が生じ，これが保護されるからだと説明されている。

▶▶ 4　相殺の充当

　自働債権または受働債権（あるいはその両方）となる債権が複数ある場合においては，どの債権が相殺に当てられて消滅するかという問題が生じる。これを相殺の充当という。

　どの債権から充当するかについては，当事者の合意があればそれに従う（合意充当）。合意がない場合には，以下のルールに従って充当する（法定充当。なお，弁済の充当（⇨第1節▶1 ▶▶5）と異なり，指定充当はない）。

　まず，相殺に適するようになった時期（相殺適状の生じた時期）の順序に従って充当するものとされている（512条1項）。

　相殺適状の生じた時期が同じである場合，元本債権相互間については，弁済の充当に関する488条4項2号から4号の順序に従って充当する（512条2項1

号。相殺適状にあるということはすべての債権の弁済期が到来しているはず（505条1項）なので，債権が弁済期にあるかないかを基準とする488条4項1号は準用されていない）。

元本債権のほかに利息債権や費用債権がある場合については，489条の規定が準用される（512条2項2号）。それによれば，費用，利息，元本の順に充当するものとされ（489条1項），費用，利息または元本のいずれかの全てを消滅させるのに足りない場合には，元本債権相互間の法定充当と同様のルールに従って充当するものとされている（489条2項）。

なお，以上の規定は，債権が複数ある場合に関するものであるが，1つの債権に基づいて複数の給付をするべき場合についても準用される（512条の2）。

▶4　相殺禁止・相殺制限

相殺適状にある場合であっても，相殺が禁止され，または相殺が制限される場合がある。これを相殺禁止事由・相殺制限事由という。相殺禁止事由・相殺制限事由は大きく分ければつぎの3種類がある。

▶▶1　性質上の相殺禁止

第1に，相殺は，「債務の性質がこれを許さないとき」にはすることができない（505条1項但書。相殺の意思表示をしても無効である）。債務の性質上，現実に履行をしなければ意味をなさないものについては，相殺によって消滅させることはできないという趣旨である。

たとえば，隣り合う住宅に住むAとBが，いずれも夜8時以降はピアノを弾かないという契約を結んだ場合を考えてみよう。このときAとBは「ピアノを弾かない」という不作為債務を互いに負っていることになる。この場合，両当事者の間で同種の債権が対立しており，しかもそれは弁済期に来ているから，相殺適状は満たされている。しかし，相殺を認めてしまうと，債権が消滅し，お互いに夜8時以降もピアノを弾いてよいことになってしまう。これでは契約を結んだ意味がなくなってしまう。こうした場合が「債務の性質上相殺が許されない」場合の典型例である。

▶▶2　当事者の意思表示による相殺禁止・相殺制限

第2に，当事者が相殺を禁止する旨を合意しているときには，相殺は禁止される。当事者は，相殺を全面的に禁止するだけではなく，一定の条件が整ったときにしか相殺ができないとするように，相殺を制限する旨の合意をすること

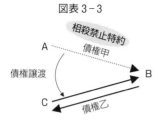

図表3-3

相殺禁止特約

A ┈┈┈ 債権甲 ┈┈┈→ B

債権譲渡

C ←┈┈┈ 債権乙 ┈┈┈

もできる。こうした相殺禁止特約・相殺制限特約が当事者間で結ばれた場合には，それに違反する相殺の意思表示が行われても効力を生じない。

　こうした特約は，当事者が債務の内容どおりの給付を実際に受けることを確保する趣旨で結ばれる。

　こうした相殺禁止特約・相殺制限特約の付いた債権が他人に譲渡された場合にはどうなるだろうか。たとえばAがBに対して債権甲を持っており，この債権甲にはAとBの合意により相殺禁止特約が付いていたとしよう。ここでAがCに対して債権甲を譲渡したとする。実はBはCに対して債権乙を持っており，Cはここで債権甲と債権乙を相殺する旨の意思表示を行った（⇨図表3-3）。こうした場合，債権甲には相殺禁止特約が付されているにもかかわらず，Cによる相殺の意思表示が有効となるのかどうかが問題となる。

　この場合，相殺禁止特約が付されていても，原則としてCのした相殺の意思表示は有効となる。債権は本来，相殺適状になれば相殺できるものであり，債権を譲り受けた第三者（ここではC）は相殺ができるという期待を持っている可能性がある。このため，自らの意思で相殺を禁止したA・Bが相殺禁止特約に拘束されるのはよいとしても，そうした合意に加わっていない第三者（ここではC）には，原則として相殺禁止の効力が及ばないとされている。しかし，第三者が相殺禁止特約の存在について知っていた場合（悪意）や，重大な過失によってこれを知らなかった場合には，第三者の相殺に対する期待を保護する必要はないから，相殺禁止特約の効力が及ぶものとされている（505条2項）。

▶▶ 3　法律上の相殺禁止

　このほか，法律において相殺が禁止されている場合がある。民法においてはつぎの3つの場合が定められている。

▶▶▷ 1　不法行為等により生じた債権を受働債権とする相殺の禁止（509条）　第1に，一定の場合の損害賠償債権を受働債権として相殺をすることは禁止されている（509条）。損害賠償債権を受働債権として相殺をするということは，損害賠償債権についての債務者，すなわち加害者の側から相殺をする場合を指している。

こうした制限を受ける損害賠償債権というのは，「悪意による不法行為に基づく損害賠償」（同条1号。なお「悪意」とは，たんなる故意では足りず，害意，つまり損害を与える積極的な意図までも必要とされる）と，「人の生命又は身体の侵害による損害賠償」（同条2号）の2つがある。

　「悪意による不法行為に基づく損害賠償」を受働債権とする相殺が禁じられるのは，不法行為の誘発を防止するためと説明される。たとえばAがBに対して100万円の貸金債権を有していたところ，資金繰りの苦しいBが返済できずにいたという場合を考えてみよう。これに腹を立てたAが，Bの事務所に押し入って窓ガラスを割ったり，業務用のパソコンを壊したりした上で，「この不法行為でBに生じた損害賠償債権は，貸金債権との相殺で消滅するはずだ」と主張するようなことがあれば，不当である。

　また，「人の生命又は身体の侵害による損害賠償」を受働債権とする相殺が禁じられるのは，この場合には，加害者に実際に損害賠償をさせて被害者を救済する必要性が高いと考えられるからである。なお，この場合には，たとえば医療過誤によって生命・身体に損害が生じる場合のように，債務不履行に基づく損害賠償責任が問題となる場合も考えられるため，不法行為に基づく損害賠償の場合に限定されていない。

▶▶▷ 2　差押禁止債権を受働債権とする相殺の禁止（510条）　　第2に，法律によって差押えが禁止されている債権については，これを受働債権として相殺をすることも禁止される。

　法律によって差押えが禁止されている債権で最も身近なものは給料（ボーナスや退職金も含む）である（民執152条1項2号・2項。正確にはその4分の3に当たる額〔一定の例外が同条および民事執行法施行令2条に定められている〕である）。このほか，生活保護や年金のような社会保障制度に基づいて支払われる給付金などについて，差押禁止規定が置かれている（生保58条，国年24条など）。

　こうした差押禁止規定は，ここにあげた例がいずれも人の生活の基盤となるような金銭の給付を内容とする権利であることからも推測できるように，給付を受ける者が現実に給付を受けることを保障しようとする趣旨で置かれるものである。相殺が行われた場合も，現実に給付を受けることができなくなるため，相殺も禁止されているのである。

▶▶▷ 3　差押えを受けた債権を受働債権とする相殺の禁止（511条）　第3に，差押えを受けた債権のうち一定のものを受働債権として相殺をすることも禁止されている。もっとも，そのルールはやや複雑である。

　(a)　債権の差押え

　まず，債権の差押えについて，簡単に説明をしておこう。Aに対してBが100万円の債権甲を持っていたとする。さらに，Bに対してはCが100万円の債権乙を持っていたとする。このとき，Cは，債権乙の弁済に当てることを目的にして，債権甲を差し押さえることができる（差押えは，確定判決などの債務名義に基づいて，裁判所に対する申立てによって行う。詳しくは民事執行法に関する教科書に譲る）。裁判所が差押えを決定すると，差押えの対象となった債権（債権甲）の債務者（これを第三債務者という。ここではA）に対して，裁判所から，債権甲が差し押さえられた旨，そして債権者（ここではB）に対する支払が禁止される旨が通知される。この裁判所の命令に反してAがBに対して債権甲の弁済をしても，無効である（差押えの支払禁止効）。

　債権甲を差し押えたCは，差押えから1週間が経過すると，みずからAに対して債権甲の弁済を求めることができるようになる（民執155条1項本文）。このほか，債権甲をBからCに移転し，それによって債権乙が弁済されたことにするという制度（転付命令。民執159条）もある。いずれにしろ，債権甲が差し押さえられることによって，その債務者であるAは，100万円の支払を元々の債権者であるBに対してではなく，差押債権者であるCに対して行うことが必要となる。

　(b)　差押えと相殺①受働債権が差し押さえられる前に自働債権を取得していた場合

　ではここで，AがBに対して100万円の債権丙を持っていたとしたらどうで

あろうか（⇨**図表3-4**）。ここでは債権甲と債権丙が二当事者の間で対立しており、いずれも金銭債権であるから同種の目的であるといえる。Aとすれば、債権丙の弁済期が来れば債権甲と相殺をすることができるとの期待を抱いているだろう（「相殺の担保的機能」について、⇨▶1 ▶▶3 ▶▶▶3）。このAが持つ相殺への期待と、先ほど説明したAに対する支払禁止効とが対立することになり、ここに調整が必要となる。

図表3-4

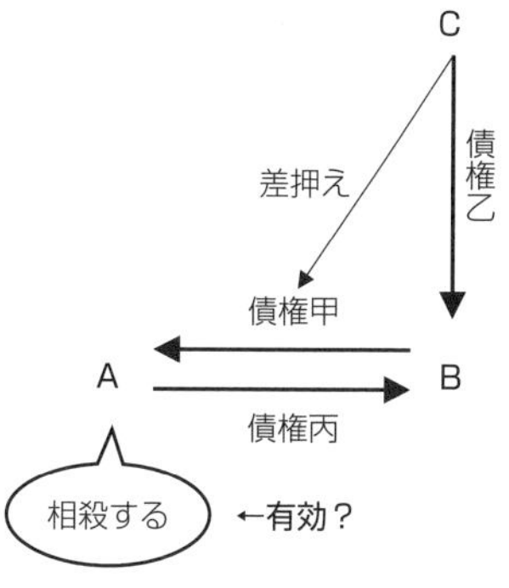

これについて民法は、受働債権（ここでは債権甲）に対する差押えと、自働債権（ここでは債権丙）の取得との先後によって場合を分けて規定をしている。まずは、受働債権の差押えより前に自働債権を取得していた場合についてみてみよう。

この場合については民法511条1項後段が、「差押え前に取得した債権による相殺をもって対抗することができる」と定めている。つまり、受働債権の差押えよりも前に自働債権を取得さえしていれば、第三債務者（ここではA）は相殺をすることができる。

ここで重要なことは、かりに差押えの時点で自働債権の弁済期が来ておらず、相殺適状が生じていなくても、第三債務者は（その後自働債権の弁済期が来た時点で）相殺をすることができるという点である。これは、第三債務者が持つ**相殺の担保的機能**への期待を保護するという趣旨に基づくものである。

(c) 差押えと相殺②受働債権が差し押さえられた後に自働債権を取得した場合

では、上述の例で、Aが債権丙を取得したのが、Cによる債権甲の差押え後だった場合はどうだろうか。この場合、通常は、Aが債権丙を取得した段階で、相殺の担保的機能に対する期待は生じていない（債権甲はすでに差し押さえられていて、相殺のための受働債権にすることができないことがわかっているからである）。このため、受働債権が差し押さえられた後に自働債権を取得した場合には、第三債務者は相殺をすることができないというのが原則である（511条1項前段）。

しかし、受働債権の差押え後に自働債権が取得された場合であっても、これが「差押え前の原因に基づいて生じたものであるとき」は相殺が可能であるとの例外が定められている（511条2項本文）。たとえば、AとBの間で、債権甲

の差押えよりも前に，AがBに不動産を貸すという内容の賃貸借契約が締結され，差押えの後もこの契約が継続して，AのBに対する賃料債権が成立した（これが債権丙に当たる）という場合が，その例としてあげられる。この場合，Aが自働債権を取得したのは差押えより後のことであるが，すでに契約締結の時点で債権の発生することは見込まれていたのであり，相殺の担保的機能に対する期待も生じていたと考えることができる。このため，第三債務者による相殺が認められるのである。

　ただし，この例外にはさらに例外が定められている。「自働債権の取得」の方法が，上述のように第三債務者の元で新たに債権が発生したことによるのではなく，他人が持っていた債権を債権譲渡などの方法で第三債務者が手に入れるというものであった場合には，原則に戻って，第三債務者からの相殺は許されないとされている（511条2項但書）。

　たとえば上述の例でいえば，Cが債権甲を差し押さえるよりも前にすでにDがBに対して不動産を賃貸していたところ，債権甲が差し押さえられた後になって賃料債権（債権丙）が発生し，AがDから債権丙を譲り受けて，債権甲と債権丙が対立する状況をつくったという場合がこれに当たる。この場合，債権丙は「差押え前の原因に基づいて生じたものである」とはいえるが，「第三債務者が差押え後に他人の債権を取得した」場合に当たるので，相殺ができなくなるのである。

　このような「差押え後の第三者からの債権取得」の場合にまで相殺ができるとすると，第三債務者Aは，差押えの通知を受けても，自働債権となる債権の譲渡を受ければ，それだけで差押えの効力を否定することができることになる。それでは差押債権者の立場はあまりにも不安定なこととなる。しかも，差押債権者であるCが債権の差押えという手段に訴えざるをえなかった理由を考えてみると，これはCからみた債務者Bの信用状態が悪化している（資金繰りに窮していて，弁済のための財産に不足している）可能性が高いことが予測される。そうなると，Dが持つ債権丙も，約束された金額（「券面額」という）こそ100万円であるが，実際には10万円しか弁済を受けられない，あるいは全く弁済を受けられないということになってしまう危険がある。そうだとするとAは，Dとの交渉次第で，Dが持つ債権丙を券面額より安く（たとえば20万円で）購入することも可能になる。ここで債権甲と債権丙の相殺を許してしまうと，Aは，20万

円で債権丙をＤから譲渡してもらい相殺をすることによって，自分に対する100万円の債権甲の支払を免れることになる（その負担は，Ｃに押し付けられることになる）。これが不当と考えられることから，「差押え前の原因に基づいて生じたものである」とはいえるが，「第三債務者が差押え後に他人の債権を取得した」場合には，第三債務者による相殺が禁止されているのである。

3　その他の債権消滅事由

　債権総則（民法第3編債権第1章総則）の第5節「債権の消滅」には，ここまで説明した弁済（供託や代物弁済を含む）と相殺のほかにも，更改，免除，混同の3つが債権消滅事由として定められている。以下で順番に取り上げる。

🍸 Oasis　債権の消滅原因

　なお，民法のなかに定められている債権消滅の原因は，これら弁済をはじめとする5種類に限られるものではない。債権総則というのは，すべての債権に共通する規定という意味であるので，「債権の消滅」としてあげられている5種類も，「すべての債権に共通する消滅原因」である。たとえば，契約の解除という消滅原因は，債権のなかのひとつの類型である契約によって生じる債権についてのみ問題となるものであるから，契約の章（民法第3編債権第2章契約）のなかに規定があり，ここでは扱わない。また，消滅時効は，債権だけではなく，民法の定めるあらゆる権利について問題となる制度であるから，民法総則（民法第1編総則第7章時効）に規定が置かれており，やはりここでは扱わない。

▶1　更　改

▶▶1　更改とは

　更改とは，契約によって従前の債権を消滅させると同時に，これに代わる新たな債権を成立させることである。

　たとえば，ＡがＢに対して500万円の支払を求める金銭債権（債権①）を持っているとしよう。このとき，債権①を消滅させて，新たにＢの所有する自動車の引渡しを求める債権（債権②）を成立させることをＡとＢが合意すれば，更改が成立する。更改は，このように給付内容を変更した新たな債権を成立させる場合のほか，当事者（債権者・債務者）を変更した新たな債権を成立させる場

合もある。

　もっとも，当事者がたんに給付の内容を変更することを合意しただけ（500万円の金銭債権を，自動車の引渡しを求める債権に変更するとの合意をしただけ）では，更改には当たらない。こうしたたんなる給付内容の変更は，債権の同一性は維持されているものと理解される。しかし，更改の場合には，従前の債権を消滅させて，新たな債権を成立させることが必要である。言い換えれば，新たに成立する債権は，従前の債権との同一性を持たない別個の債権と理解される。

　債権者の変更については，更改によるほか，**債権譲渡**（⇨第7章第1節）によって行うこともできる。これについても，更改は，従前の債権を消滅させて，新たな債権を（新たな当事者間で）成立させる制度であるのに対して，債権譲渡は，債権の同一性を維持したまま当事者を変更するという点で違いがある。

　なお，債務者の変更については，更改のほかに，**免責的債務引受**（⇨第7章第3節）によって行うことができるが，両者はいずれも，従前の債権を消滅させて，新たな債権を（新たな当事者間で）成立させるものであり，この点に違いはない。このため，要件（更改について514条1項，免責的債務引受について472条2項を参照）と効果（更改について514条2項，免責的債務引受について472条の3を参照）も，同じようにそろえられている。ただし，免責的債務引受においては，債務者が有していた抗弁を，引受人もまた債権者に対抗できるとされている（472条の2）のに対して，更改においては，新債務者は従前の債務者の抗弁を引き継ぐことはなく，債権の消滅という効果が貫徹されている。

　このように，更改の特徴は「従前の債権を消滅させる」ところにあり，それゆえに債権の消滅原因のひとつとして規定されているのである。

👤 Topica　更改と代物弁済

　当事者の間で債権の目的である給付の内容を変更する旨を合意した上で，当該債権を消滅させる制度として代物弁済（482条）があることはすでに説明した。合意によって給付の内容を変更する点と，債権の消滅原因である点で，更改と代物弁済は共通する。しかし，代物弁済の場合には，給付の内容を変更する旨を合意するだけではなく，実際に給付を行わなければ債権が消滅しないという点で，更改とは異なる。

▶▶ 2　更改の要件

　更改は，契約，すなわち関係する当事者の合意として行われる（513条柱書）。当事者の合意の内容は，①従前の債権を消滅させるという部分と，②これに代えて新たな債権を発生させるという部分とに分けることができる。

　前述のとおり，更改の特徴は，従前の債権が消滅するという点にある。このため，更改の要件としても，当事者が従前の債権を消滅させる意思を持っていたということが要求される。古い判例（大判大正7・10・29民録24輯2079頁）には，商品代金を支払う債務を負う買主が売主に対して約束手形を振り出し，手形債務を負担したという場合について，これが更改契約として代金債務を消滅させるというためには，代金債務を消滅させる意思を当事者が持っていたことが必要であるとして，当事者の意思が不明であれば，手形債務は代金債務の支払を確保するためのものであり，代金債務と手形債務の両者が併存すると解釈したものがある。

　新たに発生する債権については，民法513条が，次の3つのいずれかに該当することを要件としている。すなわち①従前の給付の内容について重要な変更をするもの（513条1号），②従前の債務者が第三者と交替するもの（同条2号），③従前の債権者が第三者と交替するもの（同条3号）のいずれかである。これに当たらない場合，たとえば，給付の内容について軽微な変更をするにとどまる場合には，更改は成立しない。この場合には，従前の債権との同一性が失われることはなく，従前の債権を消滅させる必要性がないと考えられるからである。

▶▶ 3　更改の当事者

　更改は，当事者の契約によって行われる。ここでいう「当事者」が誰になるかは，新たに発生する債権が従前の債権の内容をどう変更するものであるかによって異なる。

　①　従前の給付の内容についての重要な変更（513条1号）という場合であれば，更改は，従前の債権の債権者と債務者（これは同時に新たな債権の債権者と債務者でもある）が当事者となる。

　②　従前の債務者の第三者との交替（513条2号）という場合であれば，更改は，債権者と更改後に債務者となる者が当事者となる（514条1項前段）。更改前の債務者は，更改契約の当事者とはならない。従前の債権を消滅させること

は，従前の債権の債務者の意思とは無関係に，債権者だけの意思表示によってすることもできる（免除については⇨▶2）。このため，従前の債権の債務者を当事者に加える必要がないとされているのである。ただし，債権が消滅したことを従前の債権の債務者が知らないままにいれば，すでに消滅した債権に対する弁済が行われるなど，法律関係が混乱するおそれがある。そこで，更改契約の効力は，債権者が従前の債権の債務者に対して更改契約をした旨を通知した時に生じるとされている（514条1項後段）。

③ 従前の債権者の第三者との交替（513条3号）という場合については，更改は，更改前の債権者，更改後に債権者となる者および債務者という3当事者の契約で行われる必要がある。更改によって新たに生じる債権の債権者と債務者だけの合意で，従前の債権の債権者から，その権利を奪うことは許されないからである。

▶▶4　更改の効果

更改が成立すると，従前の債権が消滅し，新たな債権が発生する。

従前の債権が消滅するのであるから，この債権について債務者が有していた抗弁も消滅する。あるいは従前の債権に付されていた違約金の約定なども消滅する。

さらに，担保の**附従性**により，従前の債権に付されていた担保（保証債務，抵当権，質権，譲渡担保など）も原則として消滅する。

ただし，質権と抵当権に限っては，例外が認められている。すなわち，債権者が，更改契約と同時かそれ以前に，更改の相手方に対して，質権または抵当権を更改後の債権に移す旨の意思表示をしたときには，これらの担保が更改後の債権に移るものとされている（518条1項本文・2項）。なお，更改が上述の③債権者の交替を内容とする場合には，更改前の債権者が債務者に対して意思表示をするものとされている。

もっとも，質権または抵当権の目的となっている物が債務者ではなく第三者の所有物である場合（つまり第三者が物上保証人として質権または抵当権を設定している場合）には，債権者の意思表示だけでこれらの担保を移すことはできないとされている。この場合には，当該第三者の承諾を得ることが必要である（518条1項但書）。

▶2　免　除

　免除とは，債権者が債務者に対する一方的な意思表示によって債務を消滅さ
せることをいう（519条）。免除は，債権者の意思表示のみで成立するから，単
独行為である。たとえばAがBに対して，Bの不法行為に基づく損害賠償債権
を持っているというときに，AがBを宥恕し，債権を免除するという例が考え
られる。

　もっとも，実際に免除が行われるときというのは，こうした一方的な意思表
示によるよりも，たとえばBが損害の一部を即時に支払うことを条件として，
Aが債権の残額について免除により消滅させるといった取決めを行うことの方
が多いだろう。こういった場合は民法519条の定める単独行為としての免除で
はなく，当事者の契約による免除（契約免除）というべきである。

　債権を免除するためには，債権者が当該債権を処分する権限を有しているこ
とが必要である。たとえば，AがBに対して持つ債権について，Cが差押えを
していたという場合には，Aはこの債権を処分する権限を制限される。このた
め，AがBに対して免除を行ったとしても，この免除をCに対して対抗するこ
とができないと解されている（最判昭和44・11・6民集23巻11号2009頁）。すなわち，
Cは，Bに対して債権の取立てを行うことができる。もっとも，AとBとの間
では，免除は有効であるので，Bは，本来免れたはずの金額を，Aに対して求
償できる。

▶3　混　同

　債権の**混同**とは，債権と債務が同一人に帰属することをいう。たとえば，A
がBに対して金銭債権を持っているときに，Aが死亡し，BがAの唯一の相続

人として相続をした場合が例としてあげられる。この場合，債権者も債務者もBということになる。そして通常は，この場合に債権を存続させることには意味がない（Bが現金を用意し，B自身に支払うということをわざわざさせる意味はない）ので，債権は消滅するものとされている（520条本文）。

　しかし，債権と債務が同一人に帰属しても，その債権を存続させる意味がある場合がある。それが，当該債権が「第三者の権利の目的であるとき」である。この場合には，混同が生じても，債権は消滅しないものとされている（520条但書）。たとえば上記の例で，AがBに対して持つ債権に対して，Cが質権を設定していたような場合である。この場合に，相続によって，債権と債務のいずれもがBに帰属したとしても，当該債権は消滅せず，Cは，質権の目的である当該債権の債務者であるBに対して，質権者としての権利（たとえば直接の取立て。366条1項）を行使することができる。

♡ Check

● 設問1（基本問題）

　相殺の担保的機能とは何か，説明しなさい。

● 設問2（発展問題）

　Aは，Bからアパートを月5万円の賃料で賃借している。家賃は，月末までに翌月分をBの自宅まで持参することにしていた。ある日，Bから電話があり，「家賃を月10万円にした。次回から10万円を持ってこなければ，受け取らない」と一方的に言われた。Aは10万円を払うつもりはないが，しかし，5万円だけを持っていっても受け取りを拒否されることは目に見えており，そうなれば，家賃を払っていないことを理由に，Bにアパート賃貸借契約を解除されてしまうのではないかと恐れている。Aのとりうる手段としてどのようなものがあるか，論じなさい。

第4章

債務不履行とその救済

▷▷ Navi ▷▷

海外旅行へ持っていこうと，近所のショッピングモールで大きめのトランクを買って，配達を頼んだが，約束の日になっても届かない。電話をすると，選んだ色のトランクの在庫が切れていたのでもう少し待ってくださいということだった。1週間後には必ず届けてくださいと言っておいたが，届かなかったらどうしよう。もう少し待とうか，在庫のある別の店を探して買おうか。ほかの店が高かったらどうしよう。トランクは2つもいらないから，忘れずにキャンセルの電話を入れなければ……。ああ忙しい。

1 債務不履行

◆ Key Point ◆

契約は守られなければならない。しかし実際には，契約債務が履行されないことがある。そして同じく債務不履行と呼ばれるものも，履行が遅れた場合，履行したくてもできない場合，いい加減な履行がされた場合など，さまざまな現れ方をする。ここではそれを整理してみていこう。

▶1 債務不履行の意義

これまでの章で学んだとおり，契約が成立することにより，債権と債務が発生し，債務者が，合意された給付を行うことにより，債権は目的を達成して消滅する。これが契約関係の正常な展開であり，ほとんどの契約がこのような経緯をたどる。しかし債務者が，法的に要求されている形での債務の履行（これを債務の

本旨に従った履行という）をしない場合があり，このような事態に対して，債権者にどのような救済が認められるかが問題となる。これが債務不履行の問題である。

　債務不履行について民法の定める救済方法のうち，債務内容を強制的に実現する強制履行や，債務不履行により発生した損害の賠償は，契約により発生した債権と不法行為や不当利得などの法定債権と共通する問題である。これに対して，債務不履行があった契約を解消して，債権者を契約の拘束力から解放する救済手段である解除は，契約債務についてのみ問題となるのが原則である。本章では，契約債務を念頭に置いて説明し，それ以外の債務については必要に応じて触れることにする。

　以下では，まず債務不履行にはどのような形があるかを説明し，その後，債権者が契約を維持することを選択した場合の救済と債権者が契約を解除することを選択した場合の救済方法を説明したあと，その両方に共通する問題である，損害賠償の要件，損害賠償額の算定の問題を扱い，最後に債務が，天災など，どちらの責めにも帰すことができない理由で履行できなくなった場合の処理について論じることにしたい。

▶2　債務不履行の類型

　債務者による債務不履行があったとき，契約を維持しその履行の強制的な実現と被った損害の賠償を求めるか（その場合自己の債務を履行しなければならない），契約関係を解消して，契約の拘束から解放され，被った損害について損害賠償を求めるかは，債権者の選択の問題であると共に，債務不履行の種類によっても異なる。以下で債務不履行の類型についてみる。

▶▶1　債務不履行の三分体系と民法の規定

　学説は，伝統的に，債務不履行を履行遅滞・履行不能・不完全履行の3つに分類してきた。まず履行されていない債務がなお履行可能かを基準に，履行が可能であるにもかかわらず，まだ履行されていない場合を履行遅滞，履行が不可能な場合を履行不能とし，一応履行はされたが，その内容や履行の仕方が契約の趣旨に合致していないものを不完全履行とする。これを債務不履行の三分体系という。

　それに対して民法の規定は，必ずしもこの三分体系に合致した構造にはなっていない。民法415条1項は，債務不履行の効果としての損害賠償請求権発生

の要件として，「債務者がその債務の本旨に従った履行をしないとき」と規定している。この条文は債務不履行としてさらに「又は債務の履行が不能であるとき」もあげているが，立法の経緯から，履行が不能であるときは債務の本旨に従った履行をしないときには当たらないという解釈の可能性を排除するために注意的に規定されたものと考えられている。すなわち民法自体は債務不履行を債務の本旨に従った履行がないこと（本旨不履行）という統一的な枠組みでとらえているということができる。

　このことから学説のなかには，債務不履行を3つの類型に分けて議論することを不要と考えるものもある。しかし，非常にさまざまな形をとる債務不履行のあり方を整理するには有用な概念であること，債権者にどのような救済手段が認められるかに対応した分類であること，従来の議論や判例がこの分類を基礎として発展してきたことを考え，本書では債務不履行の三分体系に沿った論述をすることにしたい。もっとも債務不履行のどの類型に当てはまるかだけによって債権者がどのような救済を受けられるかが決まるわけではなく，とりわけ不完全履行の場合には，侵害されたのがどのような利益かによっても異なってくる。またすべての事例がこの3類型のどれかに当てはまるわけではない。本書では3類型のどれにも当てはまらないものとして履行期前の履行拒絶を扱う。

🏃 Topica　債務不履行の三分体系の起源

　民法の規定自体が，債務不履行を履行遅滞，履行不能，不完全履行の3つに分ける構造をとっていないのならば，いわゆる三分体系はどこから来たのだろうか。その起源は，ドイツ民法学にある。ドイツ民法典には，債務不履行に関する統一的な規定がなく，履行遅滞と履行不能の2つを債務不履行として規定していた。そのため，そのどちらにも当てはまらないが，なお債務不履行として扱われるべき事例群を，債務不履行のひとつとして類型化することにより，法典の欠缺（けんけつ）を補充しようとする学説の努力のなかから，不完全履行という概念が生まれたのである。それが日本に輸入されて通説となった。

　このようなドイツ民法学の強い影響は，民法のさまざまな分野で見られる。明治時代の末から大正時代にかけて，日本の民法学がドイツ民法学の圧倒的な影響を受けた時代がある。ドイツ民法の理論が包括的に導入され，必ずしも民法典の構造に合致しない場合であっても，ドイツの民法理論にならった日本の民法理論が作り出された。個別の問題の解決に当たって外国法にヒントを求めるというレベルをはるかに超えた，全面的なドイツ法学の影響を，法典の継受になぞらえて，学説継受と呼ぶ。

▶▶ 2　履行遅滞

　履行遅滞とは，4月20日に納車するという約束で，中古車を売買したにもかかわらず，期日になっても引渡しがない場合のように，債務の履行が可能であるにもかかわらず，債務者が**履行期**に履行をせず，その不履行に正当な理由がないことである。

　履行遅滞の第1の要件は，債務が履行期（412条）にあることである（⇨第3章第1節▶1 ▶▶2 ▶▶▷3(c)）。履行期の定めがない場合には債務の発生と同時に履行期にありそのため，いつでも履行の請求ができるが，履行遅滞に陥るのは債務者が履行の請求を受けた時（412条3項）である。また期限の定めがない**消費貸借契約**の場合，相当の期間を定めた履行の催告がされ，その期間内に履行がされなかった場合にはじめて履行遅滞に陥るという特別規定（591条1項）が存在する。これに対して，**不法行為**に基づく損害賠償請求権は，不法行為時から当然に遅滞となる（したがってその時点から遅延損害が発生する）のを原則とするのが判例の立場である（大判明治43・10・20民録16輯719頁，最判昭和37・9・4民集16巻9号1834頁）。

　つぎに履行が可能であることが要件となる。この要件により履行遅滞と履行不能が区別され，履行期に履行が可能でなければ履行不能の問題となる。ただ債権者が訴訟において履行遅滞を主張する場合，履行可能性を主張・立証することは不要で，履行が不能になったことは履行遅滞を否定したい債務者が主張・立証すべきであるとされている。

　最後に履行期に履行をしないことに正当な理由がないこと（履行遅滞の違法性ともいう）があげられる。履行をしないことの正当な理由の例としては，**同時履行の抗弁権**（533条，⇨第1章第1節▶6 ▶▶1 ▶▶▷1）がある。先ほどの例で中古車の代金債務の履行期が来ていれば，買主がその代金を提供するまでは，売主は中古車の引渡しを拒むことができる。このような理由としては，ほかに留置権の存在（295条），買主の代金支払債務について，買い受けた権利を取得できないなどのおそれがあること（576条）や買い受けた不動産について契約の内容に適合しない抵当権の登記があること（577条）などが規定されている（この2条は559条により有償契約全般に準用される）。もっとも給付義務の不履行については，履行期に履行がないという事実から違法性が推定されるので，債務者の側から履行をしていないことが適法であることを証明しなければ，履行遅滞

の責任を負うことになる。

　履行遅滞は一時的な履行障害なので，その後の弁済により債務が消滅するか，弁済の提供がされれば（492条）履行遅滞も解消する。ただし，債務の本旨に従った弁済の提供と評価されるためには，履行遅滞後の遅延賠償金を併せて提供しなければならない。

　履行遅滞の効果としては，履行の強制（414条），契約の解除権の発生（541条），損害賠償（415条）が主なものであるが，それぞれ債権者の救済に関する次節以下で詳しく扱う。

Topica　受領遅滞

　債務の履行に当たって，不作為債務のように債権者の協力を必要としないものもあるが，為す債務や与える債務の多くについては，債務の履行に債権者の受領を必要とする。債権者が債務の受領を拒み，または受けることができなかった場合を，受領遅滞という。たとえば，売主が，履行期に目的物をもって準備をして買主の下へ赴いたが，買主が，1カ月後まで必要がないから，今日は持って帰ってほしいと言って受け取りを拒んだ場合や，注文を受けた工作機械を買主の工場に据え付けに行ったところ，買主側の準備ができておらず，据え付けることができなかった場合，このような事情は，法的にはどのように評価されるのだろうか。

　債務者は，履行を提供しているのだから，履行の提供の効果として，履行遅滞の責任から免れることができる。ではそれを超えて，受領遅滞により，どのような効果が生じるだろうか。民法は，特定物の引渡しを内容とする債務について，履行の提供以降，実際に引渡しをするまでの目的物の保管に当たって払うべき注意を，善良な管理者の注意（400条）から自己の財産に対するのと同一の注意に軽減する（413条1項）。また受領遅滞によって履行の費用が増加したときには，増加費用は債権者の負担となる（413条2項）。さらに受領遅滞中に当事者双方の責めに帰すことができない事由によって債務の履行が不能になったときは，その履行不能が債権者の責めに帰すべき事由によるものとみなされるため（413条の2第2項），債権者は契約を解除することができなくなり（543条），反対債務の履行拒絶をすることができなくなる（536条2項）。その結果として履行不能になったことによる経済的損失は債権者が負うことになる。

　それでは，受領遅滞があった場合，債務者は契約を解除して，契約の拘束力から免れることができるのであろうか。また損害賠償の請求は許されるのか。これは，債権者に，受領義務があると考えるかどうかにかかっている。債権者に受領義務があれば，その不履行を債務不履行の一種と考えて，契約の解除や損害賠償という効果を導き出すことができる。これに対して債権者は権利を有するだけで義務を負うわけではないという立場からは，このような効果は一般的には導くことができず，契約や信義則から受領義務が生じる場合に限られる。もっとも債権者が負う反対債務（上の例では，代金債務や請負

報酬債務）の不履行による解除は，別問題である。

▶▶ 3　履行不能

　債務者が契約によって引き受けた給付結果が実現不能であれば，その債務は履行不能である。売買の目的となった建物が火災によって全焼した場合が，その一例である。このように債務の履行が事実として不可能な場合には，当然のことながら債権者が債務者に債務の履行自体を請求することができない（412条の2第1項）。しかし債務の履行が不能であると法的に評価されるのは，この例のように履行が物理的に不可能である場合に限定されない。船舶の売買において，その船が引渡し前に沈没したが，引き揚げて必要な修理を行うことが可能である場合であっても，サルベージと修理の費用が船の価格を著しく上回るような場合にまで，給付結果の実現を債務者に強制すべきではないであろう。履行不能はたんなる事実の問題ではなく，法的な評価の問題であり，そこでは規範的な判断がなされる。民法は「債務の履行が契約その他の債務の発生原因及び取引上の社会通念に照らして不能であるとき」という文言で，このことを示している。具体的な例をいくつかあげよう。

　目的物が二重譲渡された場合，物権変動のルールでは，**対抗要件**を先に備えた者が確定的に物権を取得する（177条・178条）。その結果，2人の買主のうちひとりに対して移転登記がされ（不動産）または動産の引渡しがされた時点で他方の買主に対する売主の債務は原則として履行不能となるとされている（大判大正2・5・12民録19輯327頁，最判昭和35・4・21民集14巻6号930頁）。ただし，仮登記がされただけでは履行不能とならないし（最判昭和44・5・27判時560号45頁），例外的に売主が，現所有者から買い戻すなどして目的物の所有権を回復し買主に移転することを可能にする事情があれば履行不能とならないとされる。

　他人が所有する物の売買では，売主はその所有権を取得して買主にそれを移転する義務を負うが（561条），所有者がその物を売主でなく第三者に譲渡し，第三者が対抗要件を備えた場合も，その時点で売主の債務は履行不能となるとされる。

　債務の履行が法令により禁止されている場合も，その債務は履行不能である。

　種類債務は，その物が市場から調達可能である限り履行不能になることはないのが原則である。しかし種類物であっても生産が中止されたため市場に存在

しなくなったり，異常に高額なプレミアがついたような場合には，契約の趣旨がそのような場合にも目的物の入手を求めるものである場合を除き，履行不能になりうる。

▼ 〔Oasis〕　法令による禁止と履行不能

　債務の履行が法令で禁止される場合というと，禁制品（たとえば覚醒剤）の売買を思い浮かべる人もいるだろう。しかし覚醒剤の売買は履行不能の問題にはならない。覚醒剤の売買契約は公序良俗に反してそもそも無効であり（90条），債務自体が発生しないからである。履行不能の問題となるのは契約時には適法であったが履行時には違法であるような場合である。たとえば，いわゆる「危険ドラッグ」規制をめぐるいたちごっこや，北朝鮮の核実験に対する経済制裁として北朝鮮を原産地とするすべての貨物の輸入が禁止されたことを思い浮かべてほしい。

　判例にあらわれたものとしてはつぎの事案が参考になる。証券会社が，顧客である鉄鋼専門商社の資金30億円の運用につき，元本と一定の利回りを保証し，その後顧客がこの保証契約の履行を請求した事件で，最高裁は，契約は，締結当時には公序に反して無効ではなかったが，その後の法改正により，改正前に締結された契約の履行も含め，損失補填などのための利益提供行為が禁止されたとして，保証契約の履行請求を認めなかった（最判平成15・4・18民集57巻4号366頁）。

　履行不能の効果として，債権者は債務の履行を請求することができなくなる（412条の2第1項）。債権者には，契約の解除権が生じると共に（542条1項1号），一定の要件の下に，損害賠償請求権が認められる（415条）。

♨ 〔Topica〕　原始的不能と後発的不能

　履行不能が契約締結後に生じたか（後発的不能），契約締結前からすでに不能であったか（原始的不能）は，当然には違いを生じない。

　かつての通説は，不可能なことを現実に履行すること（たとえば火事で焼けてしまった家を引き渡すこと）を内容とする請求権を認めることは無意味であり，契約の内容が可能であることが契約の有効要件である。契約時に不能（原始的に不能）な契約は無効なので，そこからは債権も債務も発生せず，債務不履行も生じないと考えてきた（もっとも無効な契約を締結したことに過失のある者には契約締結上の過失責任が生じる可能性がある）。

　これに対しては，当初から目的物が存在せず，当事者がそれを知らずに契約した場合と，契約直後に目的物が滅失した場合との間に利益状況において決定的な差はないではないか，また契約当事者が契約締結時点にすでに履行が不能であることのリスクを引き

受ける意思で契約を締結した場合にまで，契約を無効とするのはおかしい，といった批判がされてきた。民法412条の2第2項は，この対立に終止符を打ち，原始的不能が契約の無効につながらず，後発的不能と同様の規律に服するという立場をとるものである。

▶▶ 4　不完全履行

　債務者が一応履行はしたが，その履行が不完全であったため債務の本旨に従った履行とはいえない場合が，不完全履行である。一応履行らしきことがされている点で，履行遅滞や履行不能と異なる。

　不完全履行は，多様な紛争類型を含んでおり，その処理のルールもさまざまである。与える債務（引渡債務）の典型として売買契約の売主の債務の不完全履行を例にとると，不完全さが履行のどの部分にあったのか，また履行が債務の本旨に従ったものではなかったことで債権者のどのような利益が侵害されたかによって，以下のような紛争類型が存在する。①給付された目的物に欠点や数量不足がある場合のように，債務の本旨に従った履行があれば実現されていたであろう債権者の給付利益自体が侵害されている場合，②欠陥のあるスマートフォンが発火して買主がやけどした場合のように，給付の不完全さから，給付利益そのもの以外に債権者の生命，身体，財産の完全性が害される拡大損害の事例，③売主が冷蔵庫を搬入・設置する際に誤って壁にぶつけてしまい傷をつけてしまった場合のように，履行方法に不完全さがあり，そこから債権者の生命・身体・財産の完全性が害される場合などがある。①が給付義務に対する違反が問題になるのに対し，②③では契約の相手方の生命，健康，財産などの利益を害してはならない義務である**保護義務**に対する違反が存在し，②では給付義務への違反と保護義務違反の双方が存在する。給付結果の不完全の場合を（狭義の）不完全履行，保護義務違反による生命，健康，財産などへの拡大損害が生じた場合を**積極的債権侵害**と呼んで区別する見解が有力であるが，不完全履行と積極的債権侵害をほぼ同義の用語として扱う見解も存在しており，一致がみられない。

　給付された目的物に欠点や数量不足がある類型の場合，欠陥の修繕や代物の給付などによって給付結果の不完全さを除去すること（これを追完と呼ぶ）ができるか否かに応じて，履行遅滞または履行不能に準じて扱われることになるが，売買契約について特則があり（562条以下），性質が許す限りなす債務を含む有

償契約全般に準用されている（559条）。詳しくは第２節以下で扱う。これに対して，債権者の生命・身体・財産の完全性が害された場合には，それによって生じた損害の賠償が請求できるかが問題となる。

　契約の相手方の生命身体の完全性を害さない義務について特別の発展がみられたのが，安全配慮義務の領域である。安全配慮義務の法理は，雇用契約について，主として判例の蓄積を通じて発展させられてきたものである。使用者は，労働者が労働に従事するに当たり，労働者の生命や健康に危険が生じないように配慮する義務を負う。今日では労働契約法が，判例法理を明文化し，使用者が労働者の安全に配慮すべきことを規定している（労契５条）。**安全配慮義務**の位置づけについては，学説上さまざまな議論があるが，保護義務のひとつのあらわれと解する見解が有力である。学校事故の事例など，他の契約類型（この場合在学契約）においても，同様の義務が認められる傾向にある。

🐾 **Case**　安全配慮義務・宿直員殺害事件

　宿直勤務中，窃盗目的の侵入者に殺害されたＹ社従業員Ａの父母であるＸらが，Ａの殺害は使用者であるＹ社の安全配慮義務違反により生じたものであるとして，Ｙ社に対し，損害賠償を求めた事案で，最高裁判所は以下のように判断して，Ｙ社の責任を認めた。

　雇用契約において，使用者は，報酬支払義務にとどまらず，労働者が，使用者が指定する場所で，その供給する設備もしくは器具等を使用し，使用者の指示のもとに労務を提供する過程において，労働者の生命および身体等を危険から保護するよう配慮すべき安全配慮義務を負っている。

　Ｙ社は，盗賊侵入防止のために，夜間出入口ののぞき窓，インターホン，防犯チェーン等や，侵入した盗賊からの危害を免れるために役立つ防犯ベル等の物的設備を施さず，また，盗難等の危険を考慮して休日または夜間の宿直員を新入社員ひとりとしないで適宜増員するとか宿直員に対し十分な安全教育を施すなどの措置を講じていなかったのであるから，Ｙ社にはＡに対する安全配慮義務の不履行があった（最判昭和59・４・10民集38巻６号557頁）。

　たとえば警備業者が提供する身辺警護サービスのように，債権者の生命・身体・財産の完全性を保護すること自体が給付内容になる契約も存在する。このような場合を越えて，義務違反により発生した損害の賠償義務以外に，保護義務とりわけ安全配慮義務の履行請求も認めるべきかについては，見解の一致が見られない。労働者の安全に対する具体的な危険が存在するような場合には，

履行請求を認めるべきであるとする学説が有力になってはいるものの，なお判例において広く認められるには至っていない。

🛡 **Case** 　安全配慮義務が認められる関係，認められない関係

　安全配慮義務を認めたリーディングケースである最判昭和50・2・25（民集29巻2号143頁）は，安全配慮義務を，「ある法律関係に基づいて特別な社会的接触の関係に入った当事者間において，当該法律関係の付随義務として当事者の一方又は双方が相手方に対して信義則上負う義務として一般的に認められるべきもの」としており，契約に限らず広い範囲で認められうる可能性を持つものであった。実際に，元請会社の指揮監督の下で，元請会社の従業員とほとんど同じ内容の作業していた下請会社の従業員に対して，直接の契約関係がないにもかかわらず，安全配慮義務違反に基づく責任を認めた判決が存在する（最判平成3・4・11判時1391号3頁）。

　それでは，安全配慮義務を生じさせる特別な社会的接触の関係はどこまで広がるのだろうか。最近，最高裁は，拘置所に収容された被勾留者に対する診療行為について，国の安全配慮義務違反の有無が争われた事例において，未決勾留による拘禁関係は，勾留の裁判に基づき被勾留者の意思にかかわらず形成され，法令等の規定に従って規律されるものであるから，当事者の一方又は双方が相手方に対して信義則上の安全配慮義務を負うべき特別な社会的接触の関係とはいえないと判断した（なお事案によっては不法行為責任が生じる可能性は認めている。最判平成28・4・21民集70巻4号1029頁）。

　このように，安全配慮義務を，当事者の意思により形成された社会的接触関係（契約によるものや，平成3（1991）年判決のようにそれに準ずるものが想定される）に限定し，それ以外の関係における完全性利益の侵害は不法行為に委ねる最高裁判所の立場は，一部拡張されている部分があるにせよ，安全配慮義務を契約から生じる保護義務と同じ性質のものと考える立場と整合的なものと考えられる。これに対して，安全配慮義務を，他人の行動を管理・制約する者がその支配下にある者の生命・健康が害されることを防止する義務と理解する立場からは，このような限定は，不合理な区別であると批判されることになろう。

　安全配慮義務が問題となる事例では，不法行為責任の追及も可能な場合も多く，両者の関係が問題になる（請求権競合の問題。詳しくは，⇨ユーリカ民法第4巻第8章第2節▶9参照）。

▶▶5　履行期前の履行拒絶

　民法は，債務の履行に代わる損害賠償の請求をすることができる場合として，債務者がその債務の履行を拒絶する意思を明確に表示したときを規定する（415条2項2号）。また明確な履行拒絶があった場合，債権者はただちに契約を解除できる（542条1項2号。債務の一部履行拒絶の場合は一部解除が認められる〔542条2

項2号〕)。

　履行期前にこのような履行拒絶がなされた場合，債務不履行の三分体系には当てはまらないことになる。実際の紛争においては，履行拒絶後に履行期が到来すると履行遅滞になり，履行遅滞の枠内での処理が可能になるが，それだけでは履行期前の履行拒絶時点では債権者が何の対応もできないことになり不都合である。民法は，債務者による明確な履行拒絶の場合に，履行期の前後を問わず，損害賠償と解除を認めることにより，このような場合にも債権者に法的な救済を与えている。

2　契約関係を維持することを選択した場合の救済
——履行の強制と損害賠償

◆ Key Point ◆

　第2節，第3節では，債権者に認められる救済メニューを俯瞰(ふかん)する。債務不履行にあった債権者には，大きく分けて2つの救済の道筋が存在する。ひとつは現在の契約を維持しその枠内で，契約目的を実現しようとする選択である。具体的には，債務者に債務の履行を強制し，それと併せて被った損害の賠償を求めることになる。その場合，双務契約においては，当然自己の債務を履行しなければならない (⇨第2節)。

　もうひとつは，契約を解除して，契約の拘束力から免れると共に被った損害の賠償を求めるという方法である。特定物の売買で，どうしてもその物を手に入れたいということであれば，履行の強制が必要になるが，種類物の売買のように，契約によって追求されていた目的が，他の者と契約によって容易に実現できる場合には，この方が合理的であることが多いであろう(⇨第3節)。

　どちらを選ぶかは，基本的には債権者に委ねられている。

▶1　履行の強制

▶▶1　法的な性質

　債務者が任意に債務を履行しない場合，債権者は，その**強制履行**を裁判所に請求することができる (414条)。債権者には国家 (より具体的には執行裁判所・執行官) の助力を得て強制的に債務内容を実現させることが認められているわけ

である。もっとも，債務不履行があっても，それが**履行不能**である場合には，履行を請求することができない（412条の2第1項）。法的に履行できないものと評価された債務の履行を強制することはできないからである。

⅋ **Oasis** 債務名義

　契約の相手が債務を履行しないからといって，契約書をもって裁判所に行けば，すぐに履行を強制してもらえるのだろうか。履行強制は，それほど便利な（債務者の側からすれば恐ろしい）制度ではない。そもそも，その契約が有効に成立したこと自体，契約書からだけでは確実ではないし，相手方には履行しない正当な理由があるのかもしれない。したがって履行強制の手続（強制執行）を開始するためには，履行を強制する正当な権利があることを裏付ける「債務名義」と呼ばれる公的な文書が必要である（民執22条）。債務名義として使われることが最も多いのは，一定の給付を命じる確定した判決である。つまりこの場合，まずは債務を履行することを求めて訴えを起こし，勝訴しなければならない。履行強制への道は，なかなかに遠いのである。本書の読者は，第2部「金銭債権法」で債務名義という言葉に繰り返し出会うことになる。この段階では，まず第5章第1節のTopica「摑取力の行使」を読んでみてほしい。

　民法は，履行の強制について，**直接強制**，**代替執行**，**間接強制**の3つの方法を定めているが，その具体的な方法については，手続法である民事執行法の強制執行の規定に委ねている。国家が，その権力を行使して，どこまで債権の実現を手助けするかは，債権者の利益の保護と強制を受ける債務者の自由との間のバランスを考慮すべき法政策的な問題であり，時代により国によってさまざまな解決がされてきた。具体的には，対象となる債権の範囲や許される履行強制の方法が問題となる。日本においては，履行強制が認められる債権を限定していた旧民法に対して，明治29（1896）年の民法が，すべての債権について履行の強制を認めるのを原則として以降，学説による民法および手続法の解釈や手続法の規定の改正により，履行強制が認められる範囲は拡大してきた。

　もっとも，民法が定めるように，債務の性質がそれを許さないときは，履行強制が認められない（414条1項但書）。たとえば夫婦の同居義務（752条）や芸術家の創作活動を目的とする債権の履行強制のように，履行強制が債務者の人格侵害をもたらし社会通念上許されないものや，債務の本旨にかなった給付が実現できないもの（履行を強制しても作品の質までは担保できないし，そもそも芸術的創造と法的強制は相容れるのか？）などが，典型例とされてきた。

❡ Oasis 芸術の自由

　クリストという現代美術作家がいる。いろいろな物を梱包する作品で知られている。パリのポン・ヌフやベルリンの旧帝国議会議事堂といった巨大な構造物全体を布で包む（もちろん期間限定で）作品が話題になった。億単位の巨額の費用がかかることもあるが，クリストは他の芸術家のように助成金をもらったりせず，もっぱら作品を売って調達するのだという。実際の作業もボランティアに頼ったりせず，自分の金で作業員を雇う。なぜか。興味がなくなったら，誰に気兼ねもせず，いつでも打ち切れるようにである。実際に，梱包開始直前に突然打ち切られたプロジェクトもある。創作において自由が持つ意味を象徴的に示すエピソードといえよう。

　もっともいったん作品を制作する契約を結んでしまえば，履行強制はされなくても，債務不履行による損害賠償の義務は追いかけてくる。無粋な話ではあるが，真の自由を確保するのは，並大抵のことではないのである。

　また金銭債務については原則として間接強制を用いることができないなど，手続法上の制約もなお存在している。

　以下では，履行強制の各方法について概観すると共に，債務の種類ごとに，どのような方法で履行を強制することができるかをみていきたい。民法は履行強制の具体的な方法については，民事執行法などの手続法に委ねているので，ここでは，そのそれぞれについて簡潔に説明するにとどめる。なお414条はこの３つの方法に加えて，「その他の方法」をあげているが，これは将来別の執行方法が登場した場合に備えたもので，現在は存在しない。

♠ Topica 履行請求権の性質

　伝統的には，履行の強制が認められるのは債権の請求力のあらわれであり，契約の場合当事者の合意の効果として生じるものと理解されてきた。それに対して，不当利得・不法行為などの法定債務の強制執行については，特別の法律関係から生ずる債権に対して民法典が直接付与している効果であるとされる。現在では履行請求権は，損害賠償請求権・解除権と並ぶ債務不履行の効果のひとつとして，法によって，債権者に認められたものであるとする説が有力である。履行強制の場面では，一部の例外を除き，債務不履行が存在することが前提されているので，結局履行請求権を強制的履行請求権に等しいものと考えるか，履行強制の場面以外でも履行請求に法的な意味を認めるかにかかっている。効果の面では，履行請求を損害賠償請求権・解除権と並ぶ債務不履行の効果のひとつと考える立場も，履行請求の他の救済方法に対する優位性を認め，債務者が履行を拒絶して，履行に代えて損害賠償をすることにより責任を免れることを認めないので，

どの立場に立つかによって，大きな違いはないように思われる。

▶▶2　直接強制

　直接強制は，国家の執行機関が，債務の内容をそのまま実現させる強制履行の方法である。物の引渡しを内容とする債務と金銭債務（与える債務）について認められる。それに対して，作為債務および不作為債務については，債務者の身体の拘束や自由意思の抑圧を伴うことになるので，直接強制は認められない。

　直接強制の具体的手続は，債務の内容により異なる。金銭債務の場合，債務者の責任財産を差し押さえて，競売し，その売却代金から弁済を受けたり，債務者の預金債権など第三者に対する金銭債権を差し押えて取り立てるなどの方法がとられる。物の引渡しを内容とする債務のうち，動産の引渡しは，執行官が債務者から動産を取り上げてこれを債権者に引き渡す方法により行われる。不動産の引渡しについては，執行官が債務者の不動産等に対する占有を解いて債権者にその占有を取得させる方法による。

▶▶3　代替執行

　代替履行は，債務が代替性のある（他人が代わりに行っても目的を達成できる）作為・不作為給付を目的とする場合に，債権者が裁判所に与えられの権限により，自らあるいは第三者を使ってこれをなし，あるいは債務者がした行為の結果を除去させ，その費用を債務者から取り立てることによって債務を実現することである。具体的には，建物を撤去して土地を明け渡す債務であれば，解体業者と請負契約を結んで建物を解体し，その費用を債務者から取り立てることにより，実現することができる。

　直接強制が認められる場合は，そちらの方が効率的なので代替執行は認められない。

▶▶4　意思表示義務の実現

　登記の申請や知事に対する農地の売買への許可申請などの意思表示が債務の内容である場合，意思表示をすべきことを債務者に命ずる判決が確定するなどすればその時点で意思表示をしたものとみなされる（民執177条）。この規定は準法律行為である観念の通知や意思通知にも類推適用される。意思表示義務は

作為義務の一種であるが，その内容どおりの法律効果（準法律行為の場合は法定の効果）が発生することに意味があり，債務者が実際に意思を表示すること自体に意味があるわけではないからである。

▶▶ 5 間接強制

間接強制は，債務者が一定の期間内に債務を履行しないときには債務の履行を確保するために相当と認める一定の金額を支払わせることにより，間接的に債務の履行を強制するものである。代替性のない作為債務や代替執行により除去できる有形の違反結果のない不作為債務（たとえば，夜8時以降ピアノを弾かないという和解契約上の債務）の履行の強制は，間接強制によるしかない。かつて間接強制の適用場面はこれらに限定されていたが，債権の実効性を確保する観点から，現在では，債権者の申立てにより，金銭債務以外については広く間接強制が認められるようになった（また金銭債務であっても扶養義務等の履行にかかるものについては間接強制が認められている）。もっとも社会通念上履行の強制が許されない債権（たとえば夫婦の同居義務〔752条〕）や債務者の自由意思を圧迫して強制したのでは，債務の本旨にかなった給付が実現できない債権（芸術家が創作する債務）などについては，間接強制も認められない。

▶▶ 6 債務不履行の類型と履行の強制

▶▶▷ 1 **履行遅滞**　履行遅滞の場合，遅滞に陥っている債務それぞれの性質に応じて，上述のとおり，履行の強制を行うことができる。

▶▶▷ 2 **履行不能と代償請求権**　前述のように履行不能の場合には，履行の強制は認められない（412条の2第1項）。

もっとも履行が不能となったのと同一の原因によって，債務者が債務の目的物に代わる権利や利益を取得した場合，債権者は，債務者が得た権利（たとえば損害保険金請求権や第三者に対する損害賠償請求権）の移転や利益（債務者が受けた損害賠償や損害保険金）の償還を請求することができる（422条の2）。この場合，債権者が債務者に代償となる権利の移転や利益の償還を請求できるのであって，債権者が当然に債務者に代位して保険金などを請求できるものではないことに注意が必要である。この制度は，公平の観念に基づくものであり，異論はあるが，損害賠償と異なり，債務者の帰責事由の有無を問わない。

代償請求は債権者が被った損害を限度とする。履行が不能となったことによって債権者が利益を得るべきではないからである。

▶▷▷ 3 **不完全履行と追完請求権・代金減額請求権**　　不完全履行のうち，履行と
してなされた給付自体が種類，品質，数量などの点で債務の本旨に従ったもの
ではない場合に，目的物の修補，代替物の引渡しまたは不足分の引渡しなどに
より，追完が可能であれば，債権者は追完を請求することができる（売買に関
して562条。売買の規定は，559条により，有償契約全般に準用）。債務の本旨に従っ
た履行を実現するという意味で，追完請求権は，履行請求権と同じ性質を持つ。

　追完方法については，まず債権者（たとえば買主）が選択権を有するが，債
務者（たとえば売主）は，買主に不相当な負担を課すものでなければ，買主が
選択したのと異った追完方法を選択することができる。

　債権者が，相当な期間を定めて追完を催告したが，期間内に追完がされない
場合には，給付が契約に適合していない程度に応じて代金の減額請求が認めら
れる。債務者が追完を拒絶する意思が明確に表示した場合や，定期債権で契約
目的を達成するのに間に合うように追完がされなかった場合，その他催告して
も追完を受ける見込みがないことが明らかな場合には，催告なしに代金減額請
求ができる（563条）。

　これに対して，追完が不能である場合には，追完の請求は認められないが（412
条の2第1項），代金の減額請求は認められる（563条2項1号）。

　もっとも給付の契約不適合が，債権者の責めに帰すべき事由による場合には，
追完請求権も代金減額請求権も認められない（562条2項，563条3項）。これは，
損害賠償・解除も同じである（415条1項但書，543条）。移転された権利が契約
の内容に適合しない場合（たとえば一部が他人に属するとか制限物権が存在する場合）
にも，これらの規定が準用される（565条）。債権者は，給付の種類，品質が契
約内容に適合しないことを知ってから1年以内に債務者に通知しなければ，こ
れらの請求権（損害賠償・解除も含む）を行使できない（566条）。法律関係を早
期に安定化し，目的物引渡により履行が終了したという売主の期待を保護する
必要を考慮したものとされる。そのため，引渡時に債務者が契約不適合につい
て悪意または善意重過失であったときは，この期間制限の適用はない（同条但書）。

▶2　損害賠償

　履行遅滞があると，債務の本旨に従った履行のほかに，履行が履行期よりも
遅れてなされることにより債権者に生じる損害を賠償する義務を負う。たとえ

ば1週間で自宅の大規模な改装を行う請負契約を工務店と締結し，その間，家族でホテルに滞在していたところ，工期が延びて10日後に完成した場合，工務店は注文主が余分に支出した3日分の宿泊費を賠償しなければならない。これを遅延賠償という。追完可能な不完全履行の場合も同様である。履行期後に債務者が任意に履行あるいは追完した場合や，履行の強制あるいは追完請求によって，最終的に契約内容に適合した履行が実現した場合であっても，本来の給付に加えて，遅延賠償の義務が生ずる。

　金銭債務の場合，損害の証明をする必要はなく，遅延賠償額は法定利率による（419条）。

　これに対して履行不能の場合の損害賠償は，履行に代わる損害賠償，すなわち債務の本旨に従った履行がされたら債権者が得たであろう利益の賠償である。これを塡補賠償という。履行不能の場合，次節でみるように，契約を解除した上で損害賠償を請求するという道がとられることが多いが，契約を解除せずに塡補賠償を請求することも可能である（415条2項1号）。

　債務者が明確な履行拒絶を行った場合（415条2項2号）や債務不履行を理由に契約の解除権が発生した場合（415条2項3号後段）も，実際に解除の意思表示をしなくても，塡補賠償を請求することが可能である。これらの場合，履行がなお可能であれば，履行不能の場合と違って，塡補賠償を請求権と履行請求権が併存する。債務者から債務の本旨に従った履行がされると塡補賠償請求権が消滅し，塡補賠償がなされると履行請求権が消滅することになる。

　不完全履行の場合，代金減額請求権（形成権である）は，実質的には契約の一部解除や損害賠償と同等の機能を果たすものであるが，それらとは独立した債権者の救済手段である。債権者は，追完請求権・代金減額請求権と合わせて損害賠償請求もできるし，それらを行使せずに，契約の解除（⇨第3節）や損害賠償という債務不履行一般の救済手段によることもできる（564条）。

　解除の要件については第3節で，損害賠償一般の要件については第4節で，損害賠償の範囲と額の算定については第5節で扱う。

3 契約関係を解消することを選択した場合の救済
──解除と損害賠償

◆ Key Point ◆

　契約から生じた債務が不履行に陥った場合，ある特定の物をどうしても手に入れたいといった場合を別にして，第三者と新たに契約を締結して，その者から同等の財やサービスを入手した方が合理的である場合も多い。しかし債権者自身も契約の拘束を受けたままだと，このような自由は実際上制限される。たとえば履行遅滞に陥った売主が遅延賠償と共に，債務の提供をしてきた場合には，債権者はそれを受領して，代金債務を弁済しなければならず，第三者と別の契約を結んでいると，不必要な買い物をしてしまったことになる。債務不履行が生じた場合に，債務者を契約の拘束力から解放する救済手段として，契約の解除が存在する。解除に関する規定は民法の契約総則に規定されているが，債務不履行に対する救済手段の一環としてここで説明する。この節では，契約の解除の要件・効果と契約を解除した場合に，債権者に認められる損害賠償請求権を扱う。

▶1　契約の解除

　契約の解除は，契約成立後に，当事者の一方の意思表示または両当事者の合意によって契約を消滅させる制度である。両当事者の合意があれば，いつでも契約を解除することができるが，一方的な意思表示により契約を消滅させる解除権が認められる場合もある。あらかじめ契約に，一定の場合に解除権が発生することが定められている場合（約定解除権）と，法律の規定により一方当事者が解除権を取得する場合（法定解除権）があり，法定解除権には，契約一般に当てはまる債務不履行を理由とする解除権と個別契約類型に認められた特別な解除権がある。ここでは債務不履行の効果としての法定解除権を中心に取り上げる。

　解除権は形成権であり，契約の相手方に対する一方的意思表示によって行使される（540条）。解除は，その意思表示が相手方に到達することによって効力

を生じる（97条1項）。契約の当事者の一方が複数である場合は，解除の意思表示は，その全員からまたはその全員に対してなされなければならない（544条1項）。これを解除権不可分の原則という。契約の運命を一体として決することにより，法律関係が複雑になることを避ける趣旨であるとされるが，強行法規とまではされておらず，異なる特約も可能である。

▶2　解除の要件

　民法は，債務不履行により，解除権が発生する場合につき，相当の期間を定めて履行の催告をし，履行がないまま期間経過したとき解除権が認められる場合（催告解除：541条）と，催告を必要とせずに解除権が認められる場合（無催告解除：542条1項）に分けて規律している。

　まず，当事者の一方がその債務を履行しない場合において，相手方が相当の期間を定めてその履行の催告をし，その期間を経過したときは，相手方は，契約の解除をすることができる（541条本文）。履行遅滞の場合は，原則としてこの要件で解除をすることになる。

　もっとも相当期間を定めずに催告した場合や，期間が不相当に短い場合も，催告ののち相当な期間が経過すれば解除権が発生すると解されている（最判昭和29・12・21民集8巻12号2211頁）。催告はどの債務を履行すべきかを認識することができるようになされなければならず，過大な額の催告は，催告として認められないことがある（最判昭和29・4・30民集8巻4号867頁）。相当期間は，債務者が履行の準備をし，履行をするのに必要な期間でありその長さは債務の内容によっても異なるが，本来履行期までに準備をしておかなければならないのであるから，それを前提として考えればよい。

　履行がないまま期間が経過したとき解除権が認められるが，期間を経過した時点での債務の不履行がその契約および取引上の社会通念に照らして軽微であるときは，解除権は生じない（541条但書）。

　また双務契約において債務者に**同時履行の抗弁権**（533条）がある場合も，履行遅滞にはならないので，解除権は発生しない。そのため，解除権を行使するには，相手方の同時履行の抗弁権を消滅させるため，債権者が自己の負担する債務について，少なくとも催告に定められた時期までに，履行の提供（弁済の提供ともいう）をすることが必要である。

つぎに，債務者に催告をして履行の機会を与えても債務の履行が期待できない か，債権者に履行期後も相当期間履行を待つことを期待することができない， いくつかの場合には，相当の期間を定めた催告をすることなく，ただちに契約 を解除することが認められる（542条1項）。

履行が期待できない場合としては，①債務の全部の履行が不能であるとき（1 号），②債務者がその債務の全部の履行を拒絶する意思を明確に表示したとき （2号），③債務の一部の履行が不能である場合または債務者がその債務の一部 の履行を拒絶する意思を明確に表示した場合において，残存する部分のみでは 契約をした目的を達することができないとき（3号）がある。そのほか，履行 不能ではなく履行拒絶があるわけでもない場合であっても，④債権者が履行を 催告しても，契約をした目的を達するのに足りる履行がされる見込みがないこ とが明らかであるときにも，催告をすることなく契約を解除することが認めら れる（5号）。

債権者に履行期後も相当期間履行を待つことを期待することができない場合 として，契約の性質または当事者の意思表示により，特定の日時または一定の 期間内に履行をしなければ契約をした目的を達することができない場合（いわ ゆる**定期行為**。誕生日のケーキを考えよ）において，債務者が履行をしないでその 時期を経過したときがあげられている（4号）。

契約の解除が認められるためには，債務者の**帰責事由**は要求されない。これ に対して，債務の不履行が債権者の責めに帰すべき事由によるものであるとき は，債権者は契約を解除できない（543条）。債務が履行されないことについて 帰責事由のある債権者に契約の拘束力から免れることを認めるのは相当ではな いからである。

🕮 Case　複数契約の解除

ある目的を達成するために，当事者間で複数の契約が締結されることがある。そのよ うな場合に，契約の1つに不履行があった場合，その契約だけでなく他の契約も解除す ることができるだろうか。

リゾートマンションの区分所有権の売買契約と同時にスポーツクラブ会員権契約が締 結された場合に，予定されていた屋内プールの完成の遅延を理由として，売買契約の方 も解除することができるかが争われた事例がある。この会員権契約では屋内温水プール を利用できることが，会員の重要な権利内容となっていた。またマンションの区分所有

権の購入者は必ず本件クラブに入会しなければならず，区分所有権を他に譲渡したとき
はクラブの会員の地位を失うとされていた。

最高裁判所は，同一当事者間の債権債務関係が，形式上 2 個以上の契約から成る場
合であっても，①それらの目的とするところが相互に密接に関連付けられていて，②社
会通念上，それらの契約のいずれかが履行されるだけでは契約を締結した目的が全体と
しては達成されない場合には，1 つの契約の債務の不履行を理由に，他の契約も合わせ
て解除することができると判断した（最判平成 8・11・12民集50巻10号2673頁）。

▶3　解除の効果

　解除権が行使されると，契約関係が解消され，契約当事者は，その契約に基
づく債務の履行を請求することができなくなる。その結果，債務不履行を受け
た債権者は，自己の負う未履行の反対給付をする債務（買主であれば代金債務）
を免れる一方，自己の債権についても，履行請求ができなくなる。

　他方，各当事者は，相手方を原状に復させる義務（原状回復義務）を負い（545
条 1 項），履行済みの債務がある場合は，受領した給付を返還しなければなら
ない。金銭を返還するときは，受領の時から利息を付さなければならず（同条
2 項），金銭以外の物を返還するときは，受領時以後に生じた果実も返還しな
ければならない（同条 3 項）。たとえば，投資用マンションの売買契約が解除さ
れた場合,買主は賃借人から受け取った賃料を売主に返還しなければならない。

🔖 Case　使用利益の返還

　目的物を自ら使用した場合，果実は生じなかったとしても，使用利益は返還しなくて
もよいのだろうか。

　中古車の売買契約が解除された事例において，最高裁は，買主は，原状回復義務の内
容として，解除までの間目的物を使用したことによる利益を売主に返還すべき義務を負
うものとした（最判昭和51・2・13民集30巻 1 号 1 頁）。

　売主が代金を受け取っていた場合，売主は代金とその利息の返還義務，買主は目的物
とその使用利益を返還すべきことになり，双方の利益の均衡が保たれる結果となる。

　たとえば売買契約が解除された場合に，目的物がすでに買主に引き渡されて
いれば，買主による原状回復は，給付された現物を返還するのが原則である。
目的物が滅失するなどして現物での返還が不可能な場合，その物の代償として

得た損害賠償請求権や保険金請求権などがあればそれらを返還しなければならず、それらがない場合には、目的物の価値に相当する金銭を返還しなければならない。

契約当事者双方が、原状回復義務を負う場合には、双方の原状回復義務は、同時履行の関係に立つ（546条による533条の準用）。

⚓ Topica 解除の効果としての原状回復の性質

解除の効果としての原状回復の性質をどのように説明すべきかについては、長年にわたり見解の対立が存在する。

直接効果説（伝統的な通説・判例）によれば、契約は、解除によって、締結時に遡って消滅し、すでになされた給付は法律上の原因を欠く不当利得となる。したがって原状回復請求権は、不当利得返還請求権である。ただ、その範囲は不当利得規定（703条・704条）と異なり、解除による原状回復を定める民法545条による。民法545条は不当利得の特則であることになる。

これに対して、契約が解除によって遡及的に消滅することを前提としない見解が各種となえられている（非遡及的構成）。これらの考え方をとると、民法545条1項による原状回復請求権は、不当利得返還請求権ではないことになる。代表的な見解をいくつかあげてみよう。

間接効果説によれば、契約は解除によって遡及的に消滅せず、ただその作用が阻止される。債務が未履行の場合、債務者に履行拒絶権が生じ、債務が履行されている場合には新たにその返還義務が生ずる。また折衷説は、解除により契約は将来に向かって消滅するとし、未履行債務は当然に消滅するが、既履行の債務に対しては新たな返還義務が生ずるとする。また契約の解除によって、契約関係が原状回復に向けた債権関係に変容するという考え方も存在する。

もっともどのような理論的立場をとるかは、個々の論者が具体的問題についてどのような立場をとるかを論理必然的に決定しているわけではない。異なる法律構成をとりつつ、同じ結論に至る場合がある（同じ条文を解釈する以上、ある意味当然である）だけでなく、同じ法律構成をとりつつ、結論は異なるという場合もみられる。

▶4 解除と第三者の保護

土地の売買契約が解除された場合、買主からその土地を購入した第三者は土地の所有権を失うことになるのであろうか。

解除権の行使により、契約は消滅し、各当事者は原状回復義務を負うが、第三者の権利を害することはできない（545条1項但書）。**取引の安全**を保護するための規定である。規定の上では、第三者についてとくに限定されていないが、

解釈によりその範囲が限定されている。

　すなわちここでいう第三者は，解除された契約によって生じた法律関係を基礎に，契約の解除前に，新たな権利を取得した者でなければならないとされる。さらに第三者は，取得した権利について**対抗要件**を備えていなければならない。先程の例でいえば，契約解除前に買主から土地を購入した者は，所有権の移転登記を受けていれば（177条），第三者として保護され，土地の所有権を失わないことになる（もっとも直接効果説に立つ場合，登記などは対抗要件ではなく，第三者が保護されるための**権利保護要件**であると説明されることが多い。解除により契約が遡及的に消滅すると考えるので，この例の第三者は無権利者からの譲受人となり，対抗問題にはならない。第三者を不測の損害から保護するために但書により第三者には遡及効が及ばないことにしているのだと説明する。この立場からは，対抗問題は生じないのであるから，対抗要件ではないが，なお第三者の保護を正当化するために登記などを要求する見解が多い）。

　また解除された契約から生じた債権自体を譲り受けたものはここでいう第三者には入らない（有力な反対説はあるが判例・通説）。たとえば売主の債務不履行によって買主が売買契約を解除しても，解除前に売買代金債権が譲渡され対抗要件（467条）を備えていれば，買主は代金を支払わなければならないことになり，契約の拘束力からの解放という解除制度の意義を損なうからである。

　それでは解除後に利害関係に入った第三者はどのように扱われるのであろうか。売買契約の解除後に買主が目的物を第三者に売却した場合，判例は，契約の解除により買主から売主への復帰的物権変動が起こると考える。その結果，この復帰的物権変動と買主から第三者への物権変動とが対抗関係に立ち，先に対抗要件を備えた方が優先することになる。

▶5　契約の一部の解除

　一定の場合に，契約全体ではなく，その一部を解除することもできる。まず給付義務の一部について履行遅滞が生じた場合，相当の期間を定めて催告しても履行されないときは，不履行が軽微な場合を除き，契約の一部解除ができる（明示されていないが541条による）。債務の一部の履行が不能であるときや，債務者がその債務の一部の履行を拒絶する意思を明確に表示したときは，債権者は，履行の催告をすることなく，ただちに契約の一部の解除をすることができる

（542条2項）。一部の解除の場合，債権者はすでに履行を受けた給付を保持できる。

▶6　解除権の消滅

　解除権の行使について期間の定めのない場合，解除権者の相手方が相当の期間を定めてその期間内に解除をするか否かを確答するよう催告し，その期間内に解除されないと解除権は消滅する（547条）。これは，解除権者の相手方が，解除されるかどうか不安定な状態に置かれるために置かれた取引の相手方を保護する規定である。

　また，解除権を有する者が故意もしくは過失によって契約の目的物を著しく損傷し，もしくは返還することができなくなったとき，または加工もしくは改造によってこれを他の種類の物に変えたときは，解除権は，消滅する（548条本文）。これらの行為が解除権を放棄するものであると評価できるからであると説明される。解除権を放棄したと評価できるためには，解除権者が解除権を有していることを知っていたのでなければならないと考えられるため，解除権を有する者がその解除権を有することを知らなかったときは，この限りでないという但書が置かれている。

　契約の当事者の一方が複数である場合に，その1人について解除権が消滅したときは他の者についても消滅する（544条2項）。前述の解除権不可分の原則の現れである。

▶7　継続的契約の解約

　賃貸借契約や代理店契約のように，当事者が一定の期間給付を継続して行うことを内容とする継続的契約の場合，契約の解消の場面では，特定物の売買契約のような一回的契約とは別の考慮が必要になる。契約が解消される理由がいかなるものであれ，これまで正常に履行されてきた部分についても契約の効力を否定し，原状回復を求める事は合理的ではない。賃貸借契約における賃料不払のように，債務不履行により契約が解消される場合も，すでに履行した分については契約の効力が維持され，契約の効力が将来に向けて解消される（620条。雇用（630条），委任（652条），組合（684条）に準用されている）。このような将来に向けての契約の解消を解約と呼び，解除と区別される。解約のうち継続的契約における債務不履行の救済として認められるものを**解約告知**と呼ぶ。これに対

して，期間の定めのない継続的契約の場合，契約当事者を永久に拘束すること
は適切ではないので，一方の当事者の意思表示により契約を終了させることが
認められる（もっとも相手方を保護するために契約終了まで一定期間の猶予が置かれ
る場合があるほか（617条，627条参照），労働契約や借地借家契約では，特別法で解約
が制限されていることに注意）。この場合の意思表示を**解約申入れ**と呼ぶ。

▶8　損害賠償

　債務不履行を理由に契約が解除された場合には，債権者は，債務者に対して
塡補賠償（「履行に代わる損害賠償」），すなわち債務の本旨に従った履行がされ
たら債権者が得たであろう利益の賠償を請求できる（545条4項，415条2項3号
前段）。

4　損害賠償の要件

▶1　損害賠償の意味

　債務者が契約に基づく債務を履行しないとき，債権者は，債務の履行を強制
ができるし，契約を解除した上で，必要があれば，他の相手と契約をして同じ
目的を実現することもできる。しかしどちらの道を選ぶにせよ，債権者は債務
不履行により，さまざまな不利益を受けることになる。債権者をこのような不
利益から救済する方法が損害賠償である。この節では損害賠償義務の要件につ
いて述べる。

　損害賠償が認められるとして，賠償されるべき損害の範囲はどこまでだろう
か。また民法は，損害賠償の方法として，債務不履行がなかったのと同じ状態
を現実に作り出す方法（**原状回復主義**）ではなく，損害を金銭評価し，債務者
にその金額を支払わせる方法（**金銭賠償主義**）をとっている（417条）。そのため
損害をどのように金銭評価するかをめぐっても，多くの問題が生じる。これら
については次節で論じる。

　もっとも契約の自由の原則は，契約当事者が契約から生ずる債務の内容を自
由に形作ることができるだけでなく，その債務が履行されない場合に，どのよ
うな効果を生じさせるかもあらかじめ定めておくことを許している。したがっ

て契約債務の不履行による損害賠償については，民法の諸規定は，当事者が特段の定めをしておらず，契約の解釈によっても当事者間に妥当する契約規範が導き出せない場合に適用される任意規定である。そして，それらの規定の解釈をめぐって（あるいは民法に規定がないことがらについて）ここで述べることもまた，同様に任意規範という性格を持つことに注意が必要である。417条，420条（賠償額の予定）は，当事者の合意が優先することを明示するが，これはそれ以外の場合にも基本的に当てはまることである。

▶2　損害賠償の要件としての債務不履行

　債務不履行により損害賠償が認められるための要件としては，当然のことながら，まず第1に，債務不履行があったことがあげられる。このことを民法は，「債務の本旨に従った履行をしないとき又は債務の履行が不能であるとき」に，損害の賠償を請求することができると規定する（415条1項）。債務の本旨に従った履行がない場合とは別に履行不能があげられているのは，「履行をしない」という表現が履行できるのにしないことを意味し，履行不能は含まれないという解釈の余地を排除するためであるとされる。したがって，415条1項は，損害賠償請求権の成立要件としての債務不履行としては，債務の本旨に従った履行がないことという統一的な要件を定めていることになる。もっともすでにみたように，債務の本旨に従った履行がないとされる場合には，さまざまな類型があり，どの類型の不履行があったのか，さらには契約の内容や契約の不履行を取り巻くさまざまな事情によっても，発生する損害は異なってくる。また415条2項は「債務の履行に代わる損害賠償」を履行不能を含むいくつかの場合に限定しており，損害賠償を統一的な債務不履行要件一本で理解することはできない。

⚖ Topica　履行補助者

　空港で，トランクを自宅まで送る契約を宅配便業者と締結した場合，実際にトランクを自宅に届けるのはドライバーである。この場合のドライバーのように債務者が債務の履行のために使用する者を履行補助者という。

　債務者自身が債務を履行することが契約内容となっている場合を除き（高名な画家に肖像画を依頼したのに，実際には弟子が描いたとすれば，そのこと自体債務不履行と評価されるであろう），履行補助者を用いることは許される。その場合，履行補助者の行

為が組み込まれた履行の過程全体が，債務の本旨に従った履行といえるかどうかが，評価される。

▶3　帰責事由

▶▶1　債務者の免責事由としての帰責性の考慮

　債権者が債務不履行に基づく損害賠償請求をするためには，債務者に債務不履行について帰責事由があったことが必要なのだろうか。もうひとつの主要な損害賠償請求権の発生原因である不法行為の場合，民法は故意または過失によるものであることを要求する（709条）。これに対して，債務不履行による損害賠償については，415条1項但書が「契約その他の債務の発生原因及び取引上の社会通念に照らして債務者の責めに帰することができない事由」を損害賠償責任の免責事由としている。すなわち不法行為の場合，損害賠償を得るためには，損害賠償を請求する側が，加害者に故意または過失があったことを主張・立証しなければならないのに対し，債務不履行があれば，債務者は原則として損害を賠償しなければならず，債務者には帰責事由がなかったことを主張・立証できた場合にはじめて損害賠償の義務を免れることになる。

　このようにいわば原則と例外が逆転しているのは，つぎのような考慮によると考えられる。不法行為は，たとえば交通事故の場合のように，基本的に，全く関係がない他人に生じた損害であっても，それを加害者に負担させることを予定する制度であることから，そのような損害の転嫁を正当化する根拠として，加害者の帰責事由（故意・過失）が要求される。これに対して，契約に基づく債務の場合，契約を締結することによって，すでに債務を履行する義務を引き受けているのだから，その義務を果たさないことにより生じた損害は債務者が負担するのが原則であり，債務者が損害賠償義務から免れるためには，例外的に債務者に帰責事由がないといえる場合であることを主張立証する必要がある。

　もっとも金銭債務の不履行については，民法は419条3項に特則を置いており，たとえ大災害など不可抗力によるものであっても，債務不履行の責任を免れることができないと規定している。

♣ Topica　債務不履行による損害賠償と過失責任主義

　不法行為責任が生じるには，（故意または）過失が存在することが必要である（709条）。これは，ある人の行為が他人に損害を生じさせた（すなわち因果関係がある）だけで行為者にその損害を賠償する責任を負わせる（**結果責任主義**）のではなく，行為者に過失がある場合に初めて責任を負わせることを意味する。十分な注意を払って行動していれば，結果として損害が発生したとしても責任を負わないとすることにより，個人の行動の自由を保障する趣旨だとされる（**過失責任主義**）。それでは債務不履行による損害賠償の場合はどうか。伝統的な通説は，ここでも過失責任主義が妥当し，債務者は，過失がなかったことを主張立証すれば債務不履行による損害賠償責任を免れうると考えてきた。

　これに対して近時の有力説は，債務不履行責任の根拠を債務者の過失にではなく，債務者が契約により要求されていることを行わなかったことに求める。さらには平成29年の改正で，免責事由が契約その他の債務発生原因に即して判断されるべきことが明示されたことにより，帰責事由が過失を意味しないことが明文化されたとも主張する。（もっともこの見解の対立は帰責原理レベルのものであり，過失責任に対置される結果責任ないし**無過失責任**が主張されているわけではないことに注意が必要である。）論者により異なる議論をやや乱暴に整理すると，過失責任主義を否定する見解の基礎には，次の二つの基本的な発想があるように思われる。①債務者は契約を締結するという自己決定により自らを契約の拘束のもとに置いたのだから，さらに過失を要求することにより行動の自由を保護する必要はない。②契約債務の不履行責任は，その発生根拠である契約規範に照らして判断されるべきである。

　まず①は，当事者の**意思**，および表示に対する帰責から導き出される契約内容の範囲では完全に妥当する。そこでは過失は帰責原理とはならない。しかし，民法の**任意規定**はまさに当事者の合意がないところで機能するのであるし，タクシー会社と乗客との旅客運送契約における道路交通法規，診療契約における各種の診断基準や治療ガイドライン，安全配慮義務における信義則など合意外の規範が債務者のなすべきことの基準となる場面は多い。過失責任主義を否定する見解は，**補充的契約解釈**や，ある契約類型の選択によりそれと結びついたリスク分配を引き受けたと考えることにより，これらをも当事者の意思ないし自己決定に還元しようとする。しかしこのような意思による帰責は，不法行為責任においてすら，道路交通に参加する決定をした以上そこで妥当する行為規範に拘束されるといった形で可能なのであり，これほどまでに希薄化した当事者の自己決定が，個人の行動の自由を実質的に保障するとは考えにくい。②についていえば，合意に基礎をおかない外部的規範も契約規範に取り込まれるのだとすることにより統一的な説明が可能になることはその通りであるが，実質的には，契約責任の帰責は，当事者の私的自治的自己決定と，（それを過失と呼ぶかはともかく）その外にある行為規範による二元的構造をもつのであり，民法が「契約その他の債務の発生原因」と並んで「取引上の社会通念に照らして債務者の責めに帰することができない事由」を挙げるのはこの理を述べているのだと考えられる（二元説）。

▶▶ 2 　債務者の帰責事由の判断基準

　それではどのような場合に，債務者に帰責事由がないといえるのだろうか。415条1項但書は「契約その他の債務の発生原因」および「取引上の社会通念」に照らして帰責事由の有無を判断するとしている。

　帰責事由を債務の発生原因である契約に照らして判断するという場合に注意すべきなのは，どのような場合に，いかなる範囲で損害賠償義務が生じるかは，**契約自由**が妥当する領域に属することである。したがって当事者が明示的に合意していた場合や，明示的な合意がなくても，補充的解釈を含む契約の解釈によって，債務不履行による損害賠償について当事者間に妥当する契約規範が確定されれば，それが優先することは当然である（もちろん当事者の合意が公序良俗に違反するものとして無効になるなど，一般条項による修正を受けることは起こりうるし，とりわけ消費者契約については，事業者の債務不履行により消費者に生じた損害の賠償責任を免除する条項や消費者が支払うべき損害賠償の額を予定する条項を，一定の場合に，一部または全部無効とする規定が存在するが〔消費者契約8条・9条参照〕，このことは逆に契約の自由がここでも原則であることを示している）。したがって415条1項但書は，**契約解釈**によって当事者間に妥当する契約規範が導き出せない場合に適用されるべき**任意規定**は何か，という観点から解釈されなければならない。

　当事者間の個々の合意からルールを導き出せないのであるから，一般にその種の契約において，債務者がどのように振舞っていれば，結果として債務不履行が生じたとしても，責めに帰することができない事由によるものといえるのかが問われることになる。そしてその評価の基準となるのは何かを一般的に表現するとすれば，「取引上の社会通念」によるといわざるをえないことになろう。もう少し具体的にいうと，債務の発生原因となった契約の類型，債務の内容となる給付の種類，債務不履行の類型など債務不履行を取り巻く諸事情を考慮しつつ，取引上の社会通念に照らして，債務者がいかなる注意を払い，いかなる行為をしていれば，それにもかかわらず債務不履行に陥ったとしても，その債務不履行が債務者の責めに帰することができない事由によるものといえるかを判断することになろう。個々の契約類型について，とくに考慮すべきことについては，契約各論に譲り，ここでは債務不履行の類型ごとに分析することにしよう。

▶▶ 3 履行遅滞

　まず履行遅滞の場合，帰責事由なしとして免責が認められる場合はほとんどないとされる。これは履行遅滞という債務不履行の類型が，債務の履行が可能であると法的に評価されるにもかかわらず，履行期に債務の履行をしないというものだからである。履行できるはずなのに履行しないのであるから，債務者は責められてしかるべきである。ただ大災害や戦争・暴動といった不可抗力によって売買の目的となった商品の生産・流通が妨げられたり，不可抗力とまではいかなくても製造元の工場での事故など債務者の支配の及ばない理由で履行期に債務の履行ができなかったが，その後生産・流通が回復したので遅れて履行したような場合には，例外的に免責が認められる場合がありうるだろう。履行期に履行することができなかったと評価される点で履行不能に似るが（一時的履行不能？），履行の遅れによる損害を誰が負担すべきか，という問題なので，履行遅滞の枠内で考えるべきである。

▶▶ 4 履行不能

　履行不能の場合には，より一般的に債務不履行が債務者の責めに帰すべき理由によるものであったか否かが問題になる。債務が履行不能になる原因はさまざまで，免責事由の有無の判断は，事案ごとの事情によるところが大きいからである。たとえば建物の賃貸借で，火災によって建物が滅失したために，目的物の返還債務の履行が不能に陥った場合を考えると，落雷による火災といった不可抗力による場合や第三者による放火，隣の建物の火災の類焼などの場合のように，債務者の責めに帰することができない事由によると評価できる場合もあれば，石油ストーブの火を消さずに給油したために発生した火災や賃借人自身による放火など債務者の故意・過失による場合もあり，これらの場合には当然免責事由は認められない。

　債務者の責めに帰することができない事由の典型として，しばしばあげられるのが，災害や動乱といった不可抗力である。もっとも一般に不可抗力に当たるとされる事由によって生じた履行不能であっても，つねに債務者の責めに帰することができない事由によるといえるわけではない。たとえば建物の建築請負契約で，建物の完成・引渡しの直前に地震が起こって建物が損壊したが，それが耐震基準を満たしていなかったことによる場合や，落雷による火災で売買契約の目的である建物が焼失したが，その建物には法令により避雷針の設置が

義務付けられていたにもかかわらず設置されていなかったような場合には，債務者の責めに帰することができない事由とはいえないであろう。結局，債務者の責めに帰することができない事由による債務不履行であるかどうかは，具体的な事案ごとに，「取引上の社会通念」に従って判断していくしかない。

▶▶ 5　不完全履行

　多様な紛争類型を含む不完全履行については，帰責事由の問題についても，それぞれ異なる考慮が必要である。まず売買の目的物の一部が引き渡されなかった場合のように，債務の本旨に従った履行があれば実現されていたであろう債権者の給付利益自体が侵害されているときは，その部分の履行が可能であったか否かに応じて，履行遅滞の場合，履行不能の場合と同様のことが当てはまる。

　他方，給付の不完全さから給付利益そのものが侵害されたのではなく，債権者の生命・身体・財産の完全性が害される拡大損害の事例では，当該事案の具体的事情の下で**保護義務・安全配慮義務**違反があったと評価される場合に債務不履行の存在が認められるのであるから，それとは独立に債務者の責めに帰すべき事由によらないことによる免責を観念する余地がない。このことは，帰責事由の有無に相当する判断が，実質的にもなされないことを意味するわけではない。それは債務不履行（義務違反）の有無の判断に組み込まれて，すでになされているのであり，他の債務不履行類型においては，免責事由の有無の枠組みの中で扱われるのに対し，これらの類型では責任を基礎づける事実として，扱われることになる。その結果，損害賠償を請求する側が義務の存在と内容，それに対する違反を主張・立証しなければならない。

　🍸 **Oasis**　**責任能力は必要か？**

　　高齢化の進展に伴って，加齢に伴う精神的能力の衰えにどのように対応していくかがますます大きな法律問題となる。契約を締結して債務を負担する場面については，意思能力制度や行為能力制度が存在するが，正常に成立した契約の履行段階において，精神的能力の衰えによって債務不履行に陥るという事態に対してどのように対応すべきだろうか。不法行為による損害賠償の場合，当該行為により法律上の責任が生じることがわかる程度の能力である責任能力が要件として要求されている（712条，713条）。債務不履行による損害賠償についても責任能力が要求されるのかについては，学説は分かれているが，否定する見解が優勢であるように思われる。不法行為については責任無能力者

の行った行為により他人が損害を被った場合に、責任無能力者の監督義務者に責任を負わせる規定（714条）が存在するのに対し、債務不履行に関してはそのような手当てがされていないので、責任能力を要求して精神的能力の低下のリスクを債権者のみに負わせることになるのは、たしかに問題である。精神的能力が十分でない者の保護のあり方という枠組みのなかでなお検討を要する課題であるように思われる。

▶4 損害の発生

損害賠償義務の要件として、損害の発生が必要であることは、当然のことではある。しかし、より詳しくみると、そもそも損害とは何かという理論的なレベルで、学説の対立が存在するし、債務不履行から生じる損害は、現実には非常に多様な形をとり、それを理解するためには一定の類型化が必要である。以下では損害について少し詳しくみてみよう。

▶▶1 損害の定義をめぐる理論的対立

そもそも損害とは何か。伝統的な通説は、債務不履行がなければあったであろう仮定的な財産状態と現実の財産状態の差額が損害であると考えてきた（差額説）。

🎬 Example ①

　小売店Ａが卸売商Ｂからある商品を100個購入する契約を結んだ。ところがＢはこの契約を履行しなかった。小売商は慌ててトラックを借り、数軒の卸売商を回って商品を仕入れようとしたが、80個しか仕入れることができず、しかも価格は、Ｂとの契約よりも割高になってしまった。この商品は人気商品で、仕入れた80個は瞬く間に定価で完売し、その後も問い合わせが絶えなかった。100個仕入れることができていれば、確実に100個とも定価で売れたであろう。

Ａの現在の手持ち資金は1000万円であるが、かりにＢが債務を履行していた場合、1020万円の手持ち資金があったはずだという場合、差額説の考え方によれば、その差額の20万円が債務不履行によりＡに生じた損害だと考えることになる。

これに対して、本来必要がなかったはずのトラックを借りた費用が5万円、80個の商品をより高く買わざるをえなかったことによる費用の増加額10万円、20個の商品を売りそこなったため得ることができなかった利益5万円と、個別

の損害項目について，具体的な損失を算出して，その合計が損害であるとする説（**損失説**）が広く認められつつある。

　もっとも，差額説をとったとしても，債務不履行がなければあったであろう仮定的な財産状態は，実際には個々の損害項目を基礎として算出することになるし，損失説をとっても，個々の損害項目についての損失の算出は，債務不履行がなかった場合との比較を前提とするのであるから，実際上の違いはそれほど大きくない。また損害という言葉は，このように債権者が被った損害を総体として指すだけはなく，個々の損害項目を指して使われることも多い。以下ではとくに必要がない限り，いちいち両者を区別することはしない。訴訟の場では，個々の損害項目について，それを基礎づける事実と損害の額が，主張・立証の対象となる。

⚖ **Topica** 損害事実説と事実状態比較説

　差額説はもちろんのこと，損失説をとっても，損害概念自体に金銭的評価の要素が含まれる。このことを嫌い，損害の発生とその金銭的評価を峻別する考え方が損害事実説である。Example ①の場合，損害事実説は，商品100個が給付されなかったこと自体を損害であると考える。このような考え方をとれば，損害とは結局，債務不履行の事実を言い換えたに過ぎないことになり，損害の発生を損害賠償の要件とする意義が薄れてしまうことになろう。

　これに対して損害の概念を損害の金銭評価と明確に切り離しつつ，債務不履行の事実とは独立の損害を観念する考え方として，事実状態比較説が存在する。事実状態比較説によれば，損害とは，債務不履行がなければ債権者が置かれたであろう仮定的な事実状態と，債務不履行の結果として債権者が現実に置かれている事実状態との差として把握される。

▶▶ 2　損害の種類

　それでは，債務不履行から生ずる損害としてはどのようなものがあるのであろうか。債務不履行により生じる損害は，契約の類型や内容，当事者が契約によって達成しようとした目的，債務不履行の前後の状況などにより千差万別であるが，いくつかの視角から分類することが可能である。以下ではいくつかの代表的な分類をみることにしたい。なお民法は，通常損害と特別損害を区別するが，これは損害賠償範囲を限定する機能を果たすものなので，その関連で述べる。

▶▶▷ 1 　**財産的損害と非財産的損害**　　債務不履行により債権者に生じた財産的な不利益を財産的損害といい，非財産的な不利益を非財産的損害という。不法行為の場合（710条・711条）と異なり，明文の規定はないが，非財産的損害の賠償も認められる。

　債権者が自然人である場合の生命・身体・自由・名誉などに対する加害から生じる精神的苦痛（**精神的損害**）が非財産的損害の典型例であるが，法人の名誉が毀損された場合のように，非財産的損害は必ずしも精神的損害に限定されない。

　また債務不履行により侵害された法益が財産的なものか非財産的なものかと，そこから発生する損害が財産的損害か非財産的損害かは必ずしも対応しない。生命や名誉は非財産的法益であるが，生命侵害はまず財産的損害として評価されるし（⇨▶▶▷ 2），名誉棄損により社会的評価が低下し，取引先を失うなど，財産的損害が生じることもある。

　また精神的損害は，財産上の法益の侵害によっても生じうる。成人式用の振袖の売買契約が履行されず，成人式に着物を着て行けなかった場合や，飼い犬（法的には財産である）が獣医のミスで死んでしまった場合がその例である。

　精神的損害に対する賠償金を慰謝料という。

▶▶▷ 2 　**積極的損害と消極的損害**　　財産的損害は，積極的損害と消極的損害に分けることができる。積極的損害は，債務不履行による既存の利益の滅失または減少であり，消極的損害は，債務不履行がなければ得られたはずの将来の利益の獲得を妨げられたことによる損失（得べかりし利益・逸失利益ともいう）である。

　先ほどの，Example ①でいうと，Aがトラックを借りるために支出した費用や代わりの商品を仕入れる費用が積極的損害であり，商品を80個しか仕入れることができなかったために得ることができなかった20個分の転売利益が消極的損害である。また飲食店の設備の引渡しが遅れたために開店できなかった期間の営業利益や，生命侵害の場合に，将来働いて得ることができたはずの逸失利益なども消極的損害である。

▶▶▷ 3 　**履行利益・信頼利益・拡大損害**　　契約から生じた債務が完全に履行されることによって債権者が受ける利益が履行利益である。債務不履行により履行利益が侵害された場合，損害賠償により履行利益が実現されなければならな

い。

　これに対して，信頼利益は，契約が無効または不成立である場合に，契約が
有効であると信じたことにより債権者が受けた不利益であると理解されてき
た。契約の締結の費用や代金支払のためにした借入金の利息，他の有利な契約
の機会を失ったことによる損失などが典型的なものとしてあげられる（契約交
渉の破棄による責任については，⇨第1章第2節▶5を参照）。

🎬 Example ②

> Aが20万円で仕入れた商品を25万円でBに売る契約を結んだ。その後Cからそ
> の商品を30万円で買いたいと申し込まれたが，売約済みだからと断った。その
> 後Bが債務を履行せず，Aは契約を解除した。

　この場合，AがBに賠償を請求できるのは，A・B間の契約が履行されれば
Aが得ることができたであろう利益5万円である（履行利益の賠償）。これに対
して，Bが錯誤を理由に契約を取り消した場合，Bに不法行為ないし契約締結
上の過失責任による損害賠償義務が生じうるという立場に立てば，Bが賠償す
べきなのは，契約が有効であると信じたためにCに商品を売却する機会を失っ
たことによる損害である（信頼利益の賠償）。もっともその額については履行利
益である5万円が上限となる。契約が有効であると信じたことを理由に，その
契約から得ることができたはずの利益を超える利益を得させるのは理屈に合わ
ないからである。

　なお履行利益は積極的（契約）利益，信頼利益は消極的（契約）利益とも呼
ばれることがある。これらの用語が用いられているときは，積極的損害・消極
的損害の区別と混同しないよう注意する必要がある。履行利益の賠償，信頼利
益の賠償のいずれについても，賠償の対象となる損害は，積極的損害である場
合もあれば消極的損害である場合もある。

　債務不履行から生じる損害賠償義務が，履行利益以外に及ぶ場合として，拡
大損害の賠償がある。拡大損害とは，債務の目的である給付そのもの以外の債
権者の法益（生命・健康・財産など）に発生した損害をいう。売買契約の履行
として引き渡された家畜の病気が農場の他の家畜に伝染した場合や，電気店が買
主の自宅に冷蔵庫を設置する際に家具に傷をつけてしまった場合，運動会で生
徒がけがをして学校の安全配慮義務違反が認められた場合などに，拡大損害の
賠償が問題になる。

▶▶ 3 　遅延賠償と塡補賠償

　履行遅滞のような一時的債務不履行の場合には，債権者は，債務の行を請求すると共に，履行の遅延によって生じた損害の賠償を請求することができる。これが遅延賠償である。たとえば転勤先に購入した自宅をリフォームする請負契約を結んだが，期限どおりに完成せず，ホテル住まいを余儀なくされた場合のホテル代がこの損害に当たる。金銭債務の履行遅滞の場合，民法は特則を設けており，遅延賠償の額は不履行による損害賠償債務の発生時の法定利率（約定利率の方が高ければそちら）により算定され，債権者は損害を証明する必要はない（419条1項，2項）。

　これに対して塡補賠償は，債務の本旨に従った履行がされたならば債権者が得たであろう利益（すなわちそれが得られなかったことによる損害）を，本来の履行に代えて，賠償するものである。たとえば借主の責めに帰すべき事由で賃貸借の目的物が滅失した場合に，その市場価格を損害賠償として支払うのがこれに当たる。

　塡補賠償（「履行に代わる損害賠償」）が認められるのは，① 債務の履行が不能であるとき，② 債務者がその債務の履行を拒絶する意思を明確に表示したとき，③ 債務が契約によって生じたものである場合において，その契約が解除され，または債務の不履行による契約の解除権が発生したときの3つの場合である（415条2項）。

　解除権が発生すれば，実際に解除しなくても塡補賠償の請求が可能になるので，その場合，履行請求権と履行に代わる損害賠償請求権が併存することになる。債権者は，そのどちらを請求することもでき，両方の請求をすることもできる。もちろん本来の履行を受けることと，履行に代わる損害賠償を受けることは，相容れないので，債務者が一方の請求に応じれば，他方の請求権は消滅する。なお，これらは債務不履行に対して債権者に認められる救済手段であるから，一旦債権者が塡補賠償のみを請求することを選択すると，債務者は本来の履行と遅延賠償をして責任を免れることはできなくなる。

> 🍸 **Oasis**　解除する？　解除しない？
>
> 　債務不履行により解除権が発生した場合に，解除して履行に代わる損害賠償を求めるのと，解除せずに履行に代わる損害賠償を求めるのとでどのような違いが生ずるだろう

か。たとえば市場価格200万円の機械を代金150万円で売買する契約で，売主が債務を履行しない場合，代金が未払いであれば，買主が契約を解除すると代金債務は消滅し，目的物の評価額と代金額の差額50万円が損害となるのに対し，契約が解除されなければ，目的物の評価額200万円が損害となる。ただ実際には損害賠償債権と代金債権が相殺され，支払額は同じになることが多い。買主が代金をすでに支払っている場合には，買主が解除しなければ，買主に200万円の損害賠償請求権が生じ，解除すると代金150万円の原状回復請求権と50万円の損害賠償請求権が生じる。結局，債権者である買主に債務の本旨に従った履行があったのと同等の財産状態を作り出すべきことには違いがない。

　契約を解除して塡補賠償を請求するか，契約を解除せずに塡補賠償を請求するかで実質的な差が生じる場合としては，交換契約のように債権者の負担する債務が金銭債務ではない場合や，継続的な契約で，1回の履行について債務不履行があり塡補賠償を得たいが，契約自体は存続させたい場合などが考えられる。

▶5　債務不履行と損害の発生との間の因果関係

　債権者は，債務不履行「によって生じた損害」の賠償を請求することができる（415条1項）。すなわち，損害賠償を請求するためには，その損害が，債務不履行がなければ発生しなかったものである必要がある（事実的因果関係）。たとえば，小売店が，顧客からある商品の注文を受けたので，卸売業者にその商品を注文したが，商品が届くのが約束より遅れた場合に，顧客がしびれを切らせて注文をキャンセルしたときは，小売店が商品を転売することにより得ることができたはずの利益は，卸売業者の履行遅滞と因果関係のある損害であるが，顧客が全く違う理由で注文をキャンセルしていたときは，その転売から得られたはずの利益は，債務不履行と因果関係のある損害とはいえない。

　それでは債務不履行がなければ発生しなかった損害はすべて賠償の対象になるのであろうか。事実的因果関係は無限に連鎖しうるものであるから（「風が吹けば桶屋が儲かる」），債務不履行と因果関係のある損害の範囲は思わぬところまで広がりうる。いまの例で，小売業者が顧客に迷惑をかけたくないために，普段取引のない遠方の業者に車で仕入れに出かけたところ，道路沿いの林から突然飛び出してきたイノシシをよけようとして，ガードレールに接触し，車が破損した場合，車の破損による損害の賠償を債務者に請求することができるだろうか。さらにその際に負ったけがの治療の為に病院に行ったところ，院内感染により死亡した場合，死亡による損害についてはどうか。このように考えてい

くと，何らかの基準で損害賠償の範囲を限定する必要があることがわかる。

5 損害賠償の範囲と額の算定

▶1 賠償されるべき損害の範囲——通常損害と特別損害

　民法は，債務者は債務不履行によって生じた損害のうち，通常生ずべき損害（通常損害）を賠償すべきことを原則としている（416条1項）。通常生ずべき損害とは，そのような債務不履行があれば，社会一般の観念に従えば通常発生すると考えられる損害をいう。たとえば，借りていた車で事故を起こし，車を返還できない場合，その車の市場価格が通常生ずべき損害である。それに対して，車の所有者が，その車を気に入った買主に市価よりも大幅に高い価格で売却する契約を結んでいた場合，その代金相当額は特別の事情によって生じた損害であって，賠償の対象とならないのが原則である。ただ特別の事情によって生じた損害（特別損害）であっても，当事者がその事情を予見すべきであったときは，債権者は，その賠償を請求することができる（416条2項）。いまの例でいうと，借主が，車の売却に関する事情を知って借りていた場合がこれに当たる。訴訟の場で債権者は，通常生ずべき損害については，債務不履行とそれにより損害が発生したことを立証すれば足りるのに対し，特別損害については債務者が特別の事情を予見していたことあるいは予見すべきであったことも立証しなければならない。

🔖 **Case** 損害回避義務と通常損害（最判平成21・1・19民集63巻1号97頁）

　Xは，Yから建物内の店舗を賃借しカラオケ店を営業していたが，建物で発生した浸水事故により営業することができなくなった。Xは，Yが建物を修繕すべき義務を履行しないことによる営業利益喪失について損害賠償を求める訴えを提起した。原審は，Yに，事故の日の1カ月後から4年5カ月間の得べかりし営業利益3000万円余りの損害賠償を命じた。

　これに対して，最高裁は，カラオケ店の営業を別の場所で再開する等の損害を回避または減少させる措置を何ら執ることなく，営業利益相当の損害が発生するにまかせて，その損害のすべてについての賠償を上告人らに請求することは，条理上認められず，損害を回避または減少させる措置を執ることができたと解される時期以降における営業利

益相当の損害は，民法416条1項にいう通常生ずべき損害とはいえないとした。

通常生ずべき損害としては，ほかにも売主の債務不履行のため買主がほかから同種の物を購入した際の代金の差額や費用，賃借人の目的物返還義務の履行遅滞の場合の遅滞期間の賃料相当額などが例示されるが，何が通常損害かを一般的にいうことはできず，契約の類型や当事者の属性（たとえば商人が商品を仕入れる場合，当然転売が予定されている）や取引の態様などに応じて異なる。

♜ **Topica** 相当因果関係説

　かつての通説は，損害賠償の範囲は，債務不履行と相当因果関係のある損害であるという立場をとっていた。すなわち債務不履行によって現実に生じた損害のうち，そのような債務不履行があれば一般に生ずるであろうと考えられる損害のみが賠償の対象となると言う考え方である。

　相当因果関係説は，ドイツ民法学の影響の下に形成された。ドイツ民法典は，債務者は債務不履行と因果関係のあるすべての損害を賠償すべきであるとするルール（完全賠償主義）を採用していたので，賠償すべき損害の範囲が無限定に広がるおそれがあった。それを防ぐために，賠償すべき損害は債務不履行と相当因果関係のあるものに限るという法解釈がされたのである。これに対して，日本の民法典は，もともと完全賠償主義をとらない（416条）。そこへ相当因果関係による損害賠償の範囲の限定という理論を持ち込むに当たって，416条1項は，賠償されるべき損害の範囲が相当因果関係により定まるという原則を明らかにしたものであり，2項は因果関係の相当性を判断する際に，基礎とすべき特別事情の範囲を示すものであると解釈すべきである（すなわち当事者が予見すべきであった事情が存在すれば一般に生ずるであろう損害も賠償の対象となる）とされた。これは学説継受が典型的な形であらわれた場面のひとつである（⇨学説継受については，第4章第1節▶2のTopica「債務不履行の三分体系の起源」を参照）。

　相当因果関係説は，今日では学説上支持を失いつつあるようにみえる。判例はどうかといえば，損害賠償の範囲の決定に当たって相当因果関係に言及するものもみられるが（たとえば最判平成24・2・24判時2144号89頁），通常生ずべき損害あるいは予見すべきであった特別の事情による損害に当たるか否かを直接判断するものが多く，その立場は必ずしも明確ではない。

　誰が特別損害を予見すべき主体かについて，416条2項は「当事者」といっているが，これを債務者と解釈するのが通説である。また予見の時期については，契約締結時説と債務不履行時説があるが，判例は，履行期ないし債務不履行時としており，通説もこれを支持している。

👤 Topica　契約当事者双方の契約締結時予見説と保護範囲説

　特別事情の予見の主体と基準時について，契約の両当事者が契約締結時に予見しえた事情を基準とすべきであるとする考え方が存在する。この解釈の背後にあるのは，相当因果関係説を否定し，契約当事者が形成した契約規範が，どの範囲で債権者の利益を保護しているかによって，損害賠償の範囲が定まるとする考え方（保護範囲説）である。契約規範は，契約の両当事者によって契約締結時に形成されるのだから，両当事者が契約締結時点に予見しあるいは予見し得た事情を基礎として生じた損害の範囲で賠償義務が生じると考えるのである。

　もっとも保護範囲説をとるからといって，論理必然的に，このような結論になるわけではない。これは，実質的には，契約締結後，履行期までに当事者の前に新たに立ち現れた（予見すべきものとなった）事情と結びついた損害のリスクをどちらが負担するのが妥当かという問題であると共に，契約自由の原則がもつ，個人の自由の保護という側面（債務者に契約締結時に予見すべきであった範囲を越えたリスクを負わされるべきではない）と契約の拘束力の基礎としての側面（意思に基づいて契約関係に入った以上，契約を守るべきであり，不履行の結果は債務者が引き受けるべきである）のどちらを重視するかという問題でもあるからである。

👤 Topica　保護範囲説と416条

　保護範囲説の基本的発想は，債務不履行により発生した損害を債権者・債務者のどちらが負担すべきか（すなわち損害賠償が認められるか否か）は，両当事者が契約でその損害のリスクをどのように配分していたかにより決まり，その内容は契約の解釈により確定されるというものである。債務不履行に関する民法の規定は，基本的には任意規定であるから，解釈により当事者の形成した損害賠償の範囲に関する契約規範が確定されれば，それが優先するというのは（そのことが強調されてしかるべきであるにせよ），当然のことを述べているに過ぎない。それでは保護範囲説は416条をどのように理解するのであろうか。ある論者は，416条1項は上述の理を明示すると共に，当該契約の下で定型的に生じうる損害について，そのリスクを引き受けた上で契約を締結したものとみるべきであると論じている。この後半部分を，416条は，解釈により当事者の形成した契約規範が導き出せない場合に適用される任意規定であることの言い換えないし具体化と理解するのであればよいが，契約の解釈に一定の枠をはめるものと理解されてしまうと，保護範囲説の本来の理念に反する結果となるであろう。

▶2　損害賠償額の算定

　賠償されるべき損害の範囲の問題は以上のとおりであるが，それでは損害賠

償として債務者が具体的にしなければならないのは，どのようなことか。

▶▶ 1 　金銭賠償主義

　比較法的にみると，損害賠償を，債権者のために，債務不履行がなければあったであろう状態を回復させることであるとする立法も存在するが（原状回復主義），日本の民法（417条）は，債権者が被った損害を金額に評価して，その額の金銭を支払うことを原則としている（金銭賠償主義）。

　そのため金銭債務の履行遅滞（419条）や，タクシーの事故で乗客がけがをした場合の治療費のように損害が金銭の支出の形をとる場合を除いて，現実に生じた損害を金銭評価する過程が必要になる（損害賠償額の算定）。

🦉 **Case**　損害額の証明困難と裁判所の役割

　債権者が損害賠償を請求する際には，損害の発生と損害額を証明する必要があるが，損害額の証明が困難な場合がある。そのため民事訴訟法は，損害額の認定について，「損害が生じたことが認められる場合において，損害の性質上その額を立証することが極めて困難であるときは，裁判所は，口頭弁論の全趣旨及び証拠調べの結果に基づき，相当な損害額を認定することができる」と規定している（民訴248条）。「できる」という規定の仕方なので，裁判所は相当な損害額を認定せず，請求を棄却することも許されるのであろうか。

　被告が原告の採石権を侵害する採石を行ったことをめぐる紛争で，和解契約により採石権の一部が被告に譲渡されたため，和解契約前の採石は不法行為，和解契約後の採石は適法となったという事実関係の下で，原告が和解契約前の採石について損害賠償を求めたところ，原審は，和解前に採石した量と和解後に採石した量とを区別しうる明確な基準がなく，損害の額を算定できないとして請求を棄却した。これに対して最高裁判所は，損害額の立証がきわめて困難であったとしても，民事訴訟法248条により，口頭弁論の全趣旨および証拠調べの結果に基づいて，相当な損害額が認定されなければならないから，損害が発生したことを前提としながら，それにより生じた損害の額を算定することができないとして請求を棄却することはできないとした（最判平成20・6・10判時2042号5頁）。採石権侵害の不法行為の事案であるが，債務不履行による損害賠償についても同じことがいえるであろう。

▶▶ 2 　損害賠償額算定の基準時

　損害賠償の範囲が決定し，賠償されるべき損害項目が決まると，その損害項目ごとに額を計算し，その総和を損害賠償額とすることになる。その方法は，何が損害であるかによってさまざまであるが，とりわけ塡補賠償において給付の目的である物や権利を金銭評価する際に問題が多い。たとえば賃借人の責め

に帰すべき事情によって賃貸借の目的物が滅失した場合に，その物の市場価格に基づいて金銭評価するとしても，市場価格が変動している場合，どの時点を基準とすべきか。これが賠償額算定の基準時の問題である。

賠償額算定の基準時をいつにするかについての判例の立場は一定しない。最高裁判決をみても，履行期，履行不能時，契約解除時，請求時，事実審の口頭弁論終結時などさまざまな基準時がとられてきた。

学説上は，かつては損害賠償債権発生時説や事実審の口頭弁論終結時説など基準時をひとつに限定する見解が多かったが，その後基準時をひとつに絞らない見解が多くなった。そのなかには，賠償額の算定は実体法の問題でなく基準時も含めて裁判官の自由裁量に委ねられているとする訴訟法説もあるが，賠償額の算定は実体法の問題であるとしつつ，契約類型や目的物の種類，当事者の特性など取引をめぐる諸事情を考慮して実体法上選択可能な時点であれば，債権者がそのなかから額や立証の点で自己に有利な時点を選択して主張できるとする実体的多元説が有力である。

▶▶ 3　価格変動と損害賠償

特定物売買契約において目的物の引渡しが売主の責めに帰すべき事由によって履行不能になったとき，買主は塡補賠償を請求して，債務が履行されたならば得たであろう利益を実現することができる。それでは債務不履行後に同種の物の価格が大きく上昇した場合，買主は上昇した価格（騰貴価格）を基準として損害賠償を請求できるだろうか。また価格がいったん上昇したが，その後下落した場合，最も高くなっていた時点での価格（中間最高価格）を基準とした損害賠償を求めることができるか。この問題は，損害賠償の範囲の問題として考えることも，損害賠償額の算定の問題として考えることもできる。

判例は，これを損害賠償の範囲の問題と考え，通常損害と特別損害の枠組みでとらえる。すなわち，売買契約の履行不能の事案で，通常損害は履行不能時の目的の価格を基準とする損害であるとする。これに対して，それ以降，給付の目的の価格が上昇している場合の騰貴価格を基準とする損害は特別損害である。価格騰貴という特別事情を不能時に債務者が予見したか予見可能であった場合（改正民法の条文では予見すべきであった場合。416条2項）にのみ，騰貴価格を基準とする損害賠償が認められる。この場合に，買主に転売意思がなくても騰貴価格による賠償を請求できる（得べかりし利益ではなく積極的損害の賠償）。

それに対して，中間最高価格については，予見の対象として，価格の騰貴のほかに，転売などによりその中間最高価格での利益を確実に入手できたであろうことが要求される（得べかりし利益の賠償）。

騰貴価格や中間最高価格を基準とする損害の場合は，債権者が得ることができたであろう利益を仮定的・抽象的に評価することになるが，買主が第三者と転売契約を締結していた場合には，その契約により損害が具体化され，転売利益が損害とされる。騰貴価格や中間最高価格を基準とする損害が特別損害であるのに対し，この損害は通常損害とされる。また買主が転売契約の不履行により負った損害賠償義務や履行のための代品の購入費用も同様に扱われる。

判例法理に対しては，批判的な見解も強い。まず大きな分岐点として，価格変動の問題は，損害賠償の範囲ではなく，損害賠償額算定の基準時の問題ではないかという批判がある。「価格上昇分」などが独立の損害項目になるわけではなく，結局目的物の給付を受けられなかったことによる損害の金銭評価の問題であるというのである。損害について損失説的な理解をとると，もっともな批判であるが，差額説の立場をとるならば，判例法理も論理として一貫していると指摘されている。また基準時について実体的多元説をとれば，基準時は債権者が何を損害として主張するかに連動して定まり，独自の問題として顕在化することは少ないと考えられる。

もうひとつの批判は，判例法理が，転売契約がある場合は一律に通常損害，転売契約がない場合の騰貴価格を基準とする損害は一律に特別損害とすることに向けられている。転売価格が通常よりも大幅に高額であったり，普段から価格変動の激しい商品の業者間取引など，このような画一的判断が妥当でない事例もあるのだから，取引をめぐる事情に応じて個別に，通常損害か特別損害かを判断すべきであるというのである。

▶3　損害賠償の調整

債務不履行があった場合に，債権者を救済するために債務者に課される損害賠償義務は以上のようなものであるが，公平の見地からさらに債権者・債務者間の利益の調整がなされる場合がある。すなわち以上の過程で求められた損害賠償額が減額されたり，損害賠償をした債務者が一定の要件の下に債権者の権利を行使できる場合がある。前者が，過失相殺と損益相殺の問題であり，後者

が損害賠償者の代位の問題である。

▶▶ 1　過失相殺

　過失相殺は，債務不履行の発生または損害の拡大について債権者に過失があった場合，損害賠償責任の有無またはその額を決定する際に，それを考慮する制度である（418条）。たとえば，運送業者が荷物を落として，中身が壊れてしまったが，債権者である荷主の側にも，壊れやすい荷物にふさわしい十分な梱包を怠った過失があった場合，債権者の過失を考慮して，損害賠償額が減額される。

　債務不履行が債務者の責めに帰すことができない事由による場合には債務者が免責されるのは前述のとおりであるが（415条1項但書），債務不履行については債務者に帰責事由がある場合であっても，債務不履行により債権者に生じた損害のうち債権者の責めに帰すべき事由から生じた部分についてまで債務者が責任を負う理由はなく，債権者自身が負担すべきだと考えられるからである。

　ここでいう債権者の過失とは，契約の趣旨や信義則から，債権者に損害の発生防止や軽減のための措置を講じることが求められるにもかかわらず，債権者がそのような損害回避義務に違反したことを指す。また債権者自身に過失があったときだけでなく，債権者の従業員など取引観念上債権者と同視すべき者に過失があったときも含むとされる。

　裁判所は，過失相殺により，損害賠償額を減額できるだけでなく，債務者の損害賠償義務（「責任」）を否定することもできる（418条「損害賠償の責任及びその額を定める」）。

▶▶ 2　損益相殺

　債務不履行により，債権者に，損害が生じると共に，債務の履行があれば支出する必要があった費用を支出せずに済んだなどの利益が生じることがある。たとえば，工作機械の引渡しが遅れたため，工場の操業ができず売上げが減少したが，電気代その他の費用も減少した場合がそれである。安全配慮義務違反による生命侵害により支出の必要のなくなった被害者の生活費などもここでの利益に当たる。

　このような場合に，損害額から利益額を差し引いた額を賠償すべき損害額とするのが損益相殺である。

　差額説的な損害の理解からすれば，当然のことであるが，個別の損害項目を

積み上げる立場からは，独自の意味を持ちうる。

▶▶ 3　中間利息の控除

　損益相殺と類似の考慮に基づくものとして中間利息の控除の問題がある。た
とえば，高速バスの事故で乗客が死亡し，バス会社が債務不履行による賠償責
任を負う場合，逸失利益として将来得ることができたであろう収入をあらかじ
め一括して賠償する方法（一時金賠償）がとられることが通常である（債務者が
将来支払不能になる危険を避けるため）。将来において取得すべき利益についての
損害賠償の額を定める場合に，あらかじめ得られた賠償金を運用して得られる
であろう利益を考慮して，その利益が生ずるはずの時点までの利息相当額が控
除される。

　その際に民法は損害賠償請求権の発生時の法定利率を基準とすることを定め
ている（417条の2第1項）。（⇨第2章第3節▶1 ▶▶3のTopica「中間利息控除」も参照）

　このことは，将来において負担すべき費用（いまの例で乗客が重度の後遺障害
を負った場合の将来の介護費用など）についての損害賠償の額を定める場合にお
いても同様である（417条の2第2項）。

　一時金による賠償ではなく，定期金による賠償が選ばれた場合，中間利息の
控除の問題は生じないが，定期金による賠償を命じた確定判決について，口頭
弁論終結後に，後遺障害の程度，賃金水準その他の損害額の算定の基礎となっ
た事情に著しい変更が生じた場合には，その判決の変更を求める訴えを提起す
ることができる（民訴117条1項）。これも損害賠償をめぐる債権者・債務者間
の利益の調整の制度のひとつである。

▶▶ 4　損害賠償者の代位

　債権者が損害賠償として，その債権の目的である物または権利の価額の全部
の支払を受けたときは，債務者は，その物または権利について債権者に当然に
代位する（422条）。たとえば，古美術商が委託販売のために客から預かってい
た楽焼の茶碗を壊してしまい，その茶碗の価格相当額を損害賠償として支払っ
た場合，古美術商はその茶碗の破片の所有権を取得し，金継ぎで修復して自ら
使ったり，販売したりすることができる。賠償者代位制度の趣旨は，債権者が
価額全部の賠償を受けた上に，物または権利も保持しつづけることによる二重
の利得を認めないことにある。

　また茶碗を壊したのが別の客であった場合，茶碗の価格相当額を損害賠償と

第4章　債務不履行とその救済

して支払った古美術商は，所有者である客が茶碗を壊した客に対して持つ不法行為に基づく損害賠償請求権を取得する。

422条が「当然に」代位すると規定しているのは，物権の移転や債権譲渡について，意思表示も対抗要件も必要としないことを意味すると理解されている。

▶4 損害賠償額の予定

▶▶1 損害賠償額の予定の意義

損害賠償額の予定は，債務不履行の場合に，債務者が債権者に対して支払うべき損害賠償額を当事者間であらかじめ定めておく合意である（420条1項）。債務不履行の際の処理を画一化することにより，損害の発生や損害額についての紛争を予防し，立証の煩雑さを回避することを目的とする。

▶▶2 損害賠償額の予定の効果

債権者は，債務不履行の事実を立証すれば，予定された賠償額を請求することができ，損害の発生や損害額を立証する必要はない。また債務者は，損害が生じていないことや，予定額よりも小さいことを立証して減額請求をすることができない一方，債権者も，損害が予定額よりも大きいことを立証して増額請求をすることはできない。損害賠償額の予定は，他の救済手段すなわち履行請求または契約解除を妨げない（420条2項）。

▶▶3 損害賠償額の予定と免責の抗弁・過失相殺

損害賠償額の予定が持つ紛争予防機能を強調すると，損害賠償額が予定されている場合，免責事由や過失相殺の主張を排除する方向へとつながる。現在では，過失相殺については，判例は特段の事情のない限り認める立場をとり，免責事由の主張についてもかつては排除する見解が強かったが認める見解が増えつつある。

▶▶4 違約罰との違い

債務不履行の場合に，債務者が債権者に一定の金銭を支払うべきことを定める違約金条項のなかには，損害賠償額の予定のほかに違約罰と呼ばれるものも存在する。損害賠償額の予定が現実に発生した損害の賠償に代えて一定額の賠償をするべきことを定めるものであるのに対し，違約罰は債務不履行に対する制裁であり，違約罰のほかに実損害の賠償を請求できるもの，あるいは実損害が違約罰を上回る場合その超過額の賠償を請求できるものであるとされる。

違約金がどちらであるか明確でない場合は，賠償額の予定であると推定される（420条3項）。それに対し，利息制限法は金銭消費貸借契約における違約金の定めを損害賠償額の予定とみなしており（利息制限4条2項），反証は許されない。

▶▶5　損害賠償額の予定に対する制限

このような合意は原則として有効であるが（契約自由の原則），過大な賠償額を予定する契約条項は，公序良俗違反として無効になりうるほか，労働基準法や利息制限法など，違約金の定めを禁じたり，上限を定める特別法がある。消費者契約については，消費者契約法が，解除に伴う損害賠償額の予定や違約金条項が，同種の消費者契約の解除に伴い当該事業者に生ずべき平均的な損害の額を超える場合その超過部分を無効とし（消費者契約9条1号），また消費者の金銭債務につき損害賠償額の予定・違約金の上限を定めてそれを超える部分を無効としている（同9条2号）。

🎓 Case　学生納付金返還請求訴訟（最判平成18・11・27民集60巻9号3437頁）

A大学とB大学を受験した受験生C君がいたとしよう。幸いB大学からは合格通知が来た。両方合格すればA大学に入学したいが，A大学の合格発表前に，B大学の入学金・授業料の納付期限が来てしまう。B大学の入学手続要項には，いったん納付した入学金・授業料などは，いかなる理由があっても返還しないと書かれている。もし志望どおりA大学に入学できれば，B大学に払った納付金はすべて無駄金になってしまうのだろうか。これはC君（の親）にとって深刻な問題である。

最高裁判所は，類似の事案で，入学金は当該大学に入学しうる地位を取得するための対価としての性質を持つので（その地位を実際に確保したのだから），入学を辞退しても大学は入学金を返還する義務を負わないとした。

これに対して授業料の不返還条項については，在学契約の解除に伴う損害賠償額の予定または違約金の定めの性質を持つとされた。在学契約は消費者契約に該当するから，授業料が在学契約の解除によって大学に生ずる平均的な損害額を超えるかどうかが問われることになる（消費者契約9条1号）。最高裁は，大学が合格者を決定するに当たって織り込み済みのものと解される在学契約の解除，すなわち，学生が当該大学に入学することが客観的にも高い蓋然性をもって予測される時点（一般には大学の入学年度が始まる4月1日）よりも前の時期における解除については，原則として，大学に生ずべき平均的な損害は存在しないものというべきであり，その時期に契約の解除の意思表示がされた場合についての授業料の不返還条項は無効であるとした。

6 債務者の責めに帰すことができない履行不能
——危険負担

◆ Key Point ◆

　売買契約のような双務契約の場合，各契約当事者は相手方に対してそれぞれ債務を負うが，ここまで債務不履行の問題を考えるときは，基本的には各債務を切り離して考えてきた。それでは，建物の売買契約の目的となった建物が履行期前に火災で滅失した場合のように，一方の債務が履行不能に陥ったとき，債権者は自己の負う債務を履行しなければならないのだろうか。

▶1　危険負担の意義

　債務の履行が不能である場合には，債権者は，履行不能が債務者の**帰責事由**によるかどうかにかかわらず契約を解除することができる。契約が解除されると債権者の負う反対債務は消滅し，履行不能によって生じた損害をどちらが負担すべきかは，損害賠償の問題として処理されることになる。先ほどの例で建物の滅失が災害など当事者双方の責めに帰することができない事由による場合，どちらの当事者にも損害賠償義務は生じないので，建物の滅失自体の損害は，結局債務者が負担することになる。

　債権者が解除の意思表示をしない場合（解除すればよいのであるが義務ではない），債権者が代金債務を履行しなければならないとすると，建物が災害などにより滅失することによる経済的損失は，対価の支払により債務者から債権者に移転することになる（対価危険の問題）。債権者は契約を解除することができるのにしなかったのだからそれでよいとする立場もありうるが，民法は，一定の場合に，債権者に反対債務の履行の拒絶を認めることにより，契約が解除された場合と整合的な解決を図っている。それが危険負担制度である。

▶2　反対債務の履行拒絶権

　双務契約において，当事者双方の責めに帰することができない事由により一方の債務が履行不能である場合には，その債権者は，債務者からの反対給付の

履行の請求を受けても履行を拒絶することができる（536条1項）。債権者が履行を拒絶すると，履行しないことが法的に正当化されるのであるから，履行期が過ぎても履行遅滞にはならない。その結果債務者が対価危険を負担することになる。危険が債権者に移転するのは，目的物の引渡しがされた場合，あるいは契約内容に適合する履行の提供があったにもかかわらず，受領拒絶または受領遅滞があった場合であり，それ以降に当事者双方の責めによらない事由で目的物が滅失又は損傷したときにも，履行拒絶権は認められない（**危険の移転**）（売買について567条，559条により有償契約に準用）。

☍ **Oasis** 危険負担制度の存在意義

　危険負担制度に実際的な存在意義があるかについては疑問が投げかけられている。履行が不能になっているにもかかわらず，債権者が契約を解除せず，履行拒絶の主張にとどめるということは，通常ないのではないか。また大災害などによる債務者の所在不明などにより解除の意思表示ができないまま債権者が反対債務に拘束されるのは適切でないという理由で危険負担制度の存在意義を擁護する見解に対しても，民法の定める危険負担は，当然に反対債権を消滅させる制度ではなく，履行拒絶の主張が必要なのだから，同じ問題が残る，というのである。では，履行拒絶権が，独自の機能を持ちうる場合はないのだろうか。

　つぎのような想像をしてみよう。ある絵画コレクターが，著名な画家の作品を100億円で購入する売買契約を締結した。この作家の作品は，その1点を除いてすべて美術館に収蔵されており，この機会を逃しては，市場で入手する可能性は事実上ない。ところが引渡期日前に，売主がその作品を預けていた美術品専門の倉庫が窃盗団に襲撃され，作品は盗まれてしまった。捜査機関の懸命の努力にもかかわらず，犯人も作品の所在も不明である。買主は，どうしてもその作品が入手したい。そこで何年後になるにせよ作品が発見されることを期待して，契約を解除せず，代金の支払を拒絶するにとどめた。

　より一般的な例を考えると，他人の土地を売買の目的にした場合，売主はその所有権を取得して買主に移転する債務を負う（561条）。所有者がその土地を売主に譲渡することを確定的に拒絶した場合，売主の債務は履行不能になる。それでも売主が所有者の唯一の相続人であるような場合，買主は待つ値打ちがあると考えるかもしれない。思ったより長く待つことになるかもしれないが……。

　たしかに目的物が滅失してしまった場合に，履行拒絶権が独自の存在意義を持つことは考えにくい。履行拒絶権が実際的に機能しうるのは，不能が広い意味では一時的で（少なくとも債権者にとって主観的には），債権者が合意された給付そのものの実現に執着する場合ということになるだろうか。

▶3　既履行の反対給付の返還請求

債権者が履行不能を知らずに反対債務を履行してしまった場合や反対債務の履行後に履行不能が生じた場合には，履行拒絶の抗弁は機能しない。民法に規定はないが，この場合に債権者は債務者に既履行の給付を返還するよう請求することができると考えられる。

▶4　反対債務の履行拒絶権が認められない場合

履行不能が債権者の責めに帰すべき事由による場合には，債権者は反対債務の履行を拒絶することができない（536条2項前段）。また債権者による受領遅滞の後に，当事者双方の責めに帰することができない事由によって履行不能が生じた場合も，その履行不能は債権者の責めに帰すべき事由によるものとみなされるので（413条の2第2項），履行拒絶権は認められない。これらの場合には，契約の解除も認められないため（543条），債権者はいずれの方法によっても反対債務の履行を免れることはできない。

♨ Topica　双方の責めに帰することができない事由

なお訴訟の場では，反対債務の履行拒絶は，債務者からの反対債務の履行請求を受けた債権者の抗弁であり，債務者の債務が履行不能となったことを主張・立証し，履行拒絶の意思表示をすれば足りるとされる。これに対して，債務者が反対債権の履行請求を認められるためには，再抗弁として，履行不能が債権者の責めに帰すべき事由によること，あるいはそのようにみなされることを主張・立証する必要がある。このように考えると，条文上は「当事者双方の責めに帰することができない事由」が要件となっているが，少なくとも訴訟の場においては要件として機能しないことになる。

💡 Check

●設問1（基本問題）

債務不履行に陥った債務者は，債権者に生じた損害をどの範囲で賠償しなければならないか。

●設問2（発展問題）

XはYからある商品を購入する契約を締結した。ところが履行期の1カ月前になって，

YからXに対して，その商品の相場が2割上昇したので，2割増しの代金を支払わなければ，商品を引き渡すつもりはないと通告してきた。X・Y間の売買契約には相場の変動に応じて代金を変更する定めはない。Xには，その商品が必要だが，契約で定められた以上の代金を支払うつもりはない。Xは，どのような救済を受けることができるか。

第2部
金銭債権法

第5章

第5章

債権者代位権・詐害行為取消権

▷▷ Navi ▷▷

　　　知人に大金を貸したが，約束の期日が来ても返してくれない。いざとな
　　 れば知人所有の土地を金に換えさせて，それで返済してもらおうと思って
　　いたが，いつのまにか，知人はその土地を他人に売却して，すでに登記も
　　移してしまっている。かといって，知人にはほかに目ぼしい財産もなさそ
　　うである。遊んでいる金を貸したわけではないから，早々に返済してもら
　　わないと困るのだが，さてどうしたものか……。

◆ Key Point ◆

　　債務者が自発的に弁済してくれない場合，債権者としては，強制執行まで
視野に入れて対処せざるをえない（手続としては，まず，債務者に対する給付訴訟
を提起して，債務者に債務の弁済を命ずる確定判決を得るなど，強制執行手続の根拠文
書たる「債務名義」を取得しておく必要がある。民執22条・25条参照）。とはいえ，強
制執行は，強制執行の目的とすることのできる財産（「責任財産」という）を債
務者が有していればこそ目的を達しうるのであって，債務者に目ぼしい財産
がなければどうしようもない。そこで，責任財産をかきあつめて強制執行の
準備とするため，債務者の財産管理処分権に一定限度で介入・干渉すること
のできる権能が，債権者に認められている。これが債権者代位権・詐害行為
取消権の制度であるが，それぞれの制度が，どのような場合に，どのような
要件の下で，どのような方法によって活用されうるのか，手続法との必然的
関連を見失わないようにしながら学ぶ必要がある。

1　総　説

　そもそも，債務者が自分の財産をどうしようがこうしようが，それは財産の帰属主体たる債務者の自由であって，債権者の介入・干渉できることではない。しかし，債権の経済的価値は究極的に債務者の資力に依存するのであるから，債務者の資力が債権者を満足させられない水準にまで減少してもなお債務者の財産管理処分の自由はこれを神聖不可侵として尊重しなければならないとすれば，債権の本来的効力たる摑取力は画餅に帰するというものである。だからといって，債権の摑取力を根拠として債務者の財産管理処分権への介入・干渉を当然に許すべきである，という理論は，やはり成り立たない。

　そこで民法は，債務者の財産管理処分の自由を最大限尊重しつつも，それが債権者の給付利益獲得の最後の形——金銭的満足——まで侵蝕するに至る場合すなわち債務者無資力の場合には（**無資力要件**），債務者の財産管理処分権に介入・干渉する権能を債権者に付与し，債権者において自己の債権の金銭的満足の強制的実現を準備することを目的として債務者の資力を充実させることができるものとした（**強制執行準備機能**）。債務者の責任財産を保全し，もって債権（の価値）を保全することを目的とする債権の効力であるから，これを，**債権の「保全的効力」**という。

　債権者代位権は，債務者の権利を債権者が債権者の名において行使する（債務者の代理人となるのではない）ことにより，また，詐害行為取消権は，債務者のした行為を裁判所に取り消させて逸出財産（の執行適格）を回復することにより，債務者の資力を確保することを目的とする。債権者代位権の行使は裁判外でもできるが（ただし実際上は往々にして訴訟＝債権者代位訴訟＝を必要とする），詐害行為取消権の行使は裁判上でのみ許される（受益者または転得者を被告とする訴訟＝詐害行為取消訴訟＝による）。いずれも債権の効力であるから，代位債権者・取消債権者の債権（被保全債権）が消滅時効などによって消滅すれば債権者代位権・詐害行為取消権も消滅するのは当然であるが，詐害行為取消権については，さらにそれ自体の短期・長期の出訴期間が定められている。

　債権の摑取力は，債権の現実的満足（とくに金銭的満足）のために債務者の責任財産を摑（つか）み取る権能である。その作用は観念的なものにとどまることはできず（請求力と異なる），むしろ物理的な実力の行使を必然的に伴う。したがって，国家が法治国家を標榜する以上，債権者が債務者に対して直接に摑取力を行使するのを許すわけにはいかない（自力救済禁止の原則）。国家は，債権者から摑取力の行使権限を剥奪し，債権者は摑取力の行使をもっぱら国家の手に委ねなければならないものとした。債権者は，民事執行法の定める手続に則り，国家（の執行機関）に対して公法上の執行請求権を行使し（強制執行の申立て），国家をして，請求権の存在と範囲を表示する法定格式文書（**債務名義**。確定給付判決など，民執22条列挙の文書）の執行力に基づいて債務者に対して物理的実力を発動せしめ，もって債権の現実的満足を得ることができるのである。

2　債権者代位権

▶1　序　論

▶▶1　沿　革

　債権者代位権は，債務者の第三者に対する権利を債権者が債権者の名において行使して債務者の資力を保全することができるものとする制度である。もとは，フランス法上，債権執行（債権に対する金銭執行）に類似する機能を期待されて設けられた制度である。ローマ法由来ではなく，したがって，債権執行制度の充実したドイツ法にはみられない。

▶▶2　制度的連関

　債権者が債権者代位権に基づいて債務者の債権を行使するのは，**債権執行手続**において差押債権者が取立権を行使し（民執155条），**破産手続**において破産管財人が破産者の債権を行使する（破78条）のと，構造的にパラレルな関係（債権執行とは並行関係，破産手続とは接続関係）にある。債務者破産の場合には，各債権者の債権者代位権は，破産財団所属財産に対する破産管財人（＝総債権者の利益代表）の管理処分権に吸収される（破45条参照）。

▶2 債権者代位権の成立要件

▶▶ 1 被保全債権（代位債権者の債権）

被保全債権は，強制執行による実現に親しむもの（すなわち債務者の意思に反してでも実現することを許す性質のもの）でなければならない（423条3項）。そもそも強制執行準備を目的とするのであるから，論理的に当然の要求であり，わざわざ規定するまでもない。

債権者代位権の行使は，保存行為（債務者の権利の消滅時効の完成猶予を得る，債務者の未登記不動産の保存登記手続をする，第三債務者破産の場合に債務者の債権を破産債権として届け出るなど）をする場合でない限り，被保全債権の履行期が到来していることを要する（423条2項）。保存行為でなければ被保全権利の履行期到来前に代位権行使の必要はない，という必然の論理は存在しないが，債務者の権利に対する仮差押えをもってその必要に応ずることができる。

なお，離婚に伴う**財産分与請求権**（厳密には債権ではなく，身分的請求権である）について，判例は，協議・審判等による具体的内容の形成前には被保全債権の適格を認めることができないとの判断を示している（最判昭和55・7・11民集34巻4号628頁）。

▶▶ 2 債務者の無資力

基本的には，債務者の債務総額がその責任財産総額を超過する状態を指す（破産原因となる「支払不能」〔無資力・無信用・無稼働。破15条1項〕よりは緩い概念であるが，その境界は必ずしも明らかでない）。法文上は，「（債権者が）自己の債権を保全するため必要があるとき」と表現される。債務者の財産管理処分権の保護と債権者の債権（の摑取力）の保護との緊張関係におけるギリギリの線引きである（最判昭和49・11・29民集28巻8号1670頁参照）。

なお，いわゆる債権者代位権の転用の場合には，債務者の無資力を要しない（⇨▶8）。

▶▶ 3 被代位権利（代位行使の対象となる権利）

▶▶▷ 1 総説　代位行使の対象となる債務者の権利は，広く，財産権一般に及ぶ（423条1項）。物権的請求権を代位行使するのも，債権を代位行使するのも，時効援用権・契約解除権・予約完結権などの形成権を代位行使するのも，債権者代位権や詐害行為取消権を代位行使するのも，妨げない。しかし，その

行使がもっぱら債務者本人に委ねられるべき権利（行使上の一身専属権）でないこと，および，差押えを禁止された権利でないことを，要する。

　具体的にどのような権利が行使上の一身専属権に該当するかは，a priori に定まっているのではなく，権利者の権利行使に関する意思決定の自由をどの程度に保護尊重すべきか，という法政策的・相対的な解釈問題である。

▶▷▷ 2　身分法上の権利　　解釈論上明らかに行使上の一身専属権と考えられているものに，離婚請求権，扶養請求権，夫婦間の契約取消権，認知請求権などがある。いわば，純粋の身分権であり，他人の干渉を受けることになじまないからである。

　離婚に伴って生ずる**財産分与請求権**（768条・771条）も，基本的には，実質的共同財産の清算，当面の生活扶養，精神的損害の賠償を目的とするものであり，その行使自体は，やはりもっぱら離婚配偶者の自由意思に委ねられたものといわなければならない。ただし，当の離婚配偶者がその行使を決断し，請求できる金額が（和解契約や確定判決によって）確定するに至った場合には，元夫婦とはいえ現在は赤の他人となった者の間に具体的に存在する財産的請求権として，代位行使の目的とすることができると解されている（通説）。

　相続をめぐっては，相続回復請求権，遺産分割請求権，相続放棄（債務を相続しないため），**遺留分侵害額請求権**などが問題とされる。このうち，遺留分侵害額請求権（1046条）の被代位適格について，判例は，原則として否定する態度を明らかにしている（最判平成13・11・22民集55巻6号1033頁。「遺留分権利者が，これを第三者に譲渡するなど，権利行使の確定的意思を外部に表明したと認められる特段の事情がある場合」を例外とする〔平成30年相続法改正前の遺留分減殺請求権についての判断〕）。

▶▷▷ 3　財産法上の権利　　名誉毀損による不法行為賠償請求権について，判例は，金銭債権であってもその目的が人格的利益の毀損に対する救済にあること，当初から確定金額債権として成立するのではなくその金額は爾後の諸事情をも含めて総合的に決せられるものであることから，その行使は被害者本人の自律的意思に委ねられるのが原則であるとしつつ，被害者において行使することに決した名誉毀損賠償請求権について目的金額が和解契約や確定判決などによって客観的に確定したときには，もはやその代位行使を妨げる理由はない，とした（最判昭和58・10・6民集37巻8号1041頁）。

意思表示の瑕疵を理由とする取消権（95条・96条）も，代位行使の対象とすることができる。たとえば，債務者の第三債務者に対する債務免除の意思表示を代位権によって取り消して債権を復活させる，あるいは，債務者と相手方との売買契約を代位権によって取り消した上で相手方に対する既払代金返還請求権（121条の2第1項）をさらに代位行使する，などの場面が考えられる。取消権者の範囲は法定されるが（120条2項），取消権の代位行使は取消権の帰属主体を変更するのではないし，債権者の満足追求を犠牲にしてまで表意者＝無資力債務者に取消権行使の自由を保障すべき理由はない。

　また，意思無能力による法律行為無効（3条の2）を理由とする原状回復請求権（121条の2第1項）を代位行使することもできる。判例は，改正前民法時代に，錯誤無効による売買代金返還請求権の代位行使につき，「表意者がその意思表示の要素に錯誤のあることを認めている」ことを要する旨を示したことがあるが（最判昭和45・3・26民集24巻3号151頁），改正後民法下の妥当性には疑問がある（錯誤の効果が取消権発生に改められた関係では，詐欺・強迫による取消権の代位行使と差別化する理由はない。意思無能力による法律行為無効を理由とする原状回復請求との関係では，表意者が意思無能力であったことを認めていることを代位行使の要件とするのは，意思能力の回復を前提としなければならず，現実的でない）。

▶3　代位権行使の趣旨・方法

▶▶1　代位権行使の趣旨
▶▶▶1　強制執行（金銭執行）の準備を目的とする以上，目的物の種類に応じて各執行手続に親しむ状態の実現を求めるのでなければならない。

　不動産執行は登記簿上債務者に所有名義のある不動産に対してなされるのが原則であるから（民執規則23条），不動産執行の準備のために債権者代位権を行使するときは，不動産の引渡しを求めるのではなく，不動産の登記簿上の所有名義を債務者に移転する手続をするよう請求することになる。具体的に請求すべき登記手続の態様は，事案に応じて適切に選択しなければならない（債務者を買主とする不動産売買につき登記未経由の場合には，売主に対する所有権移転登記手続請求権を代位行使する。債務者を売主〔もと所有者〕とする不動産売買の失効に基づく登記名義の回復は，買主に対する所有権移転登記抹消登記手続請求権，または，転得者に対する真正な登記名義の回復を原因とする所有権移転登記手続請求権を，代位行使

する）。代位債権者に所有名義を与える登記手続を請求することは，当然，できない。

　動産執行は，債務者の占有動産に対してなされるのが原則であるから（民執123条），債務者への引渡しを請求するのが本来であるが，代位債権者への直接引渡しを請求することもできる（民423条の3。その理由と帰結については，後述する〔⇨▶6 ▶▶2〕。金銭も動産であるから，代位債権者への直接支払を請求できる）。

⚖ Topica　不動産執行の準備

　差し押さえた不動産に不良占有者があるために換価手続がうまく進まないような場合には，差押債権者が執行裁判所に対して「売却のための保全処分」──①価格減少禁止・回復命令（＋必要に応じて公示保全処分），②執行官保管命令（＋必要に応じて公示保全処分），③執行官保管命令＋占有移転禁止命令＋公示保全処分──を申し立てることができる（民執55条）。①の保全処分として不動産退去が命ぜられることもある。③の保全処分が執行されたときは，引渡命令のための当事者恒定効を生ずる（民執83条の2。買受人は，保全処分の被申立人に対する引渡命令を取得し，これを債務名義として，保全処分執行後に現れた占有者〔ただし善意の非承継人を除く〕に対しても，不動産引渡しの強制執行を行うことができる）。これによって不良占有者退去実現への法的基盤を整えることは，換価手続の円満な進行のためには重要であるが，不動産執行を開始させるには，執行債務者が所有者として登記簿に記載されていることが必要であって，占有の状況とは関係がないのだから，強制執行準備の目的で債権者代位権を行使して不動産の引渡しを求めるというのは，明らかにナンセンスである。

▶▶▷2　　債権者代位権は，破産手続において破産管財人が総破産債権者のために破産者の債権を取り立てるのとは異なり，代位債権者個人の単位での債権保全を目的とするものであるから，被代位権利の目的が可分である限り（金銭支払など），代位債権者の債権（被保全債権）額の限度でのみ，行使することができる（423条の2）。訴訟上，超過行使部分につき請求棄却とした判例があるが（最判昭和44・6・24民集23巻7号1079頁），疑問である（⇨▶7 ▶▶2 ▶▶▷1）。

　被代位権利の目的が不可分である場合（1個の不動産の登記手続請求など）は，これを全部的に代位行使できる（せざるをえない）こと，いうまでもない。

▶▶2　代位権行使の方法

　債権者代位権は，裁判外で行使することができるが，もとより，被代位権利の相手方を被告として訴訟（債権者代位訴訟）を提起して行使することもできる。

代位訴訟においては，債権者代位権の存在は訴訟要件（原告適格権原）であり，本案はあくまで債務者と被告との間の被代位権利の存否の争いであることに注意しなければならない。

▶4　相手方（債務者の権利の相手方）の地位

　相手方は，債務者に対して主張することのできる言い分（被代位権利の障害・消滅・排斥事由）を，代位債権者に対して主張することができる（423条の4）。行使されるのは，あくまで債務者の相手方に対する権利なのであるから，わざわざ規定するまでもない当然のことであるが，代位債権者において，相手方が債務者に弁済等すること（民423条の5後段）を禁じたいのであれば，被代位権利に対して仮差押え（民保50条1項）または差押え（民執145条1項）をしておく必要がある。

▶5　債務者の地位

　債権者代位権の行使は，債務者が，代位行使の目的とされた権利をみずから行使・処分すること（取立てを含む）を，妨げるものではない（民423条の5前段）。のみならず，債務者の権利行使は，その巧拙を問わず，債権者代位権の行使を不当ならしめる（明文規定はないが，そのように解されている）から，被代位権利の相手方としても，債務者の権利行使があったことを主張して代位権行使を頓挫させることができる。旧規定時代の判例理論（代位権行使の通知を受けた債務者は被代位権利の行使・処分権能を停止されると解していた）を覆してまで不誠実な債務者の利益を**勤勉な債権者の利益に優越**させるものであり，立法政策上妥当とは到底思えないが（債務者が被代位権利の行使・処分権能を回復したいのであればその債務をまず履行せよ，というだけのことである），改正後の民法下では，代位債権者が，債務者による被代位権利の行使・処分を禁じたいのであれば，被代位権利に対して仮差押え（民保50条1項。明文を欠くが，債務者に対する処分禁止の趣旨が当然含まれると解されている）または差押え（民執145条1項）をしておく必要がある。

　代位訴訟をめぐる問題については，後述する（⇨▶7）。

▶6　強制執行準備機能・簡易強制執行機能

▶▶ 1　強制執行準備機能

　不動産執行の準備を目的とする代位権行使によって不動産の登記簿上の所有者を債務者とすることができた場合（代位訴訟によって登記手続請求を認容する確定判決を得た場合につき，民執177条，不登63条参照），債権者は，**債務者に対する債務名義を別途取得**しておいて，これに基づく不動産執行手続——差押え・換価・満足——を粛々と進めるべきことになる。不動産執行手続はもちろん他の債権者にも開放されているから，債権者代位権の強制執行準備機能（したがって，その不動産を総債権者の共同担保とし，債権者平等原則を実行する理想）が最もきれいにあらわれる場面である（代位権行使に要した費用は，共益費用として先取特権により保護され，優先配当を受けることができる。民306条1号・307条，民執42条・85条参照）。

▶▶ 2　簡易強制執行機能

　債務者の金銭債権を代位行使する債権者は，第三債務者に対し，本来なら債務者に弁済するよう請求すべきところであるが，第三債務者に対し債務の履行として代位債権者に金銭を支払うよう請求すること（**直接支払請求**）もできる（423条の3）。債務者に受領を強制する根拠と手段がないこと，債権者代位権によって代位債権者は代位目的債権の管理権を付与されていることが，その根拠である。

　第三債務者がこの直接支払請求に応じて（あるいは代位訴訟における請求認容の確定判決に基づく強制執行を受けて）代位債権者に金銭を支払ったときには，代位債権者は，債務者との関係において受領金銭返還債務と自己の被保全債権とを**相殺**することにより，他の債権者との関係（債権者平等原則）に煩わされることなく，代位目的債権からの独占的満足を得ることができる（事実上の**優先弁済**）。債務者に対して債務名義を取得したり強制執行手続をとったりするまでもない。ここにおいて債権者代位権は，強制執行準備機能を超えて，簡易強制執行機能（しかも独占的に）を果たすことになり，よくもわるくも，債権執行に対して固有の存在意義を有するといえる。

　また，動産引渡請求権を代位行使する場合にも，やはり，債権者代位権の財産管理権的性格と，債務者に受領を強制できないことを理由として，代位債権

者は，自己への直接引渡しを第三債務者に請求することができる（さらに動産引渡執行も。民執169条）。これによって動産占有を得た債権者は，当該動産に対する強制執行を申し立てることができる（民執124条）。制度的には，債務者に対する債務名義を有する他の債権者も配当に与る余地があるが，実際上は，他の債権者が気づかないうちに動産執行手続が完了してしまい，結果として執行債権者が単独で満足を得ることも少なくない，といわれている。

▶▶ 3　強制執行志向の傾向

　ところで，債務者が金銭債権を有する場合に，債権者がその代位行使によって満足を得るのと，債権執行によって満足を得るのと，いずれを選択するのが得策であろうか。簡易強制執行機能に注目すれば代位権行使によるのがよさそうだが，わが国の実情としては，債権執行が好まれる傾向にあるようである。理由は必ずしも定かでないが，債権者代位権行使があくまで私人（代位債権者）対私人（第三債務者）の関係にとどまり，第三債務者において代位債権者の請求に安易には応じ難く（債務者への弁済も妨げられない），勢い，解決の場が結局は代位訴訟に求められることになりがちなのと異なり，債権執行では，執行裁判所による債権差押命令の送達を受けた第三債務者が，債務者への弁済を禁じられつつ，執行共助機関としての差押債権者の取立てに応ずべきことになり，国家（執行機関）対私人（第三債務者）の構図が成立すること，また，第三債務者としては権利供託（民執156条１項）によって差押債権者・債務者間の争いに巻き込まれることを避けることも多く，そうすれば他の債権者はもはや二重差押えや配当要求をすることができなくなり（民執165条１号），結果として差押債権者が満足を独占することができることなどが，背景事情として考えられる。

▶7　債権者代位訴訟

▶▶ 1　法定訴訟担当

　相手方が代位債権者の請求に任意に応じないときには，債権者代位権の裁判上の行使もやむを得ない。原告は代位債権者，被告は相手方，**訴訟物**は債務者の相手方に対する請求権（被代位権利）である。債務者は当事者適格を持たない。債権者代位権は，債務者の権利を訴訟上行使するについての**原告適格**を代位債権者に付与する根拠（原告適格権原）である。したがって，代位権の存在が認められない場合の判決は，本案判決（請求棄却）ではなく，訴訟判決（訴え却下）

である。

　代位訴訟は，代位債権者が民法の規定する権限に基づいて他人（債務者）のためにする訴訟として，法定訴訟担当の一類型に当たる（通説。反対説として，固有適格説がある）から，代位訴訟の本案判決（請求の認容・棄却の判決）の**既判力**（事実審の口頭弁論終結時における被代位権利の存否の判断の，後訴裁判所に対する拘束力）は，原告・被告に及ぶことは当然として，訴外・被担当者たる債務者にも及ぶ（民訴115条1項1号・2号。ただし，債務者に対する手続保障の観点から，原告が債務者に遅滞なく**訴訟告知**することを要する。民423条の6。ただし，その懈怠の効果は全く不明である）。

　訴外債務者としては，訴訟告知を受けると否とにかかわらず，自己の権利に係る訴訟である以上，係属中の代位訴訟に訴訟参加することができる（補助参加：民訴42条，共同訴訟参加：民訴52条，独立当事者参加：民訴47条。別訴の提起は重複起訴禁止〔民訴142条〕に抵触する）。

　代位目的と同一の権利を差し押さえた債権者が提起する取立訴訟も，代位訴訟と同じく法定訴訟担当の一類型であると共に，代位訴訟との関係では（訴訟物共通の範囲で）重複起訴禁止の要請が働き，これに抵触する不適法を免れるには，両訴訟の併合審理を求める必要がある（相異なる代位債権者の代位訴訟間についても同様）。

> **🔖 Topica**　　**訴訟告知懈怠の効果**
>
> 　訴訟告知がなされず，または訴訟告知に遅滞があったことの効果として，立案関係者は，代位債権者の訴訟追行権に瑕疵を生じ，訴えが却下されるとみているようである。
> 　しかし，かりにそうであるならば，法定訴訟担当に係る訴訟一般に，同じく被担当者に対する訴訟告知の懈怠による訴え却下の制度が設けられなくてはおかしい（これはそもそも民事訴訟法の問題である）。会社法上の責任追及訴訟に関しては，訴外会社に対する原告株主の訴訟告知義務（会社849条4項。代位債権者の訴訟告知義務のモデルと目されている）が法定されているが，その懈怠の効果を訴えの却下に求めるような議論はついぞ聞かない。のみならず，訴えの適法性が訴訟告知の「遅滞の有無」というあいまいな規準に係らしめられるのも，大いに疑問である。そもそも訴外債務者が自己の債務を履行せず，しかも自己の権利の行使にも関心を示さないから代位訴訟が提起されるに至るのであって，その訴外債務者に代位債権者がなぜ訴訟告知の手間をかけてやらないといけないのか（代位訴訟の提起は訴外債務者にとって当然予期すべき範囲内の事態である），そうしておかなかったからといって民法上与えられた訴訟担当権限を行使

してする訴訟の提起がなぜ不適法視されなければならないのか, はなはだ不可解である。

　結局, 訴外債務者に参加的効力を及ぼすための措置として訴訟告知が機能する（民訴53条4項。もとよりこの意味の訴訟告知は義務付けられないし, 民法の規定を待つものでもない）以上には, せいぜい, 被代位権利の法定管理権者として訴外債務者に対して負担する善管注意義務の一環として代位債権者は訴外債務者に提訴の事実を適時に通知しなければならず（通知懈怠のために適時の訴訟参加の機会を逸したことにより生じた損害の賠償を債務者は代位債権者に請求することができる）, その通知の方法が訴訟告知によるべきものと推奨された（参加的効力による代位債権者の利益において。代位債権者が参加的効力を欲しないのであれば, あえて訴訟告知の方法によるまでもない）, というにとどまると解すべきではなかろうか。立法論としては, 訴訟告知義務の規定など, 撤廃するに如くはない。

▶▶ 2　請求の趣旨・攻撃防御方法

▶▶▷ 1　**請求の趣旨**　　請求の趣旨は, 前述（⇨▶3 ▶▶ 1 ▶▶▷ 1）に従う。このとき, 代位権行使の範囲が正当な範囲を超えるとき（⇨▶3 ▶▶ 1 ▶▶▷ 2参照）, 超過行使部分につき請求棄却とした判例があるが（最判昭和44・6・24民集23巻7号1079頁）, 超過部分については, その存否について実体的審判がなされるのではなく, 代位債権者の原告適格が及ばないに過ぎないのだから, 訴えの一部却下とすべきである。それが請求棄却であると, 超過部分につき訴訟物たる債権の不存在が既判力をもって確定されてしまうから, 代位債権者があらためて自己の他の債権を被保全債権としてその超過部分の債権を代位行使しようとしても認められず, さらには, 訴訟の被担当者として既判力を及ぼされる債務者にその超過部分の債権を失うに等しい結果を押しつけることになってしまう。

▶▶▷ 2　**攻撃防御方法**　　請求原因は, **訴訟要件**に関し債権者代位権の成立要件事実（口頭弁論終結時における債務者無資力の事実を含む）と, **本案**（訴訟物）に関し被代位権利の根拠要件事実との, 両方に及んで主張されなければならない（原告適格の要件事実も弁論主義の射程内にある）。

　抗弁として, 被告は, あたかも訴外債務者が原告としてその権利を行使するのに対するのと同様, 被代位権利の障害要件事実（被代位権利の発生原因行為の無効）・消滅要件事実（弁済, 相殺, 時効消滅など）・排斥要件事実（停止条件・履行期の付款の存在, 同時履行抗弁の権利主張など。停止条件成就・履行期到来・反対給付履行または履行提供継続の事実の主張は原告の再抗弁になる）を主張することがで

きるほか，訴訟要件たる原告適格に関して，債権者代位権の障害・消滅・排斥の要件事実（被保全権利の障害・消滅・排斥原因，債務者による被代位権利の行使）を主張することもできる。

▶8　債権者代位権の転用

▶▶1　「転用」の意義

　債権者代位権は，非金銭債権を被保全権利としてその本来的給付の実現を図るために転用されることがある。賃借目的物の占有者を排除して賃借権を保全するために，賃借人が占有者に対して賃貸人の所有権に基づく明渡請求権を代位行使する，不動産の相次売買において後主が前主に対する登記請求権を保全するために，後主が前主の前々主に対する登記請求権を代位行使する（423条の7），というのが典型的な事例である。債務者の資力が問題なのではないから，債権者代位権の転用は，債務者**無資力**を**要件**としない。債権者代位権の独自の機能であり，債権者代位権の主戦場はむしろこちらにあるかのような観を呈する。

　代位行使の相手方において，債務者に対して主張できる抗弁を代位債権者に対しても主張することができるのは，債権者代位権転用の場合であっても，当然である（登記請求権が代位行使されるのに対して代金支払との同時履行の抗弁を主張する，明渡請求権が代位行使されるのに対して占有権原の抗弁を主張する，など。423条の7後段・423条の4）。債務者の地位（423条の4），代位訴訟の際の債務者に対する訴訟告知の必要についても，本来的適用の場合と同様とされる（423条の7後段）。

　なお，抵当権者による所有権妨害排除請求権の代位行使については，ユーリカ民法第2巻（第13章第4節▶2▶▶1▶▶▶2）参照（判例上承認されたが，民事執行法上の保全処分制度の整備，抵当権を直接の根拠とする妨害排除請求に関する判例理論の進展等により，代位行使それ自体を論ずる意義はきわめて小さくなった）。

▶▶2　「転用」の射程

　金銭債権の保全を目的とする債権者代位権の転用，というのは考えられるのであろうか。

　不動産の共同売主のひとりが代金債権の保全のために買主の所有権移転登記手続請求権を代位行使する場合に，債務者（買主）の資力の有無を問わないと

した判例がある（最判昭和50・3・6民集29巻3号203頁）。一見，金銭債権保全目的にもかかわらず債務者無資力を要求しなかった変則のように思われるが，実質的にみれば，「被保全債権（金銭債権に限らないが，当該事案ではたまたま金銭債権であった）に付着する同時履行抗弁権の除去」を目的とする代位権転用であって，債務者の資力確保を目的とするのではないから，債務者の無資力を要件としない，というに尽きる。その意味で，代位権転用の一般理論におさまるのであって，金銭債権の保全を目的とする債権者代位権転用の（例外的な）一事例，と位置づけるのはミスリーディングである。

3　詐害行為取消権

▶1　序　論

▶▶1　沿　革

　詐害行為取消権は，フランス法系の債権者代位権と異なり，ローマ法の「パウルス訴権」（actio Pauliana. パウルスは3世紀初めの高名な法学者）に発する制度であって，ヨーロッパ大陸法とこれを継受した諸国法——日本民法はその代表例である——に共通の制度となっている。今でこそ「〜取消権」という名称で呼ばれているが，ローマ法においては，「債権者詐害（fraud creditorum）」と呼ばれる不法行為に基づく訴権であり，その内容が，金銭支払請求から現物返還請求（債務者の行為によって流出した目的物自体の回復請求）に転化するのに伴い，現物返還の論理的前提として詐害行為の取消請求を含むようになったものである。また，詐害行為取消権の行使を受けるのは，本来，債権者詐害という不法行為（共同不法行為）の行為者——債務者，詐害行為の相手方（受益者），中間転得者，最終転得者——のはずであるが，無資力の債務者を相手にしても甲斐がない。結果として，取消権行使を受ける立場にあるのは受益者または転得者だ，ということになる。

▶▶2　制度的連関

　ローマ法のパウルス訴権は，民法における債権者の詐害行為取消権と，破産法における**破産管財人の否認権**（破160条以下）との，共通の祖先である。詐害行為取消権が無資力債務者の責任財産を回復させる権能を各債権者に与える制

度であるのとパラレルに，債務者に**破産手続**開始決定がなされるのを機に，破産手続においてその債務者すなわち破産者の破産財団（破産手続開始時の破産者の責任財産）を回復させる権能を破産管財人（総債権者の利益代表と考えればよい）に与える制度が，破産管財人の否認権であるにほかならない（債務者破産による詐害行為取消訴訟の中断と破算管財人の受継の権限につき，破45条参照）。

▶2　詐害行為取消権の行使

▶▷1　詐害行為取消訴訟

詐害行為取消権の行使は，訴訟によらなければならない（424条。反訴によることは可〔最判昭和40・3・26民集19巻2号508頁〕）。

▶▶▷1　**当事者適格**　受益者，中間転得者，最終転得者のそれぞれが，単独で被告適格を認められる。彼らを1個の訴訟手続で共同被告とすることはできるが，あくまで通常共同訴訟（それぞれに対する単独の訴えがたまたま1個の手続にまとめられただけ。判決の内容も区々別々で何らかまわない）にとどまる。

被保全債権の債務者は，当事者適格を認められない（ただし，〔被告側に〕補助参加できるほか，原告から訴訟告知を受けることを前提として請求認容確定判決の効力〔詐害行為取消しの形成力〕を及ぼされる。民訴42条以下，民424条の7第2項・425条）。

▶▶▷2　**訴訟物（訴訟の審判対象）**　訴訟物は，原告の被告に対する詐害行為取消権である。その個数は，被保全債権の個数ではなく，詐害行為の個数に従う（最判平成22・10・19金判1355号16頁。行為の個数は取引通念を基準に数える）。原告の被保全債権が複数でも，原告と被告を同じくする限り，詐害行為が1個なら詐害行為取消権は1個であり，したがって訴訟物も1個である。被告が同一人でも詐害行為が異なるごとに，また，詐害行為が同一でも被告が異なるごとに，各別の詐害行為取消権が訴訟物となる。

▶▶▷3　**請求の趣旨（どのような判決主文を求めるか）**

（a）債務者が自身の有する債権を放棄（債務免除）したことが詐害行為となる場合は，その債務免除が取り消されれば受益者に対する債権が復活して責任財産の原状回復が得られるから，請求の趣旨も，債務者が受益者に対してした債務免除の意思表示の取消宣言を裁判所に請求することで足りる（取消請求の範囲は，詐害行為の目的が可分であるときは，原告債権者の被保全債権の額を限度とする。424条の8第1項。原告債権者の債権が債務者設定担保権の優先弁済力によって担

保されている場合には，不足額責任主義〔394条〕の考え方に沿って，詐害行為取消権によって保全されるべき債権額は，その担保権による満足可能額を債権全額から控除した額として考えられなければらない）。債務未履行の行為（贈与，債務保証など）について詐害行為取消請求をする場合も，同様である。この場合の訴訟の性質は，**形成訴訟**であるに尽きる。

　（b）　しかし，多くの場合は，債務者がその財産をすでに積極的に逸出させたことが詐害行為とされるのであって，債務者の責任財産の原状を回復するには，債務者のした財産逸出の原因行為が取り消されるだけでは足りない。債務者の行為の取消宣言を裁判所に請求し（転得者に対する訴えの場合も，取消請求の対象は債務者の行為であって，受益者と転得者の間の行為ではない。詐害行為の目的が可分であるときに取消請求の範囲が原告債権者の被保全債権の額を限度とすることも，受益者に対する場合と同様である），かつ，その行為の目的財産に対する強制執行（金銭執行）が可能となる状態の回復（不動産では登記名義，動産では占有が，それぞれ債務者に回復されること。「**現物返還**」という。424条の6第1・2項各本文）を請求することをもって，請求の趣旨とすることになる（目的財産が動産ないし金銭であるときの特殊性については，⇨▶3 ▶▶3・▶3 ▶▶5）。この場合の訴訟の性質は，したがって，**形成訴訟と給付訴訟の併合訴訟**になる。

　ただし，被告において現物返還が不能または困難であるときは，原告は，現物返還を求める主位的請求に対する予備的請求として（実体的には，現物返還の原則に対する例外として），**価額償還請求**をすることができる（424条の6第1・2項各但書。現物返還の不能または困難は，現物返還請求に対する抗弁事由，価額償還請求のための予備的請求原因事実となる）。①現物が滅失した場合のほか，②被告がすでに現物を転譲渡してしまっている場合（転得者に対する現物返還請求が可能であってもよい）や，③被告または第三者の担保権の目的たる不可分物（抵当不動産など）の譲渡が詐害行為に当たるが詐害行為取消権行使の時点ではすでにその担保権が消滅しており，現物返還がかえって責任財産を（担保権の支配から解放された範囲で）過大に回復させる結果となる場合（担保権支配の枠外にあった一般財産の範囲での一部取消請求およびその一般財産価額の償還請求になる。最大判昭和36・7・19民集15巻7号1875頁，最判昭和63・7・19判夕683号56頁，最判平成4・2・27民集46巻2号112頁：債務者設定に係る同主共同抵当の事案）を含む。これら価額償還請求の範囲もまた，原告債権者の被保全債権の額を限度とする（424条の8第

2項)。償還すべき価額の算定基準時は，事実審の口頭弁論終結時である（最判昭和50・12・1民集29巻11号1847頁）。

▶▶▷ 4 本案の一般的攻撃防御方法

（a）受益者を被告とする場合

　詐害行為取消権は，被保全債権（取消債権者の債権）の金銭債権としての発生原因事実，被保全債権の債務者が第三者（受益者）との間で財産行為をしたこと（財産行為の諸態様およびそれによる特則については，⇨▶▶▷6），その行為によって債務者が資力（被保全債権に対する弁済資力）を喪失したこと，取消訴訟の事実審の口頭弁論終結時にもその無資力状態が存在すること，その行為より前に被保全債権の発生原因が存したこと（詐害行為前の保証契約に基づいて詐害行為後に生じた事後求償権などを含む。そのような債権を原告が詐害行為後に譲り受けたのでもよい。債権の履行期が詐害行為時に未到来であってもかまわない），および，その行為の詐害性について債務者が悪意であったことを，根拠要件事実（請求原因）とする（424条本文・2項・3項）。債務者の行為が身分法上の行為でもある場合には，この行為について，詐害行為取消権の対象適格の有無と範囲が問題となる。取消対象適格が否定される場合には，詐害行為取消権は根拠要件事実を欠き，請求棄却を免れない。

📑 **Case**　対抗要件主義との関係

　特定不動産が二重譲渡されて第2買主が先に所有権移転登記を経由した場合，第1買主は，売主が第2売買によって無資力になったことを理由として，第2売買について詐害行為取消請求をすることができるか。問題意識は，不動産の二重譲渡における登記競争の敗者が勝者に対して譲渡行為の取消請求をすることができるならば，譲渡人に回復された登記名義がさらに敗者に移転され，詐害行為取消権を非金銭債権それ自体の満足のために転用して対抗要件主義を潜脱する結果となってしまうのではないか，という点にあった。

　しかし，それはそもそも問題意識の持ち方がまちがっていたといわざるをえない。第2買主が登記を具備することによって第1買主の債権は履行不能となり，この時点で不可逆的に金銭債権たる損害賠償債権に交替するのだから，第1買主の詐害行為取消権行使は，金銭債権の保全，すなわち売主に登記名義の回復された不動産に対する金銭執行の準備という本来の目的を達するにとどまり，対抗要件主義を潜脱する結果とはならないからである。詐害行為取消権に基づいて登記名義を第1買主に移転するように請求することができるのではないこと，売主無資力の要件が満たされない限り詐害行為取消権自体が成立しないこと，いずれもいうまでもない。事の次第は特定動産の二重譲渡の場

合も同様である。詐害行為取消権の行使によって対抗要件主義が潜脱される，という心配は，まさに杞憂であるに過ぎない（最判昭和53・10・5民集32巻7号1332頁）。

🗒 **Case** 債務者の行為

　一定の財産権の譲渡について譲受人に対抗要件を具備させる行為（譲渡動産の引渡し，譲渡不動産の所有権移転登記手続，譲渡債権の債務者への譲渡通知など）は，譲渡原因行為に基づく債務の履行行為であるが，これまでの判例は，対抗要件具備によって権利が移転するのではない（譲渡によって生じた権利変動に対抗力を備えさせるに過ぎない）などの理由で，詐害行為取消請求の対象にはならない（詐害行為取消請求の対象になるのはもっぱら譲渡原因行為である），と解してきた（最判昭和55・1・24民集34巻1号110頁，最判平成10・6・12民集52巻4号1121頁）。

　また，債務者の任意弁済は詐害行為取消請求の対象となりうるが（⇨後述▶▶▷6(c)），強制執行による強制的弁済は債務者の行為としてなされるのではないからとして，これを詐害行為取消請求の対象とすることはできないと解するのが，これまでの一般の見解である。

　しかし，破産法上は，対抗要件の否認（破164条）や執行行為の否認（破165条。強制執行による強制的弁済の否認の意味。強制執行手続の取消しではない）が認められることとの関係で，民法上も考え直す余地なしとしない。もっとも，受益者側からする相殺の否認については，破産法上もこれを否定するのが判例の態度である（最判昭和41・4・8民集20巻4号529頁，最判平成2・11・26民集44巻8号1085頁。学説には肯定説もある）。

🗒 **Case** 身分法上の行為の対象適格

　相続放棄や遺産分割協議や離婚に伴う**財産分与**は，財産行為にはちがいないが，身分法上の行為でもある。この特殊性から，これらの行為に詐害行為取消請求の対象適格を認められるかが，論じられる。

　判例は，相続放棄については否定（最判昭和49・9・20民集28巻6号1202頁。財産を取得しないだけであること，相続人の身分を放棄する身分行為であってその意思は他人の意思に優越されるべきでないことを理由とする），遺産分割協議については肯定（最判平成11・6・11民集53巻5号898頁。財産権を目的とする法律行為にほかならないことを理由とする），離婚に伴う財産分与（768条）については原則として否定（最判昭和58・12・19民集37巻10号1532頁，最判平成12・3・9民集54巻3号1013頁。離婚当事者間の清算・扶養・慰謝という財産分与の趣旨に反して不相当に過大であり，財産分与に仮託してされた財産処分であると認めるに足りるような特段の事情の認められる場合に限り，その不相当な範囲を限度として取消請求の対象となりうるものとする），という態度をとる。

これに対し，被保全債権とされた債権が強制執行により実現できないものとなる原因事実（不執行合意の存在や自然債務に該当することなど。被保全債権の発生原因事実から強制執行に親しまないことが当然に明らかになるときは，これを治癒するに足りる事実をも併せて主張しない限り，請求原因に欠けることになる。424条4項），債務者の行為の詐害性について被告受益者が詐害行為の時に善意であったこと（424条1項但書）は，それぞれ，詐害行為取消権の障害要件事実（抗弁）となる。

詐害行為取消権が被保全債権の効力である以上，原告債権者の被保全債権（のすべて）の消滅要件事実（弁済，債権放棄，時効消滅など，一般の債権消滅事由）は，そのまま詐害行為取消権の消滅要件事実（抗弁）となる。

詐害行為の後に債務者の資力が回復したことは，詐害行為取消権の消滅要件事実（抗弁）となる（債務者の再度の無資力化は，その再無資力化の原因となった行為を対象とする新たな詐害行為取消権を発生させうるが，もとの詐害行為取消権を復活させる関係にはない。新たに生じた詐害行為取消権を訴訟物とする訴えの変更または新訴の提起は，もとより妨げられない）。

さらに，詐害行為取消請求には**出訴期間**の定め（426条）が置かれている。債権者代位権と異なり，請求認容判決の形成力によって債務者の自由と受益者の利益を侵害することはなはだしいから，とくに出訴期間を定めて法律関係の安定を図ることにしたものである。出訴期間規定はいわゆる二重期間規定となっており，債務者が悪意で詐害行為をしたことを債権者が知った時から2年を経過した後，あるいは，詐害行為のなされた時から10年を経過した後に詐害行為取消しの訴えが提起されたときは，その訴えは不適法として却下される（本案前の抗弁）。却下判決が確定すれば，出訴期間の経過について既判力を生ずる。

(b) 転得者を被告とする場合

受益者に対すると同じ要件事実に加え，債務者の行為の詐害性についての被告転得者自身の悪意も，その転得者に対する詐害行為取消権の根拠要件事実となる。転々得者，転々々得者などを被告とする場合には，その被告の悪意に加えて，その被告に至る中間転得者全員（転々々得者に対する訴えの場合には転得者，転々々得者に対する訴えの場合には転得者・転々得者）の悪意をも要する（民424条の5。破170条1項参照）。

受益者に対する詐害行為取消請求が認容される場合でなければ転得者に対する詐害行為取消請求も認容されない関係にあるから，受益者の善意が，転得者

に対する詐害行為取消権についても障害要件事実（抗弁）になる。

　被保全債権の消滅原因事実や債務者の資力回復の事実が詐害行為取消権の消滅要件事実（抗弁）となること，詐害行為取消の訴えが出訴期間経過後に提起されたことがその訴えを不適法とすること（本案前の抗弁）は，受益者に対する訴えの場合と同様である。

▶▶▷ 5　**訴外債務者への訴訟告知義務**　　詐害行為取消請求を認容する確定判決の**既判力**（弁論終結時における取消原因の存在の判断をもって後訴裁判所の判断を拘束する効力）および**形成力**（取消宣言確定を要件として詐害行為の効力を失わせる実体法上の効力）は，訴訟当事者のみならず，訴外債務者に及ぶ（425条）。このことを，そもそも訴訟当事者適格のない債務者に訴訟関与の機会を何ら与えないままに是認することは，債務者に対する手続保障の観点からは，妥当でない。そこで，訴外債務者に訴訟関与の機会を与え，もってこれに対する手続保障を尽くすため，詐害行為取消訴訟を提起した取消債権者は，遅滞なく，債務者に対し訴訟告知をしなければならないものとされる（424条の7第2項）。

　もっとも，民事訴訟法が規定する訴訟告知は，被告知者に訴訟参加を促しつつ（訴訟上の応援を求める意味がある），参加しない被告知者にも参加的効力（告知者・被告知者間の敗訴責任分担。告知者との関係において被告知者は告知者敗訴の理由を争えなくなる）を及ぼすところに意義のある制度であるから，民法が詐害行為取消訴訟の原告債権者に義務付ける訴訟告知は，参加するとすれば被告側となるはずの者に対する告知である点（代位訴訟原告の告知が訴外債務者の原告側への応援を求める趣旨であるのと全く異なることに注意），および，その告知によって正当化されるのは被告知者に対して（参加的効力ではなく）既判力・形成力が及ぶことである点において，**特殊な制度設計**であるといわなければならない。

　訴訟告知懈怠（訴訟告知がなされなかった場合，または，訴訟告知に遅滞があった場合）にどのような効果が付与されるのかは，明らかでない。

> 👤 **Topica**　**訴訟告知懈怠の効果**
>
> 　立案関係者は，取消請求認容確定判決の既判力・形成力が訴外債務者に及ぶのは民法425条の規定を根拠とするのであって，訴外債務者が訴訟告知を受けたことの効果ではない。また，訴訟告知に懈怠があったときは，訴外債務者への手続保障を欠いたままで取消請求が認容されるのを封ずるために，訴えを却下すべきである，と考えているよう

である。

しかし，訴えの適法性が訴訟告知の「遅滞の有無」というあいまいな規準に係らしめられるのは，大いに疑問である。のみならず，そもそも訴外債務者が自己の債務を履行せず，しかも債権者を害する行為をその詐害性の認識の下であえてしたと疑われるようなことがあるから取消訴訟が提起されるに至るのであって，その訴外債務者に取消債権者がなぜ訴訟告知の手間をかけてやらないといけないのか（取消訴訟の提起は訴外債務者にとって当然予期すべき範囲内の事態である），そうしておかなかったからといって民法上与えられた固有の権利を行使してする訴訟の提起がなぜ不適法視されなければならないのか，ははなはだ不可解である。

結局，せいぜいのところが，取消債権者は訴外債務者に対して敵対的財産管理権限行使に伴う善管注意義務を負担し，その一環として，訴外債務者に提訴の事実を適時に通知しなければならず（通知懈怠のために適時の被告側に訴訟参加する機会を逸したことにより生じた損害の賠償を債務者は取消債権者に請求することができる），その通知の方法が訴訟告知によるべきものと推奨された（詐害行為取消権行使の方法が訴訟提起に限られるからといって，通知の方法を訴訟告知に限定すべき必然性はない），というにとどまると解すべきではなかろうか。立法論としては，訴訟告知義務の規定など，撤廃するに如くはない。

▶▶▷ 6　詐害行為の態様と特則

(a)　債務者が自己の財産を相当価格で売却処分するなどの行為を「**等価交換行為**」といい（自己の財産を担保に供してその担保力に見合う融資を受けるなどの行為を「**同時交換行為**」といい，その性格と取扱いは等価交換行為に準ずるものとみてよい），債務者が他の債権者をさしおいて一部特定の既存債権者に対してのみ弁済したり担保を供与したりすることを，「**偏頗行為**」という（偏頗行為が過大な代物弁済等としてなされるときは，その過大な範囲では一般の詐害行為〔財産減少行為〕の性質が認められるから，当該代物弁済等は，一般の要件に従い，過大な範囲について一部取消請求の対象となる。424条の4）。これらは，基本的には，債務者の資力に計数上のマイナスをもたらさないから，そのために債務者が無資力になったとの理解には困難がある。のみならず，債務者としては，そのような行為によって経済的更生を図ることも，あながち不合理とはいえないし，これをいたずらに阻止するならば，経済的危機にある債務者をいよいよ破綻するのほかなきに追い詰めることになり，結局は債権者にも不利に帰することになりかねない。

しかし他面，相当価格売却によって得られる金銭は，処分目的物それ自体に比して，消費や隠匿が容易であり，債権者にとって責任財産としての安定性に

は劣るものである。また，偏頗弁済や偏頗的担保供与にあっては，債務者の現有資産が受益者のために逸出し，それと引換えのプラス要因は，債務消滅ないしこれに準ずる観念的な関係に過ぎない。債務者が経済的危機にあるとき，債権者として，黙って見過ごせる行為でもない。

そこで民法は，等価交換行為・偏頗行為を対象とする詐害行為取消請求につき，債務者の経営判断尊重の必要と責任財産保全の必要との間を慎重に調整し，かつ，それら行為に対する民法上の詐害行為取消請求と破産法上の否認との間で（とくに，詐害行為取消請求は認められるが否認は認められないという逆転現象を生じないように）均衡が保たれるよう，要件面で特則を設けることとした（424条の2・424条の3）。基本的には，いずれの行為についても，（従来の判例通説を変更して）詐害行為取消請求が認められるためのハードルを著しく高いものとしている。

(b) 等価交換行為の取消請求の要件

等価交換を目的とする行為についての詐害行為取消請求（一般の請求原因事実による）に対し，受益者がその行為に基づいて債務者に相当の対価を給付済みであること（等価交換が履践されたこと）が抗弁として主張され（かつその事実が確定され）たときは，①当該行為が，財産の種類を変更し（不動産の売却換価など），債務者が財産隠匿等をするおそれを現に生じさせるものであること，②当該行為をした時点で，債務者に財産隠匿等の意思が現にあったこと，および，③当該行為がなされた時点で，受益者が②の事実について知っていたことが，再抗弁として主張されるのでなければ，詐害行為取消請求は認められない（424条の2）。

破産法上の否認の要件（破161条1項）に足並みをそろえたものであるが，とりわけ③の要件は，受益者の主観的容態に関する主張証明責任を原告債権者が負担することを意味するから，原告にとって非常に重い負担となる（インサイダー的受益者についても，破産法にみる悪意推定規定（破161条2項）は置かれず，事実上の推定で対処することになる）。

(c) 偏頗行為の取消請求の要件

偏頗行為についての詐害行為取消請求が認められるには，①当該行為が債務者の支払不能の時になされたこと，および，②債務者と受益者が通謀して他の債権者を害する意図で当該行為をしたことを，必要とする（民424条の3第1項）。

①にいう支払不能とは，破産原因と同じ概念であり（民424条の3第1項1号カッコ書，破2条11項・15条），たんなる無資力よりもハードルが高いと一般に考えられ（実は，無資力の概念があまり明確でないのも問題なのだが），破産法上も，偏頗行為否認の客観的要件の基本的因子になっている（破162条1項1号）。また，②の要件は，破産法上の偏頗行為否認の主観的要件（破162条1項1号イ・ロ）に比し，一段と厳しいものになっている。詐害行為取消請求が認められるためのハードル（原告債権者の主張立証の負担）はやはり非常に高いといわねばならない（インサイダー的受益者についても，破産法にみる悪意推定規定〔破162条2項〕は置かれず，事実上の推定で対処することになる）。

　また，取り消されるべき偏頗行為が，（履行期にあるとしても）債務の本旨弁済に該当することが認められないとき，または，（本旨弁済であるとしても）債務が履行期にあることが認められないときは，その偏頗行為の非義務行為性に着目して上記①の要件は緩められ，①′当該行為が（債務者の支払不能の時になされたのでなくても）支払不能になる前30日以内になされたこと，と修正される（②の要件は同じ。民424条の3第2項。破162条1項2号参照）。この規定によるときは，代物弁済も，過大なものかどうかにかかわらず（民424条の4参照），その全部を詐害行為取消請求の対象とすることができる（過大な範囲に限っては，民法424条の定める一般の要件に従って詐害行為取消請求の対象とすることができる。民424条の4。破160条2項参照）。

▶3　詐害行為取消権行使の効果

▶▶1　判決効の主観的範囲

　受益者に対する詐害行為取消請求を認容する判決が確定した場合，その判決効のうち，取消しの既判力（弁論終結時における取消原因の存在の判断をもって後訴裁判所の判断を拘束する効力）および形成力（取消宣言確定を要件として詐害行為の効力を失わせる実体法上の効力）は，原告であった債権者と被告であった受益者のほか，訴外債務者，同債務者に対するすべての債権者に及ぶ（民訴115条1項1号，民425条）。また，判決効のうち，現物返還請求または価額償還請求についての既判力（弁論終結時における請求権の存在の判断をもって後訴裁判所の判断を拘束する効力）および執行力（国家の執行機関に申し立てて請求の目的給付についての強制執行手続を開始・追行させることのできる効力）は，原告であった債権者

と被告であった受益者との間に生ずる（民訴115条1項1号，民執23条1項1号）。

　転得者に対する詐害行為取消請求を認容する確定判決の効力は，原告債権者・被告転得者のほか訴外債務者や同債務者に対するすべての債権者に及ぶ限りでは，受益者に対する詐害行為取消請求認容確定判決の場合と同様であるが，受益者には及ばず，被告転得者に先立つ中間転得者のいずれの者にも及ばないことに注意する必要がある。

　取消しの形成力が訴外債務者に及ぶ結果，同債務者自身も，原状復帰した財産について管理処分権を回復する。取消債権者としては，ここで債務者にその財産を処分されてはたまらないから，債務者に対してその財産の仮差押えまたは差押えをかけることによって，債務者の処分を封じておく必要がある。

　詐害行為取消請求を棄却する確定判決の効力（弁論終結時における詐害行為取消権の不存在についての既判力。形成力・執行力を問題にする余地はない）は，原告であった債権者と被告であった受益者または転得者との間に生ずるに尽きる（民訴115条1項1号）。

▶▶ 2　現物返還（不動産の登記名義の債務者への回復）の場合

　取消請求認容判決の形成力は他の債権者においてもこれを享受することができる（民425条）から，登記名義が債務者に回復された不動産に対し（取消債権者においては判決確定による被告の登記申請行為の擬制を前提に，債務者に登記名義を回復させるための単独申請ができる〔民執177条，不登63条〕のみならず，詐害行為取消しの結果として債務者が取得する登記回復請求権を，他の債権者も代位行使することができる〔民423条〕），取消債権者も，他の債権者も（その債権の発生原因が詐害行為の前に存したかどうかを問わない），いずれも債務者に対する債務名義を有する限りにおいて，その債務名義の執行力に基づき，金銭執行の申立てをすることができる。

　そうすれば，当然ながら，取消債権者も他の債権者も，当該不動産の換価金（強制競売による売却代金または強制管理による賃貸料）から債権者平等原則に従って配当を受けるべきことになる（取消訴訟の追行に要した費用は，共益費用として先取特権により保護され，優先配当を受けることができる。民306条1号・307条・329条，民執42条・85条2項・142条2項，参照）。詐害行為取消権の**強制執行準備機能**がきれいにあらわれる場面である。

▶▶ 3　現物返還（動産の債務者または債権者への引渡し）の場合

　動産占有が債務者に回復された場合には，取消債権者も，他の債権者も（その債権の発生原因が詐害行為の前に存したかどうかを問わない），いずれも債務者に対する債務名義を有する限りにおいて，その動産に対する金銭執行を申し立てることができる（民執123条）。

　しかしながら，不動産の登記名義を債務者に戻すのには債務者の協力を要しないのに対し，動産の占有を債務者に取得させるには債務者の協力（引取り）を要するところ，債権者としては，債務者に引取りを強制する根拠・手立てがない。このままでは動産占有が宙に浮いてしまうから，民法は，詐害行為取消権行使の一環として，取消債権者に，動産の引渡しを直接自己に対してするよう求めることができるものとした（民424条の9）。これによって詐害行為の目的動産の占有を取得した取消債権者は，その動産に対して金銭執行の申立てをすることができる（民執124条）。

　いずれの場合であれ，売却による換価金は，配当受領権を認められる債権者間で債権者平等原則に従って分配されるのが，制度上の建前ではある（費用回収については，⇨▶▶ 2 末尾および民執142条2項）。しかしながら，実際上は，動産執行手続は差押債権者以外の債権者が参加する時間的間隙のないままに完結し，取消債権者が売却金を独占する結果となることが多い。

▶▶ 4　債務免除取消しによる債権復活の場合

　債務者がした債権放棄が詐害行為として取り消された場合には，その結果として復活する債務者の債権につき，取消債権者も，他の債権者も，いずれも債務者に対する債務名義を有する限りで，その復活した債権に対する金銭執行の申立てをすることができる（民執143条以下）。ここから先は民事執行法固有の問題になるので詳細は省くが，復活債権の債務者である受益者に信用がある限りは，取消債権者が他の債権者に先駆けて債権差押えに加え転付命令を受けることにより，ほぼ確実に，当該債権の価値は取消債権者に独占されることになる（民執159条・160条。取立請求に他の債権者が参加して配当手続となる場合〔民執156条2項・157条4項・165条・166条参照〕でも，費用回収については優先的に扱われることにつき，⇨▶▶ 2 末尾および民執166条2項）。

▶▶ 5　金銭支払・価額償還の場合（事実上の優先弁済）

　詐害行為取消訴訟において，受益者に対して金銭支払（金銭贈与や金銭債務の

偏頗弁済を詐害行為とする場合などが考えられる）や現物返還の困難による価額償還を請求し，あるいは転得者に対して価額償還を請求する場合にも，債務者に金銭受領を強制する実体的根拠も手続規定もないこと，むしろ詐害行為取消権によって取消債権者は回復目的財産についての管理権を付与されていることを理由として，取消債権者は，**自己に直接**に金銭支払ないし価額償還をするよう求めることができるものとされる（424条の 9。支払・償還義務は取消債権者の請求を受けた時に遅滞に陥る〔最判平成30・12・14民集72巻 6 号1101頁〕）。

被告から金銭を直接受領（任意の支払によると強制執行によるとを問わない）した取消債権者は，債務者との関係において，自己の被保全債権を自働債権とし，取消債権者に対する債務者の受領金銭返還請求権を受働債権として**相殺**を実行することにより（破71条 2 項 1 号参照），受領金銭による独占的満足を得ることができる。ここにおいて，詐害行為取消権もまた，債権者代位権と同様，強制執行準備機能を超えて，事実上の優先弁済をもたらす**簡易強制執行機能**を営む結果となる。

この結果を嫌う他の債権者としては，裁判所（破産裁判所）に対し，債務者の破産手続開始の申立てができる余地がある。とりわけ，偏頗弁済の取消請求は当該弁済が債務者の支払不能時になされたことを要件とするから，偏頗弁済の取消請求を通じて事実上の優先弁済を得ようとする訴訟が提起されたときは，債務者の支払不能状態が継続している限り，他の債権者（当該訴訟の被告たる偏頗弁済受領者を含む）の申立てにより債務者を破産させ，詐害行為取消訴訟の中断にもちこむことができる。そうすれば，あとの事案処理は破産管財人の否認権行使に委ねられ，債権者平等の配当を期待することができる。偏頗弁済の支払不能時要件は，詐害行為取消しと否認との逆転現象を回避するのみならず，先んじて債権回収を得た債権者を横目に見つつその偏頗弁済取消しを求めて事実上の優先弁済を得ようとする「遅いもの勝ち」の結果の不当性を，債権者平等の限度まで矯正する機能をも有するのである。

💁 **Case**　事実上優先弁済の是認と保全

債権者としての弁済受領を取り消される被告受益者は，原告債権者の請求に対し，按分的にも支払を拒絶することができない（最判昭和46・11・19民集25巻 8 号1321頁）。また，金銭を直接受領した取消債権者に対し，他の債権者（被告受益者であった者を含

む）は，按分的にもその分配を請求することができない（最判昭和37・10・9民集16巻10号2070頁）。

　債務者に取消しの形成力が及ぼされる結果，債務者もまた受益者に対する金銭支払ないし価額償還の請求権を取得する。債務者の請求権が満足されると取消債権者の請求権は消滅する関係にある。したがって，取消債権者としては，相殺による事実上の優先弁済の利益を確保しようと欲するのであれば，債務者の取得する請求権に対して仮差押えまたは差押えをかける必要がある。

🏃 Topica　詐害行為取消権の簡易破産機能

　詐害行為取消権の事実上の優先弁済機能を活用して，本来であれば破産手続によって行われるべき平等主義処理を，破産手続によらずに簡易に実現する（簡易破産機能），ということも行われる。

　偏頗弁済につき他の債権者が単独で詐害行為取消請求をするとしても，詐害行為取消訴訟が債権者代表訴訟でない以上，請求額は，取消債権者の債権額の限度でしか認められない（424条の8）。しかし，他の債権者も多数集合し，全員の名において，または代表者の名において（後者の場合は任意的訴訟担当による債権者代表訴訟になる），詐害行為取消訴訟を提起・追行するときは，請求額は，原告取消債権者全員または原告取消債権者とその被担当者たる債権者全員の債権額の合計額に及びうる。大口債権者への偏頗弁済がなされた場合に他の中小債権者が少しでも利益を確保するには，法的整理コストを回避しつつ法的整理同様の平等主義的満足を得ることを目的として，中小債権者が自治的に集団を組成し，偏頗弁済の取消しにより得られる弁済金額を，集団的合意に基づいて各債権者に配分する，というのが便宜である（一種の私的整理となる。合意による満足が法的整理による満足よりも小さいと考える債権者は，法的整理手続を開始させる手続をとればよい）。また，債権者がそのようなスクラムを組んで詐害行為取消権行使をちらつかせることによって，特定債権者の抜駆け的債権回収の企てを抑止することも可能になる。

　このように，不満ならば破産を申し立てればよいという背景に担保されてのことではあるが，破産手続の時間的金銭的コストを省いて破産手続によると同様の満足を債権者に得せしめるという機能，言い換えれば，私的整理における否認権的機能を，うまくやれば，詐害行為取消権も営むことができるのである。

　なお，否認権制度を持たない会社法上の特別清算手続においても，詐害行為取消権は，否認権に代わる簡易破産的機能を担っている。

▶▶ 6　被告受益者の地位

　訴外債務者にも同人のした財産処分が詐害行為として取り消される効果が及ぶ限りにおいて，被告受益者は，債務者に対し，債務者からその財産を取得するためにした反対給付の返還（それが不能ないし困難なときは価額償還）を請求す

ることができる（民425条の２。文理上は明らかでないが，民法425条の３との均衡上，受益者の現物返還ないし価額償還の先履行が要件になると解される。破産法168条とパラレルな役割を担う規定である）。

また，受益者が債務者から得た弁済等の取消しが受益者の債権を復活させるべき関係にあるときは，受益者がそのなすべき給付返還ないし価額償還を了したことを要件として（先履行），債務者に対する受益者の債権が復活する（民425条の３。破産法169条とパラレルな役割を担う規定である）。

▶▶ 7　被告転得者の地位

転得者に対する詐害行為取消請求認容の確定判決は，受益者にも，その受益者から被告転得者に至る中間転得者にも，効力を及ぼさない。したがって，被告転得者は，自己のなすべき返還ないし償還を了しても，自己の前主（条文上は「前者」）に対して自己のした給付の返還を請求したり，自己の前主に対して債権の復活を主張したりすることができない。かといって，被告転得者の保護を等閑に付することもできないから，民法は，かりに受益者に対する詐害行為取消請求が認容されたのであれば受益者が債務者に対して得るであろうところの給付返還請求権を，転得者がした反対給付の価額を限度として転得者に与え，あるいは，かりに受益者に対する詐害行為取消請求が認容されたのであれば受益者において復活するであろうところの債務者に対する債権を，転得者において失った債権の価額を限度として転得者に与えることとした（民425条の４。破170条の２・170条の３参照）。

⚆ Check

●設問１（基本問題）

(1)　債権者代位権・詐害行為取消権による強制執行準備機能・簡易執行機能はそれぞれどのような場面で発現するか，説明しなさい。

(2)　債権者代位訴訟と詐害行為取消訴訟とでは，訴訟の構造・性質（訴訟物，原告適格権原，判決効の主観的範囲とその根拠）に，どのような相異があるか，説明しなさい。

●設問２（発展問題）

Aは，Bに多額の金銭を貸し付けているが，その返済が滞ってきたため，かねてBが所有していた甲土地について登記情報を確認したところ，甲土地の登記簿上の所有者名義が売買を原因としてBからCに移転されていることを知った。Bに他に目ぼしい財産があったとは思えない。AがBに問い質すと，Bは，甲土地を正当な代価で売却し，受

領した代価はすでにいろいろな用向きに費消してしまって残っていない，と言っている。しかし，BがCに甲土地を売却したこと自体，実体を伴わない仮装取引ではないかとも疑われる。このままでは埒が明かないので，Aは，Bに対する貸金債権の満足を目的として甲土地に対しなんとか強制執行の手続をとるため，まず訴訟手続をとることにした。Aとしては，B・C間の甲土地売買が仮装取引であるとの主張を前面に押し出しつつも，その主張事実を立証できない可能性も考慮に入れておかなければならない。

　この場合，Aは，誰に対してどのような請求を立てて訴訟を提起すべきか，それぞれの請求について訴訟当事者間にどのような攻撃防御の応酬が想定されるか，それら請求を1個の訴訟手続に併合するとすればその併合の態様はどのようなものか，明らかにしなさい。

第**6**章

多数当事者の債権・債務

▷▷ Navi ▷▷

　債権者がいくら債権者代位権や詐害行為取消権によって債務者の資力を維持・回復させようとしても，代位行使されるべき権利や取り戻されるべき財産が見当たらなければ，せっかく勉強した債権者代位権も詐害行為取消権も，何の役にも立たない。債権者は，だからこそ取引の起点において，債務者の信用を見極めないといけないのだが，いくら見極めたつもりでも，債務者がどうしようもなく無資力となる危険はつねに存在する。その危険に直面してもなお債権の満足が得られるような手立てを講じようとするのが，賢明な債権者であるが，はたしてどのような手立てを講じればよいのだろうか。

◆ Key Point ◆

　多数当事者の債権・債務は，その対外関係（複数債権者の1人が債務者に対して，あるいは，債権者が複数債務者の1人に対して，どのような履行を請求することができるか），影響関係（複数債権者または複数債務者の1人に生じた事由が，残余の債権者または残余の債務者に対して，どのような法的影響を及ぼすか及ぼさないか。及ぼすときに，その事由には「絶対効」があるといい，及ぼさないときに，その事由には「相対効」しかないという），内部関係（複数債権者の1人が弁済を得た場合に残余の債権者はどのような利益分与を請求することができるかできないか，複数債務者の1人が弁済した場合に残余の債務者に対しどのような負担分担を請求することができるかできないか。弁済した債務者から残余の債務者各自が分担を求められる負担範囲のことを，「負担部分」という）の3つの視座からとらえるのが便宜である。

　このうち，影響関係の理解は少々めんどくさい。債権の満足事由（弁済・弁済提供・代物弁済・供託・相殺）が，その満足の範囲で債権消滅の絶対効を有することは，当然の法理である。その他の事由は，原則として残余の債

権者または債務者に影響を及ぼさない（相対効の原則。複数債権者各自の債権または複数債務者各自の債務の別個性による）が、例外的に絶対効を認められる事由がある。どのような事由が残余の債権者または債務者にどのように影響を及ぼすのかは、複数債権者相互ないし複数債務者相互の関係と債権の目的たる給付の性質とに応じて異なってくるからめんどくさいのであるが、むやみに丸暗記に頼らず、どういう事由にどういう理由でどういう絶対効が付与されているのかをていねいに追いかけるのが、結局は早道である。急がば回れ。

　実際問題としては、債務者複数の諸態様がそれぞれどのように債権の人的担保としての機能（その核心は、破産法上の手続開始時現存額主義にある）を営むかを理解するのが重要である。保証人保護の社会政策的要請がどのように法制度に反映されているかにも、併せて注目しよう。

1　複数主体の債権・債務——分割債権・分割債務の原則

　債権者1人・債務者1人の間に1個の債権（債務）があるという基本の関係について、債権者あるいは債務者を複数（2人以上）に置き換えると、そこにははたしてどのような変奏曲が奏でられるのだろうか。これが本章の課題である。

　ここでまず、債権・債務の総有的帰属、合有的帰属、共有的帰属の別に注目しなければならない。物権法上の共同所有の類型（総有・合有・共有）とパラレルな区別である。

　入会団体や権利能力なき社団に物が帰属する法律関係が「総有」であるが、それと同様に、債権や債務の**総有的帰属**が考えられる。各構成員の持分という観念を容れない権利帰属の概念である（入会団体や権利能力なき社団には権利能力がないから、入会団体や権利能力なき社団が所有権者だとか債権者・債務者だとかの表現は法的にはミステイクであり、法的表現としては構成員の共同所有といっておかざるをえない、それだけのことである）。

　「合有」は、組合員による組合財産の共同所有（668条・676条・681条）や、共同受託者による信託財産の共同所有（旧信託法24条・新信託法79条）について認められる。組合財産・共同受託財産に含まれる債権・債務は、組合員・共同受

託者に**合有的に帰属**する。各組合員・各受託者に持分は認められるが，その財産権としての自由は組合・信託の目的によって強く拘束される。

　「共有」は，各共同所有者の持分がそれぞれ所有権の自由を享受する個人主義的共同所有であり，持分処分の自由と共有物分割請求の自由を本質的要素とする。各持分は，満員電車の乗客同士のように，たまたま同一物上に乗り合わせたから嫌々に身を接して一緒にいるが，隙あらばいつでもバラバラになって離れていこうと欲している，そういう感じである。逆にいうと，共同所有者間に愛し合う関係があってこそ，その程度に応じて，できるだけひっついていたいとか（合有），溶け合うようにしていっしょになっていたいとか（総有）の特殊な関係が生まれるのであって，共有物分割による個人的権利関係への還元をこそ欲する個人主義的共同所有すなわち共有の関係が，共同所有の法的原則形態である，と位置づけることができる。

　民法には，物権法において共有についてはかなり細かく規定を設けている（249条以下）が，合有・総有については特段の規定がない。解釈論に委ねているというか，むしろ，できることなら合有・総有などという団体的拘束概念を正面から認知することはしたくない，と考えている感がある。民法は，それほどに，個人主義の体系的価値観に立脚しているといってよい。

　債権債務の共同帰属についても同様であって，民法は，その合有的帰属・総有的帰属について一般的規定を設けない。民法427条以下の規定は，民法249条以下の規定と同様，まったくもって，債権債務の「**共有的帰属**」の諸類型についての規定なのである。

　有体物の共有を個人主義的権利関係に還元するには，有体物の分割（258条）という具体的手順を経る必要があるが，無体物たる債権の共有的帰属を個人主義的権利関係に還元するには，分割されるべき債権の目的たる給付が可分なものである限り（可分給付債権。略して可分債権と呼ぶことも多いが，その対立概念は，あくまで不可分給付債権であって，不可分債権ではない。不可分債権とは，不可分給付を目的とする債権が複数主体に帰属する関係のことである〔428条・429条〕。ただし，民法431条では，可分給付債権・可分給付債務の意味で可分債権・可分債務，不可分給付債権・不可分給付債務の意味で不可分債権・不可分債務の言葉が用いられている），具体的分割手続を要せず，割り算イッパツでやってしまうことができる。額面900万円の金銭債権が3人に共有的に帰属するというのなら，それは瞬間的に，

1人ずつ300万円の金銭債権を有する関係に分割してしまうことができる。また，額面900万円の金銭債務が3人に共有的に帰属するというのなら，それは瞬間的に，1人ずつ300万円の金銭債務を有する関係に分割してしまうことができる。個人は，互いに離れたがっているのであり，妨げる事情がない限り，即座に離れさせてやればよいのである。結果として，分割された給付は相互に重ならず，債務者あるいは債権者に対して，分割された給付を目的とする債権者あるいは債務者が，複数ながらも相互独立に存在するに尽きる。

　というわけで，民法は，債権債務の共有的帰属について「**分割債権・分割債務の原則**」を宣明している（427条。ただし，1個の銀行預金債権・郵便貯金債権が共同相続された場合，その1個の**預貯金債権**は，一般の金銭債権と異なり，遺産分割の協議・審判によって分割されるまで，1個の預貯金債権のままで共同相続人によって準共有される。最大決平成28・12・19民集70巻8号2121頁，最判平成29・4・6判タ1437号67頁。909条の2，家事事件手続法200条3項参照）。そうした上で，民法は，債権・債務が複数主体の1人に1個ずつ帰属する関係が，給付の性質や当事者間の合意等によってどのように変奏されるかを，順次定めている。それが，不可分債権であり，不可分債務であり，連帯債権であり，連帯債務であり，主債務・保証債務の関係なのである（保証債務の変奏曲として，連帯保証債務，保証連帯債務，連帯保証連帯債務がある）。

　このうち，債務の共有的帰属，すなわち債務者複数の法律関係は，**債権の人的担保**として機能する。債権者は債権者代位権・詐害行為取消権を行使して債務者の資力の可及的維持に努めることはできるが，それにも所詮限界はあり，安心してはいられない。つまり，債権者は，債務者がどうしようもなく無資力となってもなお債権の満足が得られるような手立てを講ずるのでなければ，賢明な債権者とはいえない。そういう手立てのことを債権の担保といい，債権担保は人的担保と物的担保に大別される。

　物的担保は，債務者または第三者の所有する特定物（有体物・無体物）を一定の範囲で支配することにより債権の満足を確保しようとするものである。債権総則の規定する相殺権も実は物的担保の一種であるが，物的担保の主要な形態は，抵当権に代表される担保物権である。

　対するに人的担保は，債権の目的たる給付と同一（または等価。以下同じ）の給付を目的とする債権を第三者に対する関係で取得し，債務者が無資力となっ

ても，同一給付を目的とする債務を負担する第三者に対してその履行を求めることができるものとすることによって，債権の満足を確保しようとするものである。世間的には保証債務ないし連帯保証債務の設定（保証人・連帯保証人を立てさせる）が代表的な人的担保手段であるが，同一給付を目的とする複数主体の債務負担は，およそ一般に債権の人的担保の機能を有する。総じて，債権単独ではその債務者1人の財布しかアテにできないのに対し，債務者を複数にしておけば，複数債務者のそれぞれの財布をアテにすることができる，という仕組みである。

分割債務でも，それなりに人的担保となる。債務者単独の場合に比して，債務者の無資力危険を分散する意味での債権担保機能が認められるからである。ただその一方，分割債務では，債務者の1人の無資力危険は債権者の負担に帰してしまう。そこで，性質上は分割できる給付（可分給付）でも，債権者・債務者間の合意または法律の規定により，これをあえて分割しないことにして，その全部給付を複数債務者各自の債務の目的としておけば，債権者は，分割債務の場合に比して，債務者1人の無資力危険を債権者から他の債務者に転嫁することができることになる。複数債務が相互対等の関係に立つ連帯債務と，複数債務の一部を主債務としてこれに従たる関係に立つ保証債務（保証債務の亜型として，連帯保証，保証連帯，連帯保証連帯がある。主債務が不特定でもこれを保証する，というのが根保証である）が，このような機能を果たす。

なお，元々性質上分割することのできない給付が複数債務者各自の債務の目的である場合は，不可分債務と呼ばれる。保証債務は，不可分給付債務を主債務としても考えることができる。

同一の不可分給付を目的とする債務が複数主体各自に各別に帰属する関係，または，債権者・債務者の合意もしくは法律の規定により分割されないものとされた同一の可分給付全部を目的とする債務が複数主体各自に各別に帰属する関係を，総じて，「全部義務」と呼ぶ。

全部義務関係は，全部義務者の1人について破産手続開始決定がなされた場合の手続開始時現存額主義（破104条・105条）においてその債権強化機能を最も顕著に示すが，これについては後述する（⇨第2節▶5・第4節▶5）。

　たとえば，1人の者（Ａ）が1000万円貸してほしい，とやってきたとする。はいはいと貸してやると，1人の債務者に対して1000万円の貸金債権を有する関係が成立する。Ａが資力を失ったときには，債権者はまるごと貸倒れの負担を負うことになる。アブナイアブナイ。

　そこで，貸し手としては，1人でなく2人で1000万を借りたいというのであれば貸してやろう。そうしてＡ・Ｂに1000万円を貸し付けると，分割債務の原則により，Ａに対して500万円の貸金債権1個，Ｂに対して500万円の貸金債権1個を有する関係が成立する。その結果，たとえＡが無資力となっても，Ａだけが債務者であるときと異なり，500万円まではＢから取り立てることができるから，債権者は，債務者の無資力危険を分散することができたことになる。

　ところが，これでは，債務者の無資力危険を分散する意味で債権の担保を得たことにはなるけれども，Ｂに対して請求できるのはあくまで500万円の支払が限度である。500万円の債務者に過ぎないＢに対し，Ａが破綻した以上はＡの分も支払えと言ってみても，それは法的に支持されない。分割債務を設定することによって債務者の無資力危険を分散することはできたが，債務者の1人の無資力危険はやはり債権者が負担せざるをえないのである。そこで，債権者としては，債務者の無資力危険の分散だけではなく，債務者の1人の無資力危険を他の債務者に転嫁したい。Ａが破綻したなら，Ｂに対して1000万円全額の支払を請求できるようにしたい。ならば，債権者と債務者Ａ・Ｂとの間で，そのように合意すればよい。この合意（不分割特約）により，分割債務は連帯債務と呼ばれる全部義務関係に変容する（連帯債務は，約定連帯債務として成立する場合のほか，商法511条1項，民法709条・715条，民法719条の規定などに基づく**法定連帯債務**として成立する場合もある）。Ａ・Ｂに1000万円を不分割特約付きで貸し付けた効果として，Ａに対して1000万円の貸金債権1個，Ｂに対しても1000万円の貸金債権1個を取得し，たとえＡが破綻しても，Ｂに対して1000万円全額の返還を請求することができる（Ａ・Ｂ両者が破綻すれば万事休す。ならばどうしたらよいのか，というので，物的担保の話につながっていく）。

2　不可分債務・連帯債務

▶1　意　義

▶▶1　給付の性質による区分

　不可分債務と連帯債務は，全部義務関係であること（ただし，連帯債務においては各債務者の債務額が相異なること〔不等額連帯〕はありうる。連帯債務者の1人に

ついて共同相続を生じた場合など。最判昭和34・6・19民集13巻6号757頁），および，複数債務が法的に相互対等の関係にあることにおいて共通であるが，債務の目的たる給付がその性質上不可分（1棟の建物の引渡しなど）であるか可分（金銭支払など）であるかによって，不可分債務となるか連帯債務となるかが分かたれる。性質上の可分給付が債務の目的である場合に，債権者・債務者の合意によって不可分債務とすることは想定されていない。また，**共同賃借人**の賃料債務は共同賃借人の享受する目的物使用収益利益の不可分性に対応して不可分債務に当たる，という従来の判例法理は，現行法上放棄されたと考えられる（共同賃借人の賃料債務は連帯債務に当たると解される。分割債務にならないという点に，共同賃借人の享受する利益の不可分性の斟酌は反映されている）。

▶▶ 2 給付の性質の転換

不可分給付債務関係において，たとえば給付不能を生じて債務者が金銭的賠償債務を負うことになったなど，給付に可分性を生じたときは，もはや不可分債務関係は維持されず，各債務者が従前の負担部分の限度で分割された債務を負担する，分割債務関係に移行する（431条後段）。ただし，債権者と各債務者との間で，性質上の可分給付を不分割とする旨の合意をすれば，この不分割合意の当事者の限りにおいて連帯債務関係が成立する（合意の時期は，給付が可分となる以前でも以後でもよい。債権者と一部の複数債務者とがその合意をすれば，その一部の複数債務者の限りで連帯債務となり，合意に参加しなかった債務者は従前の負担部分の限度で分割された債務を負担するにとどまる。その合意が，債権者と債務者1人ひとりとの間でのみなされたときは，この1人の債務者のみが全部給付義務を負担し，合意に参加しなかった債務者は，やはり，従前の負担部分の限度で分割された債務を負担するにとどまる）。

▶2　対外的効力

債権者は，不可分債務者の1人に対して全部履行を請求することができ（一部請求を考えることができない），連帯債務者の1人に対して全部履行または一部履行を請求することができる。各債務者に対する各別の請求であって，債務者全員を束ねて請求しなければならない理由はどこにもない。

債務者各自の債務は相互に別個であるから，無効・取消原因や条件・期限等の付款も各別の問題である。債務者の1人に対する債権だけが譲渡や転付命令

などにより第三者に移転することも妨げない（債権者を異にすることになった複数の債務が不可分債務・連帯債務として存続する）。

▶3　影響関係

▶▶1　相対効の原則

　不可分債務・連帯債務のいずれにあっても，当然の法理として絶対効が認められる債権満足事由（弁済・供託・代物弁済・弁済提供・相殺）のほかは，債務者の1人に生じた事由は，原則として，その債務者と債権者との間限りでの法的効力（相対効）を生ずるにとどまり，他の債務者と債権者との関係には影響を及ぼさない(441条)。債務者は，各自が各別に債務を負担するものだからである。

▶▶2　更改の絶対効

　ただし，たとえば，債権者Gに対し900万円の支払を目的とする連帯債務者A・B・Cがある場合，あるいは，債権者Gに対し1棟の甲建物の引渡しを目的とする不可分債務者A・B・Cがある場合，GとAとが，Aの債務の目的を900万円の支払や甲建物の引渡しから1年間の労務給付に変更する旨の更改契約を締結したとする。この更改により，Gに対するAの900万円支払債務・甲建物引渡債務は消滅し（513条1号），AはGに対して新たに労務給付債務を負担する。これはいわば，Aが**新債務の負担**という形で旧債務を弁済したようなものであるし，Gにあってはその債権をもはや900万円の支払や甲建物の引渡しではなくAからの労務給付によって満足させようと意図したからこそそのような更改契約を締結したのであろう，と見立てることができる。そこで，Gに対するAの旧債務が消滅して新債務が発生しただけでなく，この更改をもってAの弁済に擬し，Gに対するB・Cの債務も消滅させることにしたのである(438条)。結果として，Aは，B・Cのそれぞれに対し，300万円ずつの求償請求，あるいは，更改時における甲建物の正当価額を限度としてGに給付する労務の経済的価値の3分の1ずつの価額での求償請求を，することができる（442条）。

　したがって，B（あるいはC）は，Gの債務履行請求に対し，G・A間に更改契約が締結されたことを主張して債務消滅の抗弁を主張することができる一方，Gは，GとB（あるいはC）との間にその抗弁を排除する旨の合意があることを主張して，再抗弁とすることができる。

▶▶ 3　相殺権・混同の絶対効

　加えて，連帯債務にあっては，債務者の1人が債権者との間で相殺に適した反対債権を有すること，および，債務者の1人と債権者の間に混同を生じたことについて，絶対効が法定されている。相殺権の絶対効は，残余の債務者の各自が，相殺権を有する債務者の負担部分の限度で，債権者に対し自己の債務の履行を拒絶することができる，とされる点に存する。混同の絶対効は，混同の当事者間に弁済がなされたものとみなされる点に存し，結果として，混同主体から残余の債務者に対する負担分担の請求関係（求償関係）が残る。

　たとえば，債権者Gに対して債務者A・B・Cが各900万円の連帯債務を負担するとしよう（債務者間の負担部分額は均等と推定される。これと異なる趣旨の債務者間の合意を債権者に対抗するには，債権者の悪意を要する）。AがGに対し，弁済期到来済みの反対債権600万円を有するとき，B・Cのいずれも，Gからの900万円の請求に対し，Aの負担部分額300万円の限度で，自身の**支払を拒絶**することができる（BやCが，Aの反対債権を用いてBやCの負担部分についてまで履行拒絶できるわけではない。Aが反対債権の全額600万円で現に相殺を実行したときは，Gの債権はその限度で満足したことになるから，Gに対するB・Cの債務もそれぞれに300万円〔900万円－600万円〕に縮減され，Aは，自己の600万円の債権を用いてGを一部満足させた者として，B・Cのそれぞれに対し，200万円ずつ〔600万円÷3。異なる合意があればその合意に従う〕求償請求することができる。439条1項・2項，442条）。

　同じく，債権者Gに対して債務者A・B・Cが各900万円の連帯債務を負担するとしよう（債務者間の負担部分額は均等と推定される。これと異なる趣旨の債務者間の合意を債権者に対抗するには，債権者の悪意を要する）。Gの債権とAの債務が同一人（Dとする。Dは，Gかもしれないし，Aかもしれないし，GでもAでもない人物かもしれない）に帰属することになったときは，AがGに弁済したものとみなされ，B・C各自に対する債権も，Aの弁済の絶対効を受けたものとして消滅する。その結果，Dは，B・Cのそれぞれに対し，300万円ずつ（900万円÷3。異なる合意があればその合意に従う）求償請求することができる。論理的には，混同に絶対効を与えなければならない必然性はない（G・A間に混同を生じても，B・C各自に対する900万円の債権はそのまま存続し，混同主体DがBから900万円の弁済を得たときには，BがDとCにそれぞれ300万円ずつ求償請求することができる，としておいてもよい）が，それではDとBとの間で900万円と300万円の往

復運動が生じ，その間にDが無資力になったりすると，Bにとって300万円を回収できない不公平が生じかねない。そこで，その**往復運動を省くことにした**のが，混同の絶対効の趣旨である（B・Dのいずれからにせよ，Cが300万円の求償請求に応ずべき関係に変わりはない。440条）。

　もっとも，Aの相殺権を援用してB（あるいはC）は履行拒絶をしないとか，G・A間に混同や更改があったからといってB（あるいはC）の債務は消滅しないとかを，GとB（あるいはC）とが合意すれば，この合意は有効である。

　したがって，B（あるいはC）は，Gの債務履行請求に対し，Aの相殺権による履行拒絶の抗弁や，G・A間の混同による債務消滅の抗弁を主張することができる一方，Gは，GとB（あるいはC）との間にそれら抗弁を排除する旨の合意があることを主張して，再抗弁とすることができる。

　なお，法文上は，不可分債務についても相殺ないし相殺権の絶対効が，連帯債務の規定を準用する形で法定されている（430条）が，性質上不可分な給付を目的とする債務を相殺によって消滅させることのできる反対債権というものを想定することは難しいし，性質上不可分な給付について相殺権者の負担部分の限度で履行拒絶するということはなおさら難しい。絶対にないとまではいわないが，ほとんど考える必要のない準用規定だと考えてもよいであろう。

▶▶ **4　特約による絶対効**

　ところで，不可分債務にせよ連帯債務にせよ，債務者の数を増やすほどに，責任財産入りの財布の数が増えるという意味では債権者に有利となるが，**時効管理**上は債権者に不利となる。債務者各自に対する債権はあくまで各別の権利であるから，消滅時効の完成を妨げるための措置も，それぞれの債権について各別に行わなければならない。消滅時効障害事由は，相対効の原則の枠内に置かれるのである。

　これは，債務者各自にとっては，自身の関知しないうちに自身の債務の時効が障害されることはないという地位を保障されるメリットとなるが，反面，債権者にとっては，せっかく複数の全部義務者を得て債権を強化したことで，時効管理が煩瑣になるというデメリットが生ずる，ということを意味する。

　債権者Gとしては，できることなら，Aに対する債権について時効障害事由が生じたならば，BやCに対する債権についても時効完成が妨げられるようにしておきたいものである。

ならばそのようにできないか。できないわけではない。債権者Gと不可分債務者ないし連帯債務者の1人Aとの間で，「他の不可分債務者ないし連帯債務者（BまたはC）に時効障害事由を生じたときはGのAに対する債権についても時効が障害されるものとする」という合意をしておけば，この合意の効力によって時効障害事由に絶対効を生じさせることができる。公序良俗にも強行法規にも反しない。合意による絶対効を付与される時効障害事由を，特定の事由（たとえば履行の請求）に限るか，あるいはとくに限定せずにおくかも，GとAの自由な意思に委ねられる。相対効の原則に対し，**法律行為自由の原則**が優越するのである（441条但書）。

とはいえ，Aがその特約に応じてくれなければどうしようもないし，かりに成ったとしても，広く時効障害事由に絶対効を付与する特約が，債権者利益偏重の内容に照らし，債務者（A）の意思の自由に疑義を生じさせることもあろう（とくに，消費者契約や，定型約款による契約の場合）。そこで，そのような特約の必要からも特約の効力への疑義からも解放され，全部義務者の1人に生じた時効障害事由に絶対効が与えられる法律関係が考えられるならば，債権者としてはその方が望ましいに決まっている。ここに，全部義務者の1人を主債務者とし，残余の債務者を保証債務者とすることへのベクトルが働くことになる（⇨ ▶▶ 5）。

▶▶ 5 担保部分の附従性 vs. 独立性

全部義務は，その債務者の負担部分と他の債務者の負担部分のための担保部分とを内訳とするものだ，とみることができる（「全部義務＝負担部分＋担保部分」の公式。**相互保証機能**）。ただし，ここから先が問題で，(a)連帯債務者ないし不可分債務者の1人Aの債務中の負担部分が消滅すればこれに対応する他の債務者B・Cの各債務中の担保部分も消滅する（担保は被担保目的の存在に附従する）のか，(b)Aの負担部分が消滅してもその損失が債権者Gではなく他の債務者B・Cに帰せしめられるべくB・Cの担保部分債務が設定されている（被担保目的の消失に備えてこそ独立の全部義務が設定されている）のか，真逆の考え方がありうる。

たとえば債権者Gに対し900万円の支払を目的とする連帯債務者A・B・Cがいるとして，AがGから債務の免除を受けたり，Aの債務が時効消滅したりした場合，(a)の考え方によれば，Aの債務の消滅に附従して，B・C各自の債

務のうちＡの負担部分に対応する各300万円の担保部分も消滅し，Ｂ・Ｃの債務額はそれぞれ600万円に縮減するはずである（Ｂにおいては自己の負担部分300万円とＣの負担部分のための担保部分300万円，Ｃにおいては自己の負担部分300万円とＢの負担部分ための担保部分300万円）。

他方，(b)の考え方によれば，Ａの債務が消滅しても，Ｂ・Ｃ各自の債務のうち，各自の負担部分はもとより，Ａの負担部分に対応する担保部分も附従することなく，Ｂ・Ｃいずれも900万円の全部義務を負担し続けることになる。

いずれの考え方によるかは立法政策の問題であるが，民法は，(b)の考え方を採っている（441条本文）。ＧがＡの債務を免除するのは，ＧはＡに対してはもはや履行請求しないというに尽き，また，Ａの債務の時効完成は，ＧはＡに対してもはや履行請求できなくなるというに尽き，ＧのＢ・Ｃに対する債権をも当然に縮減させることには及ばない，と考えるのである。

もっとも，そのこと自体は立法上のチョイスとして受容されるとしても，Ｇが絶対効をも生じさせる意思をもって債務免除することを妨げるわけでもなければ，ＧとＢ（あるいはＣ）との合意によってＡの債務の免除や時効完成がＢ（あるいはＣ）に絶対効を及ぼすものとすることを妨げるわけでもない（絶対効の範囲をＡの負担部分限りとするか，Ａの債務消滅範囲と同じ範囲に及ぶとするかも，Ｇの免除意思の趣旨しだい，Ｇ・Ｂ〔あるいはＣ〕間の合意の趣旨しだいである。絶対効を生じさせる合意の存在は認定できるがその趣旨が不分明であるときは，被免除債務者・時効完成債務者の負担部分限りで他の債務者に絶対効を及ぼす趣旨と解するのが，衡平かつ妥当であろう）。ここでも，相対効の原則に対して**法律行為自由の原則**が優越するのである（441条但書）。

▶4　求償関係

▶▶1　求償請求の根拠

900万円の連帯債務者Ａ・Ｂ・Ｃ（負担部分均等）がいるとして，Ａが債権者Ｇに900万円全額を弁済したとき（正確には，より広く，自己の財産をもって共同の免責を得たとき，という。たとえば，900万円の反対債権で相殺したとき，というのも含まれる。442条1項），この900万円の支払は，Ａの負担部分300万円，Ｂの負担部分のためのＡの担保部分300万円，および，Ｃの負担部分のためのＡの担保部分300万円の支払を内訳とする。Ａは，Ｂの負担部分のための支払額300万円

についてBに対し，Cの負担部分のための支払額300万円についてCに対し，それぞれ求償請求をすることができる（正確には，共同免責額に免責日以後の法定利息・不可避費用を加算した額を，連帯債務者間の負担部分の割合〔原則として均等〕に応じて按分して，他の連帯債務者のそれぞれに対する各1個の求償権の範囲が算出される。442条1項カッコ書・2項。法定利息の算出は免責日の利率に従う。404条1項）。これは，Aの弁済額が，Aの負担部分の支払，Bの負担部分のためのAの担保部分の支払，Cの負担部分のためのAの担保部分の支払をそれぞれ3分の1ずつとして構成されているという意味であるから，AがGに一部弁済として600万円を支払ったときも，やはり3分の1ずつが，Aの負担部分の支払，Bの負担部分のためのAの担保部分の支払，Cの負担部分のためのAの担保部分の支払となる。したがって，600万円を弁済したAは，Bに対して200万円，Cに対して200万円を，それぞれ求償請求することができる（正確には，共同免責額に免責日以後の法定利息・不可避費用を加算した額を，連帯債務者間の負担部分の割合〔原則として均等〕に応じて按分して，他の連帯債務者のそれぞれに対する求償権の範囲が算出される。442条1項カッコ書・2項）。一部弁済でも全部弁済でも，そのなかのどれだけの割合がどの債務者の負担部分のために行われたことになるかは，変わらないのである。

また，不可分債務者間の求償関係も，連帯債務者間の求償関係と同様に扱われる（430条。共同免責時の不可分給付の価値を金銭的に評価して，求償額算出の基礎とする）。

▶▶2　事前通知による求償権確保

連帯債務者（ないし不可分債務者。以下同じ）Aから求償請求を受けた他の連帯債務者B（あるいはC。以下同じ）は，その求償請求がGからの債務履行請求であったとしたらこれに対して主張できたであろう抗弁事由（債権の障害要件事実〔債務発生原因行為の無効事由など〕，消滅要件事実〔債務の弁済，相殺など〕，または排斥要件事実〔履行期の合意，同時履行の抗弁権行使など〕）を主張して，Aの求償請求に対する抗弁とすることができる（抗弁の接続）。Gの請求を制約できる事由がありながら，Aが弁済するや，Aの求償請求には無制約に応じなくてならないというのでは，Bの地位を不当に害するからである。

ただし，Aは，その弁済時にBが連帯債務者の1人であることについて善意であったのであれば（再抗弁），Bに対する求償請求を復活させることができる

（443条1項前段）ほか，弁済しようとしていることを弁済前にBに通知して（事前通知。Gに対して主張できる抗弁事由の存否を問い合わせる趣旨），その回答を待つべき相当期間の経過以後にGに弁済したのであれば（再抗弁），Gに対して主張できる抗弁事由のあることをBがAの弁済前にAに回答してきた（再々抗弁）のでない限り，Bに対する求償請求を復活させることができる（443条1項前段）。Aの求償請求を制約しうる事由の情報を求めてAがBとの間でコミュニケーションを尽くした以上，これにきちんと応答しなかったBはもはやAの求償請求を制約できないものとすることが，A・B間の公平に適うし，Bが連帯債務者の1人であることを知らなかったAには，そもそもBとのコミュニケーションをとらなかったことについて懈怠評価を与えることができないからである（調査すればBの存在を知りえたかもしれないが，そこまで調査する義務をAに負わせない，ということを含意する）。

　Bが，Gに対して有する反対債権を自働債権とする相殺の意思表示をもって，Aの求償請求に対する相殺の抗弁とし，この抗弁が（再抗弁が認められずに）奏効したときは，あたかもAの求償権に対してBがその反対債権をもって代物弁済したかのように，BのGに対する反対債権がAの求償権の範囲を限度としてAに法定移転し，Aは，その履行をGに請求することができる（443条1項後段）。

⚓ Topica　免除・時効消滅の抗弁は遮断……

　ただし，GからBが債務免除を受けたこと，Gに対するBの債務が時効消滅したことは，Gの履行請求に対するBの抗弁事由となることは当然であるが，Aの求償請求に対するBの抗弁事由には，元々ならない（445条）。ならば，GがBに履行期を無限に猶予したり請求権能を放棄したりしたことも，債務免除との実質的同質性に鑑みて，Aの求償請求に対するBの抗弁事由とはならない，と解すべきことになろう。もっとも，それで果して辻褄が合うのか，接続可能な抗弁事由とそうでない抗弁事由との間にどうやって線引きするのか，検討を留保しなければならない。

▶▶3　事後通知による求償関係の逆転阻止

　連帯債務者AとBとが共に債権者Gに弁済した場合，結果としてA・Bの弁済合計額が本来弁済されるべき額を超えていたとしても（二重弁済），請求原因のレベルでは，AのBに対する求償請求も，BのAに対する求償請求も，共に同等に理由づけられる。どちらからみても同じことであるから，ここでは，A

がBに対して求償請求することを考えてみよう。

　Bは，自分もGに弁済したことを主張して，二重弁済となる範囲のAの弁済を理由とする求償請求に応じない旨の抗弁とすることができる。Aの求償請求は，Aの弁済とBの免責が因果関係で結合していることを前提とするが，Bも弁済したという事実があらわれると，Aの弁済とBの免責との因果関係が遮断されるからである。これに対しては，つぎの再抗弁を考えることができる。

　ひとつは，Aの弁済がBの弁済に先立つ，という時系列上の先後関係を主張する再抗弁である。これにより，Aの弁済とBの免責との因果関係が復活し，Aの求償請求の理由づけが維持される。

　いまひとつは，Aは自分が弁済しようとすることをBに通知（事前通知）してその回答を待つべき相当期間の経過以後にBの弁済を知らずに弁済したものであるか，または，Bが連帯債務者の1人であることもBの弁済をも知らずに弁済したものであって，Aは自己の弁済の方を有効とみなす，と主張する再抗弁である（民法443条1項の事前通知懈怠なき弁済者に与えられる民法443条2項の恩恵。最判昭和57・12・17民集36巻12号2399頁。Bの弁済がAの弁済に先立つことを要素としない）。この再抗弁に対し，Bは，自分が弁済したことをAの弁済に先立ってAに通知した（事後通知。二重弁済をしないように警告する趣旨。ここに，Bの弁済がAの弁済に先立ってなされた事実の主張が必然的に含まれる）と主張し，または，Aの弁済時より前にはAが連帯債務者の1人であることを知らなかったと主張して，それぞれ再々抗弁とすることができる（443条2項）。Aについては，自分の弁済前にBとのコミュニケーション（事前通知）を尽くしたか，Bについては，自分の弁済後にAとのコミュニケーション（事後通知）を尽くしたかを，それぞれ問い，Bの弁済がAの弁済に先立つことよりも，事前通知懈怠なきものと認められるAの利益と事後通知懈怠なきものとは認められないBの利益との間の公平処理を優先させる趣旨である（結果として，Bは，Gに対して二重弁済の不当利得返還請求権を取得するが，それは，Gの無資力危険がBの負担とされることを意味する。他の連帯債務者Cとの関係ではBが求償権を取得するが，このことがAに対してはBの不当利得となり，AはBに対して，Cに対する求償権の譲渡またはCから受領した求償金額の償還を請求することができる）。

Topica 弁済の抗弁か先立つ弁済の抗弁か

　Bの抗弁は，Bの弁済がAの弁済に先立つことを主張しなければ失当となる，との見解もある。しかし，原告の言い分と被告の言い分が同等なら原告の請求は棄却されるべきであって，引き分けなら原告の勝ち，というのは不合理である。このことは，BからAに対する求償請求でももちろん同様であり，Aの抗弁はAの弁済の事実の主張で足り，それ以上の攻撃防御があらわれないのであれば，Bの請求も棄却されるべきである。いずれの請求も棄却され，現実の事態は動かずに決着する。先立つ弁済の主張でなければ抗弁にならないとすると，Aの求償請求とBの求償請求とが共に認容されて，債務名義の相討ち状態を生ずることになる。どちらが合理的であろうか。

Topica 先立つ弁済の再抗弁と予備的攻防

　Aの弁済がBの弁済に先立つとの再抗弁に対しては，Bは，自分の弁済に先立ってAに既弁済の事実がないかを問い合わせ（事前通知），その回答を待つべき相当期間の経過以後にAの弁済を知らずに弁済した，または，Aが連帯債務者の1人であることもAの弁済も知らずに弁済したものであって，Bの弁済の方を有効とみなす，と主張することができる（民法443条1項の事前通知を尽くした弁済者に与えられる民法443条2項の恩恵。Bの弁済の効力優先を主張する趣旨であるから，同等の弁済による抗弁を復活させる再々抗弁ではなく，再抗弁事実を前提とした新たな抗弁すなわち予備的抗弁〔抗弁が認められること又は再抗弁が認められないことを解除条件とする抗弁〕に当たる）。これに対し，Aは，自分が弁済したことをBの弁済に先立ってBに通知した（事後通知。二重弁済をしないようにとの警告の趣旨），または，Bの弁済時より前にはBが連帯債務者の1人であることを知らなかった，と主張して再抗弁とすることができる（443条2項）。

▶▶ 4　通知義務免除の合意

　事前通知または事後通知の有無を問わないものとする連帯債務者間の合意は，有効である。

　したがって，求償請求者は，債権者に対する抗弁事由を主張する抗弁を受けたときは，事前通知に懈怠なかりしことの再抗弁とならんで，事前通知懈怠による求償権制限を排除する旨の合意の存在を主張して再抗弁とすることができる。

　また，求償請求者は，後発善意弁済の優先を主張する抗弁（予備的抗弁）を受けたときは，事後通知に懈怠なかりしことの再抗弁とならんで，事後通知懈

怠による後発善意弁済の優先を排除する旨の合意の存在を主張して再抗弁とすることができる。

　他方，求償請求の相手方も，後発善意弁済の優先を主張する再抗弁（443条2項）を受けたときは，事後通知に懈怠なかりしことの再々抗弁とならんで，事後通知懈怠による後発善意弁済の優先を排除する旨の合意の存在を主張して再々抗弁とすることができる。

▶▶▶ 5　求償義務者無資力の損失分担

　連帯債務者の1人が弁済し，他の連帯債務者に求償請求する場合に，求償債務者に無資力の事態が出来したときは，その無資力者の負担部分に係る損失は，債権者に転嫁せず，連帯債務者の間で分担しなければならない。

　たとえば，900万円の連帯債務者A・B・C（負担部分均等）がいるとして，債権者Gに900万円（あるいは600万円）を弁済したAは，B・Cのそれぞれに対して300万円ずつ（あるいは200万円ずつ）の求償請求をすることができる，はずである。が，ここでC無資力の事態が出来した場合には，Cの本来償還すべき300万円（あるいは200万円）をA・B間でその負担部分割合に応じて分けた額（150万円〔あるいは100万円〕）が，A・Bのそれぞれの損失に帰せしめられる（444条1項）。したがって，Aは，Bに対し，本来の300万円（あるいは200万円）プラス150万円（あるいは100万円）の合計450万円（あるいは300万円）を求償請求することができる。

　また，900万円の連帯債務者A・B・Cの負担部分割合がゼロ：ゼロ：100であるとして，Aが900万円（あるいは600万円）を弁済した場合に，C無資力の事態が出来したときは，Cの本来償還すべき900万円（あるいは600万円）をA・B間で均等に分けた額（450万円（あるいは300万円））が，A・Bのそれぞれの損失に帰せしめられる（444条2項）。したがって，Aは，Bに対し，450万円（あるいは300万円）を求償請求することができる。

　なお，適時に求償請求する機会を逃したがためにその間に求償債務者が無資力となったことによる損失は，もっぱら求償権者が負担し，他の連帯債務者に転嫁することはできない（444条3項）。

▶5 ふたたび，対外的効力──全部義務者の１人の破産と手続開始時現存額主義

　賢明な債権者は，人的担保であれ物的担保であれ，**債務者破産の究極事態**にも債権者平等原則に服することなく自分だけはより大きな満足を得たいがために，債権担保を取得する。**全部義務**（不可分債務・連帯債務）による債権担保は，そのうちの１人の債務者が破産した場合に，どのような力を発揮するであろうか。

　900万円の連帯債務者Ａ・Ｂ・Ｃ（負担部分均等）がおり，Ａが90万円を債権者Ｇに弁済した後にＢが破産手続開始決定を受けた，という場合を想定する。

　破産手続開始時に，ＧはＢに対してなお810万円の残債権を有し，ＡはＢに対して30万円の求償権を有しているから，ＧとＡとは，それぞれ，810万円の残債権，30万円の求償権を破産債権として，Ｂを破産者とする破産手続に参加し，Ｂの総財産（破産財団）の換価金からの配当に与ることができる。これは，当然である。

　Ｂが破産しても，Ｇは，Ａ・Ｃに対して全部給付債権を有しているのであるから，Ａ・Ｃの各自に対して残債権額810万円の支払を請求することができる。これも，当然である（Ｂが免責許可を受けても同じ。破253条２項）。

　そこで，Ｂの破産手続開始後にＧがＣからさらに600万円の弁済を得たとする。そうすると，Ｇの残債権額は，実体上，810万円から210万円に減少する。これもまた，当然である。

　しかし，ここからが当然でないことになるのだが，Ｇの残債権額は実体上210万円となったにもかかわらず，Ｇの破産債権額（破産手続中で債権者平等原則に従い受領すべき配当額の算定基礎となる債権額）は，破産手続開始時の810万円を維持するのである。このことを「**手続開始時現存額主義**」という（破104条１項・２項）。破産手続開始後の実体的債権額の減少は破産手続上無視されて，債権者があたかも引き続き810万円の債権を有しているかのごとくに扱われるから，その差額分について，債権者平等原則が実質的には破られることになる。

　これと表裏の関係において，Ａが破産手続開始前に取得した30万円の求償権を破産債権として破産手続に参加することに妨げはないけれども，Ｃは，Ｇが破産手続に参加している限り，破産手続開始後にＣがＢに対して実体上取得し

た200万円の求償権を破産債権として破産手続に参加することができない（破104条2項・3項）。

　これがもし，Gにおいて破産手続に参加しないときには，AまたはCは，将来の求償権の全額（810万円÷3＝270万円）につき破産手続に参加することができるのだが（破103条4項・104条3項本文），Gが破産手続に参加してしまうと，AにしてもCにしても，現にあと810万円を弁済してGの債権を全部消滅させることができたのでない限り，破産手続に参加することができない（破104条3項但書・104条4項）。ならばAが現にあと810万円を弁済してGの債権を全部消滅させることができた場合はどうかというと，破産者Bに対する270万円の求償権によって破産手続に参加できるのではなく，その270万円の求償権の範囲内でGの破産債権を承継した者として破産手続に参加することができるものとされている（破104条4項・113条。破産債権の承継根拠につき民法501条参照）。

　つまり，全部義務による人的担保を取得した債権者は，全部義務者の1人が破産した場合に，手続開始時現存額主義により，債権者平等原則に実質的に反してでも破産手続開始時の債権額を算定基礎とする配当に与ることができ，他方において，他の全部義務者に対しては，全部弁済にこぎつけない限り求償の利益についての配当すら全部義務者には与えられない仕組みを背景として，その履行を求めることができるのである。手続開始時現存額主義こそは，**全部義務による人的担保の核心的システムであって，これをぬきにして人的担保制度の趣旨を理解することは土台ムリである**（もとは民法に不明瞭・不完全な規定〔改正前民法441条・430条〕があったのが，破産法104条として整備されたものである）。

3　不可分債権・連帯債権

▶1　意　義

▶▶1　給付の性質による区分

　性質上不可分の給付を目的とする債権が複数債権者の各自に各個帰属する関係を，不可分債権といい，性質上可分の給付を当事者の合意または法律の規定によって分割しないままに目的とする債権が複数債権者の各自に各個帰属する関係を，連帯債権という。性質上の可分給付を目的として合意により不可分債

権を成立させることは，想定されていない。**共同買主**の目的物引渡債権や**共同賃借人**の目的物使用収益債権は，性質上不可分な給付を目的とするから，不可分債権関係を構成する。**共同売主**の代金債権や**共同賃貸人**の賃料債権は，原則として分割債権となるが，債務者との不分割特約があれば，その効力によって連帯債権を構成する。

　全部義務が，各債務者において，その債務者の負担部分と他の債務者の負担部分のための担保部分とによって構成されるのとパラレルに，全部給付請求権は，不可分債権または連帯債権の各債権者において，その債権者の持分と他の債権者の持分のための分与部分とによって構成される。

▶▶ 2　給付の性質の転換

　不可分債権の目的たる給付の性質に可分性を生じたときは，債権者間の持分利益割合に応じて各債権者のために分割された給付を目的とする分割債権関係に移行する（431条）。ただし，当事者の合意によりこれを連帯債権とすることは妨げない。

▶2　対外的効力

　債務者に対し，不可分債権者の各自は全部の履行を請求することができ，連帯債権者の各自は全部または一部の履行を請求することができる（428条・432条）。不可分債権者または連帯債権者の1人について破産手続開始決定があると，債権の帰属関係には変わりないが，破産者の財産の管理処分権は破産管財人に専属する（破78条1項）から，債務者に履行請求できるのは，破産管財人または残余の不可分債権者もしくは連帯債権者である。

▶3　影響関係

▶▶ 1　請求の絶対効

　不可分債権・連帯債権を通じて，債権の満足事由（弁済・弁済提供・供託・代物弁済・相殺）に絶対効があるのは当然として（相殺につき428条・434条），履行請求にも絶対効が認められる（432条・428条。「全ての債権者のために」請求できるとの文言によって表現される）。したがって，不可分債権者または連帯債権者のひとりから履行請求を受けた債務者は，不可分債権者各自または連帯債権者各自との間で，消滅時効を障害され（147条・150条），あるいは履行遅滞に陥る（412

条3項)。

▶▶ 2　連帯債権：更改・免除・混同の絶対効

　相対効の原則の下（428条・435条の2），不可分債権において絶対効を認められるのは債権満足事由と履行請求だけであるのに対し，連帯債権では，そのほか，債権者の1人と債務者の間の更改・免除・混同にも，絶対効が付与される（433条・435条）。

▶▶▷ 1　たとえば，900万円の連帯債権者A・B・C（持分均等）がいるとして，Aと債務者Sの間に給付内容変更の更改契約が締結され，あるいは，AがSに対して債務免除した場合，もし更改・免除を相対効事由にとどめると，B・C各自のSに対する900万円の債権はそのまま存続し，BがSから900万円の弁済を得たときには，Bは，Cに300万円を分与すると共に，元々はAに分与されるはずであった300万円を，Sに償還しなければならなくなる。これが不可分債権の場合であれば，不可分の全部給付の受領と持分分与（持分権の移転または相当価額の支払）とがそれぞれなされることに意味があるが（429条），性質上可分の給付を目的とする連帯債権の場合には，可分の全部給付（900万円）とそのうちの一部の償還（300万円）とが（B・S間に）往復運動を起こすだけとなり，わざわざそのようにさせるだけの意味に乏しい（のみならず，900万円を受領したBがその後に無資力となる危険をSが負担しなければならなくなる）。

　そこで民法は，上にあげた例でいえば，A・S間に更改または免除があったときは，B・C各自のSに対する債権そのものを，600万円（もとの全額900万円から，結局Sに償還されるべき300万円を控除した額）に，縮減することとした（433条）。

▶▶▷ 2　また，900万円の連帯債権者A・B・C（給付保持部分均等）がいるとして，Aと債務者Sの間に混同を生じた場合（混同主体をDとする。Dは，Aのこともあれば，Sのこともあるし，第三者のこともありうる），もし混同を相対効事由にとどめると，B・C各自の債権はDに対する900万円の債権として存続し，BがDから900万円の弁済を得たときには，Bは，Cに300万円を分与すると共に，Dにも300万円を分与すべきことになる。これが不可分債権の場合であれば，不可分の全部給付の受領と持分分与（持分権の移転または相当価額の支払）とがそれぞれなされることに意味があるが（428条カッコ書参照），性質上可分の給付を目的とする連帯債権の場合には，可分の全部給付（900万円）とそのうちの一部

の分与（300万円）とが（B・D間に）往復運動を起こすだけとなり，わざわざ
そのようにさせるだけの意味に乏しい（のみならず，900万円を受領したBがその
後に無資力となる危険をDが負担しなければならなくなる）。

　そこで民法は，A・S間に混同があったときは，Sが900万円の債務を弁済
したものとみなし，混同主体Dに対するB・C各自の300万円の分与請求権を
残すこととした（435条）。

▶4　分与関係

　弁済として全部または一部の履行を受領した連帯債権者，または，弁済とし
て全部の履行を受領した不可分債権者に対し，他の債権者は，債権者間の持分
利益割合（原則として均等）に従い，その分与を請求することができる。

4　保証債務

▶1　意　義

▶▶1　保証債務の諸相

　保証債務とは，別個の債務（主たる債務。1個または複数個の，現在または将来
の債務）を担保するために，主債務の履行に代わるべき満足を債権者に与える
ことを目的とする債務であり，債権者と保証人たるべき者との契約（**保証契約**。
主債務者から保証人たるべき者への**保証委託**は保証契約の要素ではない）によって設
定される。不特定の債務を主債務とする保証を**根保証**という（根保証については，
特定債務を主債務とする通常保証に対して有する特殊性を，後に述べる）。

　保証は，多くは，金銭債務の金銭的保証として行われるが，物引渡債務の金
銭的保証など，主債務と保証債務とで給付の種類を異ならせることも，保証契
約上の自由である。保証債務を主債務とする保証（**副保証**）も，実際上よく用
いられる。

　保証は，主債務の全部を担保するのが通例だが，保証契約当事者の合意また
は法律の規定（456条など）により**一部保証**となることもある。一部保証は，原
則として，主債務に未履行ある限り保証限度までの責任を負担する趣旨と解さ
れる（一部保証契約の原則的意思解釈）。主債務に未履行が残っていても保証限度

までの満足が得られれば保証責任は終了する，という趣旨に解するのでは，保証契約によって債権を強化しようと努める債権者の通常の意思には適合しないからである。

　保証債務についての基本命題は，主債務の担保が目的であることから演繹して，主債務の法的運命に附従すること（成立上・帰属上・内容上・消滅上の**附従性**），および，保証債務の全部が主債務者の負担部分のための担保部分であること（すなわち，主債務者との関係において保証人の**負担部分はゼロ**である。共同保証人間では，保証人各自の負担部分が考えられる。465条）にある。名目上は不可分債務・連帯債務であっても，債務間に全面的もしくは大幅な附従性が設定され，または，負担部分がゼロもしくは極小の債務者があるときは，その附従債務者または負担部分極小債務者には，附従を受ける債務者または相当の負担部分のある債務者のための保証人たる実質が認められ，保証人保護の強行規定の適用を免れないと解すべきである（併存的債務引受が実質上の保証目的で行われる場合など）。

▶▶ 2　保証契約

　保証契約の締結は，書面または電磁的記録によらねばならない（446条2項・3項。書面は，保証意思の慎重と明確を期するという法目的に資する限り，保証契約書でなくてもよい。保証念書の差入れなど。代理人による保証契約締結の場合には，保証契約と共に代理権授与行為もまた書面によらねばならないとすることが，立法論としては望ましい。なお，貸金業法16条の2・17条・48条・51条参照）。**保証人の資格**は一般には制限されないが，主債務者が債権者に対して保証人を立てる義務を負う場合に行為能力と弁済資力のある者を保証人に立てず同等の担保も供しないときは，主債務者は債権者に対して期限の利益を喪失するのみならず，債権者から主債務の発生原因たる契約を解除することもできる（債権者が欠格者による保証を許容したときはこの限りでない。450条・451条）。

　保証契約も法律行為であるから，法律行為の総則規定の適用を受けること当然であるが，主債務者の属性を知らずに保証契約を締結した保証人に，動機の重要錯誤を理由とする保証契約の取消権（95条）が認められるか，問題となる。主債務者が反社会的勢力でないから保証するとか，中小企業の実体を有するから保証するとか，その動機が保証人たる信用保証協会から債権者たる金融機関に表示され，かつ，保証契約の内容にまでなっていたかどうかが争われる（最判平成28・1・12民集70巻1号1頁，最判平成28・12・19金法2066号68頁は，いずれも，

動機が保証契約の内容とまではされていなかったとして，保証契約の効力を維持させた。なお，保証契約にとって主債務者は第三者であるから，主債務者が債権者または保証人を欺罔して保証契約を締結させたときは，第三者による詐欺を理由とする取消しの問題ともなりうる）。

　受託保証人（主債務者から保証委託を受けて保証人となった者。無委託保証人に対する言葉）は，債権者に対して主債務の履行状況情報の提供を求めることができ，債権者がこれに適時適切に応じなかったときは，債権者に対してその情報提供義務違反による損害の賠償を請求し，あるいは，保証契約を解除して損害の拡大を回避することができる（458条の２）。

▶2　対外的効力・影響関係

▶▶1　保証債務の履行請求

　債権者Ｇは，主債権の発生原因（貸金債権など，発生原因から履行期が明らかにならないときはその履行期およびその到来も）と保証契約締結の事実を請求原因として，保証人に対し，保証債務の履行を請求することができる。主債務に対する保証債務の成立上の附従性（主債務の成立なしに保証債務は成立しない）から，保証契約締結の事実だけでは保証債務の成立を理由づけるに足りない。主債権に従たる請求権（利息・違約金・損害賠償などの請求権）の範囲に及んで保証人に請求しようとするときは，それら従たる請求権の発生原因（利息合意と利息発生に足りる一定期間経過，違約金合意と違約事実，履行遅滞の要件事実など。なお，448条２項参照）をも主張しなければならない。保証債権は，それら主従の請求権の範囲を包含して１個と数えられる（447条１項。違約金または賠償額予定については，保証債務固有の合意に基づいて請求することもできる。447条２項・448条）。

▶▶2　保証債務固有の抗弁

　保証人が，保証契約自体の瑕疵を理由とする保証債務発生障害の抗弁，保証債務にとくに与えられた事由（履行猶予など）による保証債務排斥の抗弁，保証債務自体の弁済や時効消滅などによる保証債務消滅の抗弁を主張できることは，当然である。保証債務に固有の違約金・賠償額予定の合意に基づく違約金・損害賠償の支払請求の限りにおいて，同様に，違約金支払義務・損害賠償義務の障害・排斥・消滅の抗弁を主張できるのも，また当然である。

▶▶ 3　附従性に基づく抗弁

　保証債務の法的運命は，主債務の法的運命に附従する。保証人は，主債務に対する保証債務の附従性に基づく抗弁を主張することができる。

▶▶▷ 1　　　主債務に対する保証債務の**成立上**の附従性に依拠し，保証人は，主債務の発生障害事実を主張して抗弁とすることができる。保証人が，主債務者の行為能力制限を理由に主債務負担行為が取り消されたことを主張し，主債務に附従して保証債務も遡及的に消滅した旨の抗弁とする場合には，債権者は，主債務負担行為時の主債務者の行為能力制限を保証人が保証契約締結時に知っていた事実を主張して，保証債務の存在を維持する再抗弁とすることができる（449条。主債務者の錯誤その他の主債務障害原因のいずれについて類推適用が可能かは，解釈問題である）。

🧍 Topica　民449条：意思解釈規定

　民法449条は，保証契約と別個の新たな債務を根拠づけるための規定ではない。保証契約に，行為能力制限を理由とする主債務負担行為の取消しによる主債務消滅に保証債務を附従させない趣旨の特約が伴うときは，その特約も有効であることを当然とみた上で（したがって，かかる特約の存在の主張が本来の再抗弁である），行為能力制限による取消権が主債務負担行為に付着していることを保証契約締結時に保証人が知っていたことを前提事実とし，その特約の存在を推定事実とする意思解釈規定である。この意思解釈に基づく再抗弁に対し，保証人は，保証債務の附従性を保持する趣旨が積極的に保証契約に含まれていたこと（同条の意思解釈を排除する事由）を主張して，再々抗弁とすることができる。

▶▶▷ 2　　　主債務に対する保証債務の**帰属上**の附従性（主債権が譲渡されると保証債権も主債権の譲受人に移転する。これをとくに「**随伴性**」と呼ぶ）に依拠して，保証人は，債権者が主債権を第三者に譲渡したことを主張し，これに随伴して債権者は保証債権を失った旨の抗弁とすることができる。

🧍 Topica　主債権の譲渡

　主債権の譲受人として（主債権に随伴取得した）保証債務の履行を請求してくる者に対しては，保証人は，主債権譲受けに関する主債務者対抗要件の抗弁（主債権の譲受け

について主債務者対抗要件を具備するまでは主債権譲受けおよびこれに伴う保証債権取得を認めないとの権利主張。保証人は，主債権譲渡について第三者の地位になく，また，主債権譲受けに関する主債務者対抗要件具備が，保証人に対する対抗力の必要十分条件である）や，主債権の二重譲受人の存在を理由とする履行拒絶の抗弁をもって，抗うことができる。前者の抗弁に対しては主債務者対抗要件具備の再抗弁，後者の抗弁に対しては請求譲受人の第三者対抗要件具備による再抗弁，二重譲受人の第三者対抗要件具備が請求譲受人の第三者対抗要件具備に先立つとの再々抗弁（二重譲受人の各自が第三者対抗要件を具備し，その間に先後関係があらわれなければ，その譲受人各自が債権者に対し単独で譲受債権全部の履行を請求することができる）を，それぞれ考えることができる。

▶▶▷ 3　主債務に対する保証債務の**内容**上の附従性（448条。保証債務の内容は主債務の内容より重くない。例外は違約金・賠償額予定。保証契約締結後の主債務の内容の加重は保証債務に影響しない）または**消滅**上の附従性（主債務が消滅すれば，保証債務も消滅する）に依拠して，保証人は，つぎのような抗弁を主張することができる（457条2項）。なお，内容上の附従性を排除し，あるいは主債権の満足以外の場合に消滅上の附従性を排除する特約は，一般に有効である。

① 保証人は，主債権の満足事由（弁済・代物弁済・供託・相殺）を主張して，保証債務消滅の抗弁とすることができる。

② 保証人は，主債務に停止条件の定めまたは履行期の定めのあることを主張して保証債権排斥の抗弁とすることができる。債権者は，主債務に付せられた停止条件が成就したことまたは履行期が到来したことを主張して再抗弁とすることができる。

🚶 ▎Topica▎ 主債務者の期限利益喪失

　ここに主債務の履行期到来とは，保証契約締結時の履行期もしくは保証契約締結以後に延長された履行期が到来したこと，または，主債務者が法定事由（137条）もしくは保証契約締結時の約定により期限の利益を喪失したことをいう。保証契約締結後に前倒しされた履行期の到来を主張しても，主張自体失当となる。

　主債務者の期限利益喪失を債権者が知った時から2カ月を経過したときは，保証人（法人でない保証人すなわち個人保証人に限る）は，その2カ月以内に債権者から主債務者の期限利益喪失を通知されたのでない限り，主債務者の期限利益喪失時から現に債権者が保証人にその通知をする時（本来の履行期が通知時に先立つときは本来の履行期の到来時）までに生じた遅延損害金の限度で，保証債務を免れる（458条の3。債権者が主債務者の期限利益喪失を知って2カ月以内に保証人に通知したときは，通知時までの遅

延損害金の範囲についても，保証人は保証債務を免れない。なお，主債務者の期限利益喪失を債権者が保証人に通知したことは，保証人が主債務者の期限利益喪失を知ったことに，置換可能である）。

③　主債務者が債権者に対して同時履行の抗弁権を有するときは，保証人も，主債務者が受くべき反対給付の提供あるまでは保証債務の履行を拒絶する，との抗弁を主張することができる。また，主債務者が債権者に対して相殺権（相殺適状にある反対債権）を有し，あるいは，主債務者が主債務負担行為の取消権・解除権を有するときは，保証人は，そのことを理由として保証債務の履行拒絶の抗弁を主張することができる（457条3項）。

④　保証人は，債権者が主債務を免除したことを主張して保証債務消滅の抗弁とすることができる（最判昭和46・10・26民集25巻7号1019頁は，債権者・保証人間で主債務の一部免除を保証債務に影響させない合意がなされたのを有効と認めた事例）。

⑤　保証人は，**主債務の消滅時効**が完成した場合に，主債務者または保証人（145条参照）が時効を援用して主債務を消滅させたときは，この事実を主張して保証債務消滅の抗弁とすることができる（債権者・主債務者間では，主債務者の援用なき限り，主債務は存続する。時効援用の相対効）。債権者は，主債務の時効障害事由を主張して保証債務の消滅障害の再抗弁とすることができる（457条1項。このことを，保証債務の附従性から理解するか，それとは別の法政策的規律と理解するかにつき，見解が分かれる。主債務者を相続したことを知りながら保証債務を弁済した保証人は，特段の事情のない限り，主債務の承認〔民152条〕をしたものと扱われる〔最判平成25・9・13民集67巻6号1356頁〕）。

　主債務者の破産免責も，主債務の時効障害事由に当たる。主債務者について破産免責許可決定があると，その効果として主債権の請求力・摑取力が排除され（主債務が自然債務になる），権利不行使に対する法的非難という時効制度の基礎が失われることにより，主債務の時効が進行しなくなるからである。したがって，主債務の時効消滅による保証債務消滅の抗弁に対して，債権者は，主債務の時効完成に先立って主債務者が破産免責を受けたことを，主債務の時効障害による保証債務の消滅障害の再抗弁として主張することができる。

> ♪ **Topica** 主債務者の破産
>
> 　主債務者の破産免責によって，主債務は自然債務となり，すなわち主債権の請求力・摑取力は排除される（破253条 1 項）。したがって，主債務の履行請求は，破産免責の抗弁を受けて棄却されるし，主債務についての強制執行手続は，破産免責を理由とする請求異議の訴えを受けて停止・取消しを余儀なくされる。一方，主債務が破産免責を受けても，保証債務まで附従して自然債務になるわけではない（破253条 2 項）。主債務者破産に備えてこその債権担保だからである。したがって，保証債務履行請求は妨げられず，保証債務の時効もそのまま進行する。保証債権を失いたくない債権者としては，時効進行を妨げるための措置を，保証人に対してきちんと行わなければならない（最判平成11・11・9民集53巻 8 号1403頁）。
>
> 　また，法人破産者は，破産手続終了によって法人格（権利能力）を失うから，その法人が負担していた主債務も，主体を失って消滅する。だからといって保証債務も附従して消滅するかというと，やはりそういうときのための債権担保なのだから，保証債務はそのまま存続し，保証債務履行請求も保証債務の強制執行も妨げられず，したがって，保証債権の消滅時効も進行する（最判平成15・3・14民集57巻 3 号286頁）。ここでも，保証債権を失いたくない債権者としては，時効進行を妨げるための措置を，保証人に対してきちんと行わなければならない。

▶▶ 4　補充性に基づく抗弁

　主債務に対する保証債務の補充性（主債権が行使されたのでなければ保証債権は行使されるべきでない）に依拠して，保証人は，催告の抗弁権と検索の抗弁権を与えられている（452条・453条）。これら抗弁権に基づいて，保証債務履行請求を受けた保証人は，以下にあげる都合 4 つの**抗弁**を主張することができる（補充性の利益を放棄する一方的意思表示または合意は，一般に有効であるから，以下 4 つの抗弁のいずれに対しても再抗弁事由となる）。

　まず，保証人は，催告の抗弁権を行使して，債権者が主債務者に対して主債務の履行請求をしたのでなければ保証債務の履行を拒絶するとの抗弁（**催告の抗弁**）を主張することができるし，あるいは，（催告の抗弁を前提とせず）検索の抗弁権を行使して，主債務者に執行容易な弁済資力（現金，動産など）があることの事実主張とそのような主債務者に対して債権者が主債務につき強制執行手続をとったのでなければ保証債務の履行を拒絶するとの権利主張とをもって，**検索の抗弁**を主張することができる。

　また，催告の抗弁（裁判外・裁判上を問わない）を受けた債権者が主債務履行

請求の時機を失したがために債権の満足を得られなかった範囲で，保証債務は消滅する（455条）。したがって，保証債務履行請求に対し，保証人は，主債務者にまず主債務の履行請求をするよう債権者に求めたこと，その後ただちに債権者が主債務者に対して主債務の履行請求をしていれば得られたであろう満足範囲が現在（口頭弁論終結時）主債務者に対して履行請求をすれば得られるであろう満足範囲より大きいこと，およびその差額を主張して，その差額分だけの保証債務消滅の抗弁を主張することができる（**催告懈怠による保証債務消滅の抗弁**）。

　同様に，検索の抗弁（裁判外・裁判上を問わない）を受けた債権者が主債務についての強制執行の時機を失したがために債権の満足を得られなかった範囲で，保証債務は消滅する（455条）。したがって，保証債務履行請求に対し，保証人は，主債務につき主債務者に対してまず強制執行手続をとるよう債権者に求めたこと，その当時において主債務者には執行容易な財産があったこと，その後ただちに債権者が主債務者に対して強制執行手続をとっていれば得られたであろう満足範囲が現在（口頭弁論終結時）主債務者に対して強制執行手続をとれば得られるであろう満足範囲よりも大きいこと，およびその差額を主張して，その差額分だけの保証債務消滅の抗弁を主張することができる（**検索懈怠による保証債務消滅の抗弁**）。

　ただし，催告ないし検索の抗弁が主張された時点で主債務者の行方が知れなかったこと（このとき，債権者に主債権の行使を期待することが困難である），または，催告ないし検索の抗弁が主張された時点で主債務者につき破産手続開始決定がなされていたこと（このとき，債権者の主債権は破産手続によってしか行使することができない。破100条・42条）は，それぞれ，上記4つの抗弁のいずれに対しても，債権者の再抗弁事由となる（民452条但書にのみ明文があるが，補充性に基づく抗弁一般に妥当する）。

　さらに，保証人が，たんに主債務を保証するだけ（普通保証）でなく，主債務者と連帯して主債務を保証する者（連帯保証人）であるときは，この保証人の債務すなわち**連帯保証債務**には，補充性が認められない（連帯保証は補充性を認められないが，保証である以上は附従性を失うものではないことに注意）。主債務者と連帯するとき，保証人は，もはや控え選手ではないのである。したがって，債権者は，保証契約に連帯保証特約を伴うこと（特約は保証契約締結後の合意によるのでもよい），または，主債務負担行為もしくは保証契約を商行為と性質決

定するに足りる事実（商511条2項）を主張して，やはり上記4つの抗弁のいずれに対しても，再抗弁とすることができる（民454条）。

なお，保証人について破産手続開始決定がなされたときも，破産債権となった保証債権について等質化主義（破103条）・手続開始時現存額主義（破105条）が適用され，破産手続中で債権者が満足を得ようとするのに補充性に基づく抗弁を受ける余地はない。

▶▶ 5 分別利益の抗弁

分割債務原則（427条）に依拠して，保証人は，分別利益の抗弁を主張することができる（456条）。たとえば，1000万円の貸付につき，Aの主債務の保証人B・Cがいる場合，同一の保証給付を目的とする共同債務者B・Cには分割債務の原則（427条）が適用されて，B・C共に，各自500万円の保証債務を負担するにとどまる（456条）。したがって，保証債務履行請求に対し，保証人は，同じ主債務について自分のほかにも保証人がいることを主張して，請求認容額は500万円を限度とする旨の抗弁とすることができるのである。

ただし，**連帯保証人**は，分別の利益を享受することができない。主債務者と連帯するということには（補充性の利益の放棄だけでなく）分別の利益の放棄も含意されるものと解されている。したがって，債権者は，保証契約に連帯保証特約を伴うこと（特約は保証契約締結後の合意によるのでもよい），または，主債務負担行為もしくは保証契約を商行為と性質決定するに足りる事実（商511条2項）を主張して，再抗弁とすることができる。

なお，保証債務が不可分給付を目的としている限りでは，分別利益の抗弁は，当然，主張自体失当である（主債務の目的が不可分給付であっても，保証債務が可分給付を目的とするときは，分別の利益は否定されない）。

♣ Topica　保証連帯

連帯保証と区別されるべき概念に，保証連帯がある。連帯保証における連帯が主債務者と保証人との連帯を意味するのに対し，保証連帯にいう連帯は，共同保証の場合における保証人間の連帯をいう。同一の保証給付を目的としてB・Cが連帯債務者の関係にある，ということである。共同保証人B・Cが互いに連帯する旨の特約が債権者とB・Cの間に存在するとき，あるいは，B・Cを共同保証人とする1個の保証契約がBまたはCのために商行為となるとき（商511条1項）に，保証連帯が成立する。この保証連帯債務者Bもまた分別の利益を享受することができないと解されているから，債権者は，

分別利益の抗弁に対し，保証連帯の再抗弁を主張することもできる。

もっとも，連帯債務では履行請求等の時効障害事由ないし遅滞開始事由に法定絶対効が与えられないから，あえて共同保証人間に連帯関係を生じさせる実益は，債権者にとって乏しい（Bの保証債務の時効障害・遅滞開始によってCの保証債務にも時効障害・遅滞開始を生じさせたいのであれば，通常の連帯債務におけると同様，債権者とCとの間で，Bの保証債務に時効障害・遅滞開始があればCの保証債務にも時効障害・遅滞開始が生じる旨の合意をしておかなければならない。それなら，共同保証人間に連帯関係がなくても同じことである）。

連帯保証が補充性を否定されるのに対し，保証連帯は，補充性を失わないことに注意せよ（いずれも附従性は否定されない。連帯保証連帯〔共同連帯保証人間の連帯〕では，保証連帯だからといって補充性は失われないが，個々の保証人が連帯保証であることによって，その連帯保証人について補充性が否定される）。

なお，⇨後述▶4 ▶▶6②参照。

▶3　保証人から主債務者への影響関係

主債務と保証債務は，主と従の関係にある。主人に何ごとかがあれば従者もその影響を受けるが，従者に何かあったからといって主人は影響を受けない。従者が主人に奉公すれば，主人も満足する，というだけである。同様に，主債務者に生じた事由は何であれ保証債務にもその効力を及ぼすが，保証人に生じた事由は，債権満足事由（弁済・代物弁済・弁済提供・供託・相殺）以外は，主債務者に法的影響を及ぼさない。

ただし，保証人が普通保証人でなく**連帯保証人**であるときは，債権者・連帯保証人間の更改と混同について，主債務者に法的影響を及ぼすものとされている。

すなわち，債権者Gに対して主債務者Aとその全部連帯保証人Bがいる場合に，GとBが保証債務を更改する契約を締結したときは，Bが新債務の負担という形で保証債務を弁済したものと見立て，Aの主債務も消滅させるとし（458条による438条準用），Bの損失はAに対する求償請求をもって回復させる。また，債権者Gに対して主債務者Aとその全部連帯保証人Bがいる場合に，GとBの間に混同を生じたときも，BがGに弁済したものとみなし（458条による440条準用），Bの損失はAに対する求償請求をもって回復させる。

なお，債権満足事由の絶対効は曲げられないとして，それ以外の事由が保証人（普通保証人であれ連帯保証人であれ）にあったときにその事由に一定の絶対効

を生ぜしめるよう（たとえば，保証人に対する履行請求や免除に絶対効を付与するなど），債権者と主債務者が合意するのであれば，その合意の一般的有効性を否定する理由はない（458条が連帯保証について441条〔但書〕を準用するが，普通保証であっても理屈は同じである）。

▶4 求償関係

▶▶1 求償権の法的性質

保証人の地位が「主債務の発生原因＋保証契約の締結」の事実に依拠する場合，この保証人が主債務者に対して取得する求償権の法的性質は，**事務管理費用償還請求権**である。これに対し，保証人の地位が「主債務の発生原因＋主債務者からの保証受託＋その委託に基づく保証契約の締結」の事実に依拠する場合，この保証人の主債務者に対する求償権の法的性質は，**委任事務処理費用償還請求権**である。後者の保証人を「受託保証人」という（この表現に問題はない）のに対し，前者の保証人を「無委託保証人」と呼ぶのが慣例になっており，以下でもその呼称を便宜上用いるが，「保証委託がなかったこと」が無委託保証の成立要件なのではない（保証委託の事実があらわれないだけである）ことに注意されたい。

受託保証人の主債務者に対する求償権と，無委託保証人のそれとは，法的性質を異にする別個の権利であり，したがって，訴訟上も別個の訴訟物となる。訴訟上，当初は保証委託の事実が主張されなかったところ，後に保証委託の事実が主張されるに至るときは，請求（訴訟物）の追加的変更に当たる（当初の請求が引っ込められるときは，請求の交換的変更に当たる）。

▶▶2 主債務者に対する無委託保証人の求償権

①　保証人は，「主債務の発生原因＋保証契約の締結＋保証債務履行のための財産支出」を請求原因とするときは，無委託保証人として，主債務者に対し，**「弁済当時に主債務者の受けた利益」**すなわち原則として財産支出額（主債務額を限度とする）の求償請求をすることができる（462条1項・459条の2第1項前段。無委託保証人が自己の財産の支出によって保証債務を消滅させる行為を，無委託保証人の弁済によって代表させる。以下同じ）。

②　主債務者は，保証契約締結時に主債務につき履行期の定めがあったことを，履行期の抗弁として主張することができる（462条3項・459条の2第3項）。

これに対し，無委託保証人は，主債務の履行期が到来したことを，再抗弁として主張することができる。

③　無委託保証人の弁済時において債権者の主債務履行請求に対し抗弁として主張できたはずの事由（主債務の障害・排斥・消滅事由）が主債務者にあるときは，その弁済時に主債務者の受けた利益は，その抗弁が機能しえた範囲で，弁済額から縮減する。したがって，主債務者は，そのような事由を主張して，無委託保証人の求償請求に対しても抗弁とすることができる（抗弁の接続）。たとえば，無委託保証人の弁済と主債務者の弁済が重なるときは，無委託保証人の弁済が先立つ（再抗弁）のでない限り，主債務者は，主債務者の弁済額を無委託保証人の弁済額から控除した額まで無委託保証人の求償権の範囲が縮減された旨の抗弁を主張することができる。あるいは，主債務者は，無委託保証人の弁済時に債権者に対して相殺に適した反対債権または無委託保証人の弁済時に存した原因に基づいてその後に債権者に対して相殺に適するに至った反対債権を有するときは，これによる相殺をもって，無委託保証人の求償請求に対する抗弁とすることができる（この抗弁が認められるときは，主債務者の反対債権は相殺の範囲で無委託保証人に法定移転し，この無委託保証人は，債権者に対してその履行を求めることができると共に，債権者の無資力危険を負担する。462条1項・459条の2第1項後段）。

④　また，無委託保証人の弁済の事実を知らずに主債務者が主債務を弁済した場合には，主債務者に，主債務者・無委託保証人間では主債務者の弁済こそが有効であるとみなす権利が与えられる。したがって，主債務者は，この権利の行使として主債務者の弁済が無委託保証人の弁済に優先して有効であるとみなす意思表示を無委託保証人に対してしたことを主張して，抗弁とすることができる。これに対し，無委託保証人は，自分の弁済の事実を主債務者の弁済に先立って主債務者に通知したこと（事後通知義務の履行。二重弁済しないようにとの警告の趣旨）を主張して，再抗弁とすることができる（463条3項後段）。

⑤　さらに，主債務者は，無委託保証人が「主債務者の意思に反して保証契約を締結したこと」を主張して，無委託保証人の求償権の範囲が主債務者の「現受利益（口頭弁論終結時の受益）」まで縮減される旨の抗弁とすることができる（462条2項前段）。たとえば，求償請求訴訟の口頭弁論終結時までに主債務者が債権者に対して相殺に適するに至った反対債権を有するときは，主債務者は，

この反対債権による相殺の抗弁を主張することができる（この抗弁が認められるときは，主債務者の反対債権は相殺の範囲で無委託保証人に法定移転し，この無委託保証人は，債権者に対してその履行を求めることができると共に，債権者の無資力危険を負担する。462条2項後段）。

⑥ のみならず，無委託保証人が「主債務者の意思に反して保証契約を締結した」場合，主債務者には，主債務者・無委託保証人間では主債務者の弁済こそが有効であるとみなす権利が与えられる（無委託保証人の弁済の事実について主債務者が善意であったことは必要でなく，悪意であったとしてもかまわない）。そこで，主債務者は，この権利を行使する意思表示を無委託保証人に対してしたことを主張して，抗弁とすることができる（463条3項前段。この場合の保証人には，無委託保証人一般の場合と異なり，事後通知をしたことによる再抗弁の余地はない）。

▶▶ 3　主債務者に対する受託保証人の事後求償権

① 保証人は，「主債務の発生原因事実＋主債務者から保証委託を受けたこと＋その保証委託に基づいて保証契約を締結したこと＋保証債務の履行のための財産支出」を請求原因とするときは，受託保証人として，主債務者に対し，「財産支出額（主債務額を限度とする）＋弁済日以後の法定利息・不可避費用相当額」の求償請求をすることができる（459条・442条2項。受託保証人が自己の財産の支出によって保証債務を消滅させる行為を，受託保証人の弁済によって代表させる。以下同じ）。

主債務者の委託を受けた保証人であるから，主債務者の意思に反して保証人となった者の地位に立つことはない。

② 主債務者は，保証契約締結時に主債務につき履行期の定めのあったことを，履行期の抗弁として主張することができる（459条の2第3項）。これに対し，受託保証人は，主債務の履行期が到来したことを，再抗弁として主張することができる。

受託保証人の弁済が保証契約締結時の主債務の履行期に先立つことは，受託保証人の求償権の範囲縮減の抗弁事由となる。すなわち，求償権の範囲は，「受託保証人の弁済時において主債務者が受けた利益＋主債務の履行期以後の法定利息・不可避費用」の額まで縮減される（459条の2第1項・2項）。

③ 主債務者は，受託保証人の弁済時において債権者の主債務履行請求に対し抗弁として主張できたはずの事由（主債務の障害・排斥・〔時効消滅・債務免除

など，出捐によらない〕消滅事由）を主張して，受託保証人の求償請求に対して
も抗弁とすることができる（抗弁の接続）。たとえば，保証人の弁済時に主債務
者が債権者に対して相殺に適する反対債権（期限前弁済の場合は弁済時の相殺原因
があればその後に相殺に適するに至った反対債権でもよい）を有していたときは，主
債務者は，その相殺をもって，保証人の求償請求に対する抗弁とすることがで
きる（この抗弁が認められるときは，主債務者の反対債権は相殺の範囲で保証人に法定
移転し，保証人は，債権者に対してその履行を求めることができると共に，債権者の無
資力危険を負担する。463条1項後段・459条の2第1項後段）。

　これに対し，受託保証人は，自分が弁済しようとしていることをその弁済に
先立って主債務者に通知した（事前通知義務の履行。債権者に対する抗弁事由を主
債務者が有していないかを問い合わせる趣旨）ことを再抗弁として主張して，抗弁
を切断することができる（463条1項）。さらにこれに対しては，主債務者は，
債権者に対する抗弁事由を有することを，受託保証人の弁済に先立って受託保
証人に回答したこと（抗弁接続の機会を留保する趣旨）を再々抗弁として主張して，
抗弁接続を復活させることができる。

　④　受託保証人の求償請求に対して主債務者が自分も弁済したとの抗弁（受
託保証人の弁済額から主債務者の弁済額を控除した額まで求償権元本額の範囲で縮減さ
れることになる）を主張するのに対し，受託保証人は，自分（受託保証人）の弁
済の方が先立つとの再抗弁のほか，自分が弁済しようとしていることをその弁
済実行に先立って主債務者に通知した上で（事前通知義務の履行。すでに弁済がな
されていないかを問い合わせる趣旨），その回答を待つべき相当期間の経過以後に
主債務者の弁済の事実を知らずに弁済したものであることを理由に，自分の方
の弁済を有効とみなす意思表示を主債務者に対してした，との再抗弁を主張す
ることができる。後者の再抗弁に対し，主債務者は，自分（主債務者）がすで
に弁済を済ませていることを受託保証人の弁済に先立って受託保証人に回答し
たことを主張して，再々抗弁とすることができる（463条1項・2項）。

　⑤　受託保証人の弁済の事実を知らずに主債務者が主債務を弁済した場合，
主債務者には，同様に，主債務者・受託保証人間では主債務者の弁済こそが有
効であるとみなす権利が与えられる（みずから保証委託した保証人との関係である
から，主債務者の主観的要件は，善意無過失と解されるべきである。その意味において，
主債務者は，自分の弁済に際し，債権者や受託保証人に既弁済の有無を問い合わせ，既

弁済の善意について無過失評価を確保しておかねばならないであろう）。したがって，主債務者は，この権利の行使として主債務者の弁済が受託保証人の弁済に優先して有効であるとみなす意思表示を受託保証人に対してしたことを主張して，抗弁とすることができる（受託保証人の求償請求に対して主債務者が自分も弁済したことをもって抗弁とし，受託保証人が自分の弁済が先立つことをもって再抗弁とすることとの関係では，予備的抗弁となる）。これに対し，受託保証人は，自分の弁済の事実を主債務者の弁済に先立って主債務者に通知したこと（**事後通知義務の履行。二重弁済しないようにとの警告の趣旨**）を主張して，再抗弁とすることができる（463条3項後段）。

▶▶ 4 主債務者に対する受託保証人の事前求償権

① 受託保証人は，主債務者との間に委任契約関係を有するから，主債務者に対し，保証債務弁済後の求償権（650条1項：事後求償権）だけでなく，**委任事務処理費用前払請求権**（649条）として，保証債務弁済前の求償権（事前求償権）を有するはずである。とはいえ，債権者を満足させるべきは誰よりもまず主債務者であり，受託保証人といえども，率先して債権者を満足させないといけないわけではない。したがって，ただ保証を受託して保証人になっているというだけの段階で，つねに事前求償が認められるというのは，不合理である。そこで民法は，受託保証人の事前求償権が認められる場合を，主債務者破産手続への債権者不参加（460条1号。受託保証人は，事前求償権と，将来の事後求償権との，いずれかを選択して主債務者破産手続に参加できる），保証契約時における主債務の弁済期の到来（460条2号。主債務者は弁済期の事後的延長を抗弁とできない），保証債務履行請求認容判決の確定（460条3号。ただし，保証人敗訴につき保証人に過失ある場合〔欠席判決，馴合い訴訟による判決，攻撃防御の不尽など〕を除く）のいずれかの場合に限定することにした。いずれも，保証人が保証債務を履行せざるをえない蓋然性が著しく高まった場合である。

受託保証人と主債務者の間で，事前求償権を排除する合意や，法定事由以外の場合にも事前求償を可能とする合意が行われれば，その合意は一般に有効である（信用保証協会が保証に入るときは，主債務者と，事前求償事由拡大合意をするのが通例である）。

② 受託保証人が事前求償権に基づき主債務者から財産を受領したからといって，この受託保証人がその後その受領財産を保証債務の履行のために用い

るとは限らない。そこで民法は，主債務者に，その不安を低減するための対抗策を与えることとした。ひとつは，事前求償に応じる前の事前求償権消滅措置であり（461条2項），いまひとつは，事前求償に応じた後の二重弁済危険除去請求権である（461条1項）。

③　**事前求償権と事後求償権**は，法的性質を異にする別個の権利であって，請求権競合の関係（訴訟物としても別個であり，各別に判決を得ることができるが，一方の満足の範囲で他方も消滅する関係）にある。消滅時効も別々に起算されるのを基本とする（最判昭和60・2・12民集39巻1号89頁。もっとも，その上で，両求償権の間にどのような牽連関係を認めるべきかは，別問題である。事前求償権を事後求償権から独立に時効消滅させてよいのだろうか。事後求償権が時効消滅しても事前求償権を存続させる意味はあるのだろうか。事前求償権を保全するための仮差押えは，事前求償権のみならず，事後求償権についても時効完成猶予事由となる〔最判平成27・2・17民集69巻1号1頁〕。事後求償権を被担保債権とする根抵当権により，受託保証人は，保証債務の弁済前であっても，極度額までの配当要求をすることができる〔最判昭和34・6・25民集13巻6号810頁。事後求償権のための担保供与は民法461条2項の事前求償権排除原因にならないことを前提とする〕）。

▶▶ 5　主債務者複数の場合の保証人の求償権

①　主債務者が複数ある場合の保証は，複数の主債務者の全員のための保証と複数の主債務者の一部（典型的には1人）のための保証，複数債務者の負担する主債務が分割債務である場合の保証とそれが全部義務（不可分債務・連帯債務・連帯保証債務）である場合の保証とに，類別することができる（保証人が無委託保証人か受託保証人かの区別がさらに重なるが，話が複雑になり過ぎそうなので，省く）。

②　分割債務者全員のための保証人の求償権は，主債務者各自に対し，分割された弁済額の償還請求権として生ずる。

③　全部義務者全員のための保証人の求償権は，主債務者各自に対し，弁済全額の償還請求権として生ずる。

④　分割債務者の1人のための保証人の求償権は，保証の対象たる主債務者の分割債務額までの弁済について，もっぱらその主債務者に対し，弁済全額の償還請求権として生ずる。主債務者の分割債務額を超えた弁済は，他の（＝保証外の）分割債務者に対する関係で単なる第三者の事務管理たる弁済として，

保証人の求償権を生ぜしめる。

⑤　**全部義務者の１人のための保証人**の求償権は，保証の対象たる主債務者に対しては，弁済全額の請求権として生ずる。保証人にその弁済全額を償還した主債務者は，こんどは他の全部義務者に対し，全部義務者間の負担部分に応じた償還を求めていくことになる。ならば，保証人が直接に他の（＝保証外の）全部義務者に対してそれぞれの負担部分に応じた求償をすることができるようにしておけば，そのような求償連鎖を避けられるばかりでなく，保証人には主債務者無資力危険分散のメリットを生じ，かといって他の全部義務者にとくにデメリットとなることもない。そこで，全部義務者の１人の保証人は，その弁済により，保証の対象たる主債務者に対しては弁済全額の求償権を取得するとともに，他の全部義務者に対しても，各自の負担部分に応じた求償権を取得するものとされる（464条）。

▶▶ 6　共同保証人間の求償権

①　共同保証の場合に，保証債務を弁済した保証人は，主債務者に対する求償権を取得すると共に，他の保証人に対する求償権を取得する余地がある（弁済者代位により取得する主債権および他の保証人に対する保証債権を併せれば，共同保証人のひとりとして保証債務を弁済した保証人には，都合４種の請求権が考えられることになる〔さらに受託保証人には事前求償権がある〕。保証人の主債務者に対する求償権についての時効障害事由は，共同保証人間の求償権の時効を障害するものではない〔最判平成27・11・19民集69巻７号1988頁〕）。

　保証人は，主債務を担保するのであって，他人の保証債務を担保するのではないから，当然には，共同保証人間の求償権というものを考えることはできない。しかし，民法は，（とくに主債務者無資力の場合を゛^{おもんぱか}慮゛って）保証債務を弁済した保証人とその弁済によって保証債務の全部または一部を免れる保証人との間の公平を確保するため，主債務者のための責任を共同保証人が相互に分担する関係（共同保証人は，主債務者に対して負担部分を持たないが，共同保証人相互の間では，保証人としての責任を，原則として均等に，分かち合う。その分担額を，「負担部分額」という）を設定し，共同保証人の１人の弁済額がその**負担部分額を超えるとき**には，その超過範囲の支出について，他の共同保証人に対して求償請求することができるものとした（465条。弁済額が負担部分額を超えない以上，それでも主債務者に対して求償請求できるのは当然として，他の保証人に対しては求償請求

できない）。

　②　**保証連帯**は，保証給付を目的とする連帯債務にほかならない。したがっ
て，保証連帯債務者相互間の求償関係には，連帯債務の求償規定（442～444条）
が当然適用される。ただし，負担部分額を超える弁済額についての求償である
から，負担部分割合による求償（442条1項）は排除される（465条1項）。

　不可分給付を目的とする主債務の共同保証人（第1義的に金銭給付を目的とす
る共同普通保証の場合を除く），および，主債務者と連帯する共同保証人（共同**連
帯保証**。共同保証人の一部が連帯保証人であるにとどまるときは，その連帯保証人）に
は，分別の利益（456条・427条）が認められない。この限りで，保証連帯と同
様である。そこで民法は，これら共同保証人について，連帯債務の求償規定（442
～444条）を準用することとした（465条1項）。

　結果として，**分別の利益**が認められない共同保証人の求償権の範囲は，「負
担部分額超過弁済額＋弁済日以後の法定利息・不可避費用」に及ぶ（442条2項
の適用・準用）。他の保証人への事前・事後の通知をした事実が認められなけれ
ば，当該他の保証人の存在を知らなかったのでない限り，その求償権は，抗弁
接続または後発善意弁済の優先擬制による制限を受ける余地がある（443条の適
用・準用）。共同保証人中に無資力者がいることによる危険は，共同保証人間で
負担部分に応じて分配される（444条の適用・準用）。

　③　分別の利益が認められる共同保証人は，分割債務の原則により，保証債
務の範囲じたいが負担部分額の範囲にとどまる。したがって，その範囲を超過
する弁済は，他の共同保証人に対し，事務管理の性質を有する。そこで民法は，
共同保証人の1人がその負担部分額を超えて弁済した場合に，この保証人に分
別の利益があるときは，その求償権について，無委託保証人の求償規定（462条）
を準用することとした（465条2項。求償権の範囲は，負担部分額超過額を原則とし，
他の保証人の意思に反して共同保証人となった者については，求償の相手方の現受利益
の限度にとどめられる）。

▶5　ふたたび，対外的効力——**手続開始時現存額主義**

　1000万円の主債務について保証債務が設定され，保証人が200万円を弁済し
たところで主債務者が破産手続開始決定を受けた，という場合を考える。

　破産手続開始時に，債権者の残債権額は800万円となっており，保証人が主

債務者に対して200万円の事後求償権をすでに取得しているから，債権者・保証人は，それぞれ800万円の債権・200万円の事後求償権を破産債権として債務者の破産手続に参加することができる。これは当然である。

　主債務者が破産しても，債権者は，保証人に対して保証債権を有しているのであるから，保証人に対して保証債務の履行を請求することができる（保証人は，主債務者破産による期限利益の法定喪失〔137条1号〕を予定して保証債務を負担している）。これも当然である。

　そこで，主債務者の破産手続開始後に債権者が保証人からさらに500万円の弁済を受領したとする。そうすると，債権者の残債権額は，300万円となる。これもまた当然である。

　この先が当然でないのだが，債権者の実体的な残債権額は300万円となったにもかかわらず，債権者の破産債権額（破産手続中で債権者平等原則による配当額算定の基礎となる額）は，破産手続開始時の800万円を維持するのである。このことを「**手続開始時現存額主義**」という（破104条1項・2項）。破産手続上は実体的債権額の減少に見て見ぬふりをして，債権者があたかも引き続き800万円の債権を有しているかのように扱うから，その差額分について，債権者平等原則が実質上破られることになる。

　これと表裏の関係において，保証人は，破産手続開始前に取得した200万円の事後求償権を破産債権として破産手続に参加することは何ら妨げられないけれども，債権者が破産手続に参加している限り，破産手続開始後に取得した500万円の事後求償権によっては，これを破産債権として破産手続に参加することができない。債権者において破産手続に参加しないなら，保証人は，将来の事後求償権（あと800万円弁済すれば取得するはずの将来の事後求償権）をもってその全額（800万円）についても破産手続に参加することができるのだが（破103条4項・104条3項本文），債権者が破産手続に参加していると，保証人は，現にあと800万円を弁済して債権者の債権を全部消滅させることができたのでない限り，破産手続に参加することができないのである（破104条3項但書・104条4項）。ならば保証人が現にあと800万円を弁済して債権者の債権を全部消滅させることができた場合はどうかというと，800万円の事後求償権によって破産手続に参加できるのではなく，800万円の事後求償権の範囲内で債権者に代位するのを実体的根拠として，債権者の800万円の破産債権の承継人として破産手

続に参加することができるものとされている（破104条4項・113条）。

　つまり，保証債権を取得した債権者は，主債務者破産の場合に，手続開始時現存額主義により，債権者平等原則に実質的に反してでも破産手続開始時の債権額を基礎とする配当を求めることができ，他方において保証人に対しては，全部弁済にこぎつけない限り求償の利益についての配当すら保証人には与えられない仕組みを背景として，その履行を求めていくことができる。

　手続開始時現存額主義のシステムは，保証義務を含む**全部義務による人的担保を貫く根幹的システム**であって，これをぬきにして人的担保制度の趣旨を理解することは土台ムリなのである。

　受託保証人の事前求償権と主債務者破産の関係は，民法に完結的に規定されている（460条1号）。事前求償権による破産手続参加は，債権者の破産手続不参加の場合にのみ認められ，債権者が破産手続に参加した以上，事前求償権の出る幕はない。

　なお，保証人が破産手続開始決定を受けたときも，債権者は，その手続開始時の保証債権全額をもって破産手続に参加することができる（破105条）。

5　根保証債務

▶1　通　論

▶▶1　根担保の必要性

　人的担保にしろ物的担保にしろ，これに「根」を付けて「根担保」というと，「不特定債権の担保」の意味になる。言い換えると，特定債権に対する附従性が排除された担保である。

　企業取引社会では，同一当事者間に，多くの債権が発生と消滅を繰り返す。ここで，「債権担保は被担保債権に附従する」という原理原則を貫くと，被担保債権が弁済等によって消滅するたびに担保も消滅し，新たな債権のためには新たな担保を設定しなければならなくなる。これは，どう考えても不便である（抵当権であれば，登記順で最後順位の抵当権になりかねない）。この不便を避けるために，個々の特定債権に附従しない担保，つまり「根担保」が用いられる。根担保の傘の下では，いろいろな債権が出ていったり入ってきたりするのだが，

約定または法定の事由により債権の出入りが遮断された段階で（これを「元本債権の確定」とか「元本の確定」という），根担保は，傘の下にあるだけの特定債権を担保するもの（元本確定根担保）に変容し，その範囲の特定債権に対する附従性を獲得する。

▶▶ 2　根保証人の保護

不特定債権を担保する保証を，「根保証」という。これまで，根保証といえば，根保証の「包括性（被担保債権の範囲が広く，保証期間が長期に及ぶ。しばしばいずれも無限定）」から「気の毒な根保証人」をいかに保護するかが，課題とされた。

そこで，根保証人に，根保証契約上とくに約定がなくとも，一定の解約権を認める解釈が，判例法理として確立されている。保証期間の定めのない場合に，根保証人は，根保証契約締結後相当の期間を経過すれば，一定の予告期間を経て根保証契約を将来に向かって終了させることができる（大判昭和7・12・17民集11巻2334頁）。これを，「**通常解約権**」とか「任意解約権」と呼んでいる。

また，保証期間の定めの有無にかかわらず，主債務者に想定外の信用状態の悪化を生じた場合（458条の3参照），主債務者と根保証人間の信頼関係が破綻した場合，あるいは，根保証契約上前提とされる一定の地位から根保証人が離脱した場合（たとえば，会社の役員がその職務として会社の債務の根保証人となった後に，役員職その他会社経営上の重要な地位を離れた場合など）には，根保証人は，予告期間さえおかずに根保証契約を将来に向かって終了させることができる（大判昭和9・2・27民集13巻215頁，最判昭和39・12・18民集18巻10号2179頁）。「**特別解約権**」と呼ばれており，事情変更原則の具体化ということができる。

さらに，判例は，保証期間の定めも責任限度額の定めもない根保証債務（**包括根保証債務**）の相続性を否定している（最判昭和37・11・9民集16巻11号2270頁。根保証人死亡時の既存保証債務は相続される。465条の4第1項3号参照）。

▶▶ 3　元本確定前の保証債務履行請求

債権者が根保証人に保証債務の履行請求をすることができるのは，元本債権確定前と以後とを問わない。せっかく根保証という強力な担保を得たばかりに，元本債権確定前だからといって，不履行状態に陥った債権について保証人から満足を求めることができない，というのでは不合理だからである。その代わり，根保証に極度額の定めがある場合には，根保証人は，保証責任を果たした範囲で，債権者に対して極度額の減額を主張することができる。

▶▶ 4 元本確定前の債権の譲受人による保証債務履行請求

普通の保証であれば，主債権が譲渡されれば，保証債権も主債権の譲受人に移転する（随伴性）。根保証においても，元本債権が確定すれば随伴性が生ずるが，問題は，元本債権確定前に根保証の傘の下にある債権が第三者に譲渡された場合に，根保証債権が随伴するのかどうかである。**根抵当権**については，元本債権確定前の被担保債権の譲渡に根抵当権は随伴しないことが，明文で定められている（398条の7）。根保証については該当の規定がなく，解釈にまかされているが，判例は，その事案における根保証契約の趣旨を解釈して（したがって，別段の合意による留保がありうる），根保証の傘の下にあった債権の譲受人が譲受債権の範囲内で根保証人に対して保証債務の履行を求めることができる，との判断を示した（最判平成24・12・14民集66巻12号3559頁。元本債権確定前の保証債務履行請求が肯定されることを前提としている）。

債権譲渡制限特約の効力が相対的効力にとどめられる限りでは（466条。ただし，466条の5），保証債権の随伴に関する留保合意も，保証債務の随伴それ自体を妨げるのではなく，悪意または重過失のある譲受人に対する保証債務の履行拒絶の理由になると位置づけられるべきであろう。その上で，極度額の定めを有する根保証人は，譲受債権について保証責任を果たした範囲で，元々の債権者に対する関係でも極度額の縮減を主張することができる，と解すべきことになろう。そう解さなければ，元本確定前の債権譲渡によって極度額の定めが無意味になってしまうからである。

▶2 賃借根保証

下宿を借りるときに，保護者に保証人になってもらった人は少なくあるまい。その保証は，賃借人が賃貸借関係上負うことあるべき不特定の債務（賃料債務，損害賠償債務など）を保証する，つまり根保証の一種である。賃借根保証人に保証契約の通常解約権を与える必要は，一般に存しない（大判昭和7・10・11新聞3487号7頁）。滞納賃料の保証くらいでは，保証責任が想定外に急拡大するおそれは，一般の根保証に比して相対的に小さいからである。とはいえ，失火による借家損傷の場合など，賃借人の責任が一気に大きくなることもありうる。その責任まで保証人に負わせてよいかどうかは，保証契約の趣旨の解釈問題である。

他方，特別解約権を否定する理由はない（大判昭和 8・4・6 民集12巻791頁，大判昭和14・4・12民集18巻350頁）。たとえば，賃借人死亡の場合（それだけで賃借根保証は終了しない。大判昭和12・6・15民集16巻931頁）において，賃借人の相続人がタチのわるい人間であるときなど，あるいは，賃借根保証人の死亡の場合（それだけで根保証は終了せず，むしろ根保証債務の相続が認められる。大判昭和 9・1・30民集13巻103頁）において，賃借根保証が賃借人と根保証人の間の特段の属人的関係に基づくものであったときなどには，根保証人ないし根保証人の相続人に特別解約権が認められることもありえよう。

賃借根保証が賃貸借の更新後も継続するかどうかにつき，判例は，特段の事情のない限り，保証契約の趣旨を，賃貸借の法定更新によっては賃借根保証を終了させないものとして解釈すべきだとみている（最判平成 9・11・13判時1633号81頁）。約定更新の場合にも，その実態が法定更新と変わらないときには，賃借根保証の原則的継続が認められるべきであろう。

▶3　身元保証

被用者の行為によって使用者の受ける損害の賠償を目的とする保証を「身元保証」という。会社に就職するときなど，「本人の身上一切を引受け，貴社に御迷惑をおかけしません。」という趣旨の書面に近親者などの署名押印をもらって会社に提出することが多い。本人の使い込み（横領）の場合に本人に代わって身元保証人に会社の損害を賠償させることなどを念頭に置いている。これが身元保証であり，根保証の一種である。昭和 8（1933）年以来，身元保証法が制定施行され，身元保証の期間制限，使用者の事情変更通知義務，身元保証人の特別解約権，諸事情の総合判断による身元保証責任の範囲画定が，定められている（片面的強行規定）。また，解釈論として，被用者死亡の場合と身元保証人死亡の場合とを通じて，主債務の流動性は失われると解するのが判例通説である（大判昭和18・9・10民集22巻948頁）。

6 個人保証

▶1 個人保証と機関保証

　資本主義的計算のなかで行われる法人保証と異なり，個人保証の多くは，情誼的・利他的に無償で行われがちである。そこで，民法は，個人保証について，いくつかの特則を置き，個人保証人の責任が過酷なものとならないよう，配慮している。

> ⚖ **Topica** 機関保証の特徴
>
> 　今日，中小企業金融を中心に，**信用保証協会**（信用保証協会法に基づく特殊法人。基金に公的資金支援がある）や民間の信用保証会社による債務保証が普及している。この場合を，個人保証とはとくに区別して，「協会保証」とか「機関保証」とか「法人保証」とか呼ぶことがある。
>
> 　保証機関の保証債務負担は有償である（主債務者から保証料をとる）から，情誼性や軽率性の瑕疵を帯びない。また，主債務者が経済的に破綻した場合には保証機関がその責任の最終帰属点になるというのでもない。むしろ，求償権の担保（保証・物上保証）をあらかじめ徴求して，自己の保証債務弁済の危険を求償権の保証人・物上保証人に転嫁し，かつ，弁済により債権者に代位する場合に担保保存義務を負わない特約を，求償権の保証人・物上保証人と結ぶ。のみならず，事前通知懈怠・事後通知懈怠による求償権制限を解除する特約，受託保証人の事前求償権の発生事由を拡張する特約，主債務から独立に求償権の遅延利率を定める特約を，主債務者と結ぶ。さらに，保証機関が弁済により債権者に代位する場合の代位割合に制限を受けない特約を，他の担保提供者と結ぶ。
>
> 　このようにして，保証機関は，保証債務の弁済による求償の利益をとことん確保し，主債務者無資力の危険を最終的に求償権のための保証人や物上保証人に負担させる，という仕組みをとっている。債権者（元々の金融機関）はといえば，保証機関に保証債務の履行を請求すれば確実に払ってくれるわけであるから，みずからわざわざ抵当権実行で苦労する必要もない。とすると，保証機関は，主債務者のための保証責任負担者というより，実質的には，債権者に与信根拠を与えると共に，求償権確保のために万全の措置をとって，主債務の債務不履行に際してはまるで金融機関の債権回収代行機関であるかのような立場に立つのである。
>
> 　かかる機関保証のために，気の毒な保証人の保護という考慮を及ぼす道理はないであろう。むしろ，保証機関の求償権のための個人保証人が受ける請求の苛酷さを適切に緩和する必要性が，伝来的な個人保証人保護の観点から認められる。機関保証と個人保証とによる現代的保証関係の二元性をきちんと法解釈に反映させ，かつ，その接触点（機

関保証人の求償権確保の必要性 vs. 求償債務の個人保証人の保護の必要性）において調和的な解決を可能とする理論の総合に努めていくことが，保証理論の今後の大きな課題である。

▶2　個人保証の特則

債権者は，主債務者の期限利益喪失を知った時から2カ月以内に，個人保証人に対し，主債務者の期限利益喪失を通知しなければならない。この通知に懈怠のあるときは，その通知を現にするまでの主債務者の履行遅滞につき，保証人に責任をとらせることはできない（458条の3）。個人保証が根保証であるかどうかを問わない。

▶3　個人根保証の特則

個人根保証は，個人保証の特則の適用を受けるほか，保証の**極度額**（元本だけでなく利息・違約金等を含めた保証責任の最大限度額）を書面または電磁的記録によって定めることを，根保証契約の効力発生要件とする（包括根保証の禁止。465条の2。法文に「一定範囲」とあるのは通常の場合を指すだけで，主債務の範囲を限定しない個人根保証に極度額の定めを要件としない趣旨ではない）。根保証人の属性・資力等に照らして無限定も同然の高額な極度額の定めは，極度額約定要件を充足しないとみるべきであろう。

元本債権は，約定の元本確定期日の到来により確定するほか，一定の事由が生じたときは，（元本確定期日の約定の有無を問わず，また，同期日の到来前であっても）当然に確定する（465条の4第1項1～3号）。根保証債権者が保証人に対する差押えを申し立てたとき（金銭執行か担保執行か，執行債権が根保証債権かそれ以外の債権かを問わない。執行手続が開始されなかった場合を除く），保証人が破産手続開始決定を受けたとき，または，主債務者もしくは保証人が死亡したときがそれである。

なお，**法人根保証**（信用保証協会，保証会社などによる根保証）の効力発生は，極度額が定められることを要件としない。したがって，その法人の根保証債務の範囲はもとより，その法人が主債務者に対して取得する求償権の範囲も，際限なくふくらむ可能性がある。そうすると，その**求償権の保証人**は，際限なく

ふくらみかねない保証責任を負担することになり，実質的には根保証人も同然の立場に置かれる。この求償保証人も法人であるならば，保証責任の膨張もまたその資本主義的計算のなかにあるものとみてよいし，この求償保証人が個人であっても根保証人であるならば，その個人根保証契約の効力発生に極度額の約定が必要とされることで，青天井の責任膨張は避けられる。しかし，この保証人が個人であって根保証人でないときは，これをその責任の無制約な膨張から保護する手立てを別途講じなければならない。そこで，法人の根保証契約の方に極度額の定めのあることが，その法人の主債務者に対する求償権のための個人保証契約（根保証でないもの）の効力発生要件とされる（465条の5第1項・3項）。

▶4　貸金等債務の個人根保証の特則

　個人根保証の目的に貸金等債務が含まれる場合（**個人貸金等根保証**）については，個人保証・個人根保証の特則が適用されるほか，元本確定事由が追加的に法定され（主債務者に対する根保証債権者の差押申立て，主債務者の破産手続開始決定。465条の4第2項1号・2号），また，原則として保証契約締結日から3年経過日が元本確定期日とされる（465条の3第2項）。元本確定期日を約定により法定期日から前倒しまたは先送りすることは可能であるが，先送りの場合は，保証契約締結日から5年経過日を限度とし，書面による約定を要する（465条の3第1項・4項）。元本確定期日を変更する場合は，変更日から5年（旧期日の直前2カ月以内に変更日があるときは，旧期日から5年）を最長期とし，法定期日または旧期日の後への先送り変更は，書面化しなければならない（465条の3第3項・4項）。

　なお，法人の貸金等債務根保証による求償権の個人保証（根保証でないもの）では，法人の根保証の方に極度額だけでなく元本確定期日も有効に定められていることが，個人保証契約の効力発生要件となる（465条の5第1項・2項前段・3項）。法人の貸金等債務根保証による求償権の個人根保証では，法人の根保証の方に元本確定期日が有効に定められていることが，個人根保証契約の効力発生要件となる（465条の5第1項・2項後段・3項。極度額の定めは個人根保証の方に必要である）。

▶5 　事業債務の個人保証・個人根保証の特則

▶▷1 　公正証書作成要件

　事業のための貸金等による債務を担保するための個人保証契約は，それが根保証であるかどうかに応じて個人保証・個人根保証の特則の適用を受けるほか，根保証であると否とを通じて，保証契約締結日の直前 1 カ月以内に作成された**公正証書**で保証人たるべき者が保証債務履行の意思を表示していることを，効力発生要件とする（民465条の 6 第 1 項・ 3 項。公正証書作成の方式につき，民465条の 6 第 2 項・465条の 7 参照）。なお，この公正証書は，あくまで保証人の保証意思の確実を期するものであって，それが保証人に対する執行証書（民執22条 5 号）として作成されることは，想定されていない。

　それら保証人・根保証人の主債務者に対する求償権を担保するための個人保証契約・個人根保証契約についても，同様の公正証書作成が効力発生要件とされる（465条の 8 ）。

　もっとも，いわゆる**経営者保証**ないしこれに準ずる保証については，公正証書作成要件は課せられない（465条の 9 。**配偶者保証**が公正証書作成要件の適用を免れる範囲に注意。465条の 9 第 3 号）。

▶▷2 　主債務者の情報提供義務

　事業のための債務の担保を目的として保証委託（根保証委託かどうかを問わない）をする主債務者は，その委託の相手方たる個人に対し，主債務の履行の蓋然性を判定するのに資すべき諸情報を提供しなければならない（465条の10第 1 項）。

　保証受託者の保証契約締結が，主債務者の情報提供義務違背による誤認に基づくものであるときは，主債務者の情報提供義務違背に当たる事実について債権者が保証契約締結時に知りまたは知ることができたことを要件として，その受託個人保証人は，保証契約を取り消すことができる（465条の10第 2 項）。

💡Check

●設問 1 （基本問題）

(1)　人的担保と物的担保との，債権者にとっての長短を，連帯保証債権と抵当権を例として説明しなさい。

(2) 普通保証と連帯保証とで異なる点はどこにあるか，列挙しなさい。

●設問2（発展問題）

　Aは，BがCとの反復的融資取引に基づいて負担する貸金返還債務を担保するため，極度額1億円の個人根保証人となった。Cは，Bに対する貸金債権1個（債権額3000万円）を代金額2000万円でDに売却して代金全額をDから受領し，その債権売却の事実をBに内容証明郵便により通知した。B・C間ではその後も融資取引が反復されていたが，Bの資金繰りの行き詰まりが突然に表面化し，Bについて破産手続開始決定がなされた。この時点で，CのBに対する貸金債権残高は1億円であった。そこでCは，その全部を破産債権として届け出ると共に，Aに根保証債務の履行として1億円を支払うよう求める訴訟（本件訴訟）を提起した。Bの破産財団所属財産は順次換価され，1億円の配当原資が形成された。Bの破産手続には，Dも上記譲受債権（全額未回収）を破産債権として参加したほか，さらにG1〜G9が各自の債権（総額8億7000万円）を破産債権として参加してきた。C・D・G1〜G9以外にBに対する債権者はおらず，C・D・G1〜G9の債権は，いずれも同順位の破産債権として届出額どおりに確定された。本件訴訟の口頭弁論終結前にAはCに3000万円を弁済し，その後，Bの破産手続は終結された。

　本件訴訟において，A・C間に想定される攻撃防御の応酬は，請求原因以下どのように想定されるか。また，その結果，裁判所は，どのような判決を言い渡すべきことになるか。

第 7 章

債権譲渡・債務引受・契約譲渡

▷▷ Navi ▷▷

　　貸金債務者（あるいは，売買代金債務者，請負代金債務者，不法行為賠償債務者などなど）に，ある日，「あなたに対する債権は私が買い取ったので，今後の弁済は私に対してしてください」なる通告が見知らぬ人から届いたとする。読者がこの債務者なら，どういう対応をとるだろうか，あるいは何もしないでおくだろうか。そうかと思えば，またまた同じようなことを言ってくる人が別にあらわれたとする。読者が債務者なら，誰に何を確かめてどうするであろうか。

　　また，貸金債権者に，ある日，「あなたに対する債務は私が引き継ぐことにしたので，今後の弁済の請求は私宛てにしてください」なる通告が見知らぬ人から届いたとする。債権者としては，従前の債務者なら資力があるはずだから安心だったのに，そんな見知らぬ人が新たな債務者では，弁済が得られるか，不安でならない。債権者は，どのような法的地位に置かれているのだろうか。

◆ Key Point ◆

　債権はそもそも譲渡できるのか，譲渡できるとして，物権を譲渡できるというのとは何がちがうのか。また，**債権者と債務者とが債権譲渡禁止などの特約（債権譲渡制限特約）を結んだにもかかわらず債権が譲渡される場合，債権ははたして譲受人に移転するのか**，移転するとして，債務者は譲受人の債務履行請求に対し，どのような抗弁を主張しうるのか。

　債権譲渡が意思主義・対抗要件主義に従うことは，物権変動におけると同様である。債権譲渡契約によって譲受人は債権を取得するが，これをもって第三者に対抗するというとき，その第三者には，「債務者」と「債務者以外の第三者」との2つの類型がある（債務者に対する対抗は，物権変動論にみられない問題である）。債務者対抗要件と第三者対抗要件（債務者以外の第三

者に対する対抗要件のことをいう）のそれぞれが，どのような趣旨により，どのような方法によって具備されうるのか，その上で，債権の二重譲渡やそれに類する場合に，債務者対抗要件具備の有無・先後，第三者対抗要件具備の有無・先後がからみあう局面において，譲受人・債務者間，第三者相互間にどのような関係が出来するか，そのような関係に応じて，譲受人・債務者間にはどのような攻撃防御（言い分）が応酬されることになるのかを，順次ていねいに理解していかなければならない。

　有価証券，債務引受，契約譲渡については，これまでの字数が増え過ぎたので，深入りせずにサラリと流しておくだけにしよう。

1　債権譲渡

▶1　債権の譲渡性の法的承認

　債権者がその債権を第三者に譲渡しようとするとき，本来は，債務者の同意が必要となる。そうでなければ，債務者の意思に基づかずに債務者の法律関係が変動させられることになるからである（債権は人と人との間の法鎖である。物権が，本来，譲渡自由であるのと異なる）。

　しかし，債権的取引が活発化し，債権を保護する法制度（とくに債権の実現のための強制執行制度）が充実するにつれ，債権は独立の経済的価値を獲得し，取引社会は，債権（とりわけ金銭債権）に法的な取引客体適格が与えられることを要求するに至る。この要求に応えて，民法は，債権の譲渡性――債権者は債務者の同意を要せずして第三者にその債権を譲渡・質入れすることができる――を創設するのである（466条1項本文。将来債権〔将来発生するものと想定される債権〕でも，他の債権との識別可能性が確保される限りで，これを譲渡することにさしつかえはない〔466条の6第1項・2項〕。誰が債権者であるかが給付の内容と密接不可分の関係にあるような債権については，債権の譲渡自由は排除される〔466条1項但書〕）。

Topica　債権譲渡の目的と原因

　債権者の満足は弁済や相殺によって得られるのが本筋であるが，たとえば弁済期到来の前に現金が必要であるときは，債権という財産権を売却して代金を取得すればよい。

そのような意味で，債権譲渡は，債権回収機能を有する。ほかに，債権譲渡の機能としては，代物弁済機能（債務者が自己の債権を代物弁済に供する），債権担保機能（融資を得るために自己の債権を譲渡担保に供する）などがあげられる。

　債権譲渡それ自体は，いわゆる準物権行為（処分行為）であって，上述の場合には，それぞれ，売買，代物弁済，譲渡担保を原因行為としてなされた処分行為が債権譲渡だという構造になる。物権行為の独自性・無因性の議論と同じく，わが国では一般に，債権譲渡は原因行為と一体的になされてよいし，原因行為の効力が否定されるときは債権譲渡の効力も否定される。

　また，債権譲受人が，債務者に対し債務履行請求をするための請求原因事実としては，一般に，原因行為の主張を要する。原因行為の効力を否定する事由の主張が債務者の抗弁となることとの関係で，債務者の関知しない原因行為の何たるかは譲受人に主張させるのが，主張責任（ひいては証明責任）の分配上，公平だからである（もっとも，債権を譲り受けたとの主張にとどまるとしても，債権譲渡の有効性がとくに争われない限り，あえて請求原因不備とまで断ずる必要もない）。

▶2　債権譲渡制限特約

▶▶1　譲渡取引の安全保護

　債権者と債務者の間で，債権を譲渡してはならないとか，こういう人には債権を譲渡してはならないとか，債権を譲渡するにはとくにこういうハードルを越えなければならないとか，債権の譲渡自由を制限するような合意（債権譲渡制限特約）がなされた場合，この合意と債権の譲渡性とは，どのような関係に立つであろうか。

　民法は，今日，債権譲渡制限特約に対世的効力を認めた時代（改正前民法466条2項およびその通説的解釈は，特約の存在につき悪意または重過失善意の譲受人に，債権の取得を認めなかった）を超克し，債権譲渡取引の安全の尊重にいっそう傾斜して，債権譲渡制限特約には**相対的効力**が認められるに過ぎないとしている（466条2項）。債権譲渡制限特約は，債務者に対する債権譲渡人の合意違反の損害賠償責任を根拠づけうるが（合意違反を理由として債務者が債務負担原因契約を解除することはできない），もはや，債権譲受人の債権取得を妨げることはできない（譲受人の善意悪意や過失の有無軽重を問わない）のである。

▶▶2　譲渡制限利益の保護

　ただし，債権譲渡制限特約に違背して債権譲渡契約が締結された場合に，譲受人が債権者となったことをあくまで前提としつつ，債務者に，債権譲渡制限

の利益（譲受人への弁済を強いられない利益）を一定範囲で認めることも，決して背理ではなく，むしろ，債権譲渡とその制限特約との緊張関係を調整することこそ，立法の腕の見せ所である。そのため，民法は，債権譲渡制限特約に反する債権譲渡契約によっても債権は移転することを前提としつつ，債権を譲り受けたとして債務の履行を請求する債権譲受人に対し，債務者には，都合3つの抗弁が認められるものとした。

　まず，債権譲渡契約締結時においてその債権に譲渡制限特約が付着していたこと，および，債権譲渡契約締結時における譲渡制限特約の存在につき債権譲渡契約締結時において譲受人に悪意または重過失（不知の重過失の意。以下同じ）のあったことを主張して，**債務の履行を拒絶する抗弁**とすることができる（抗弁①。466条3項前段）。

　つぎに，債権譲渡契約締結時においてその債権に譲渡制限特約が付着していたこと，債権譲渡契約締結時における譲渡制限特約の存在につき債権譲渡契約締結時において譲受人に悪意または重過失のあったこと，および，債権譲渡人との間で弁済その他の債務消滅事由を生じたことを主張して，**債務免脱の抗弁**とすることができる（抗弁②。466条3項後段。譲渡人への弁済が，悪意または重過失のある譲受人と債務者との間で，譲受人への弁済とみなされる。譲受人は，譲渡人に対し，弁済相当額の侵害利得返還を請求することができる）。

　さらに，債権譲渡契約締結時においてその債権に譲渡制限特約が付着していたこと，および，譲受債権の全額に相当する金銭を供託したことを主張して，**債務免脱の抗弁**とすることができる（抗弁③。466条の2第1項。供託先は原則として債務の履行地の供託所。譲受人の悪意等を要件としない。供託金還付請求権は，もっぱら譲受人に帰属し〔466条の2第3項〕，債務者から供託通知を受けた時〔466条の2第2項参照〕を，消滅時効の主観的起算点とする。なお，供託規則16条・20条参照）。譲受人の主観的容態に関する判断リスクを債務者に負担させないことを目的として，債務者に供託権を認めたものである。

　抗弁①②③は，相互に独立であって，順位関係にはない。

🔨 **Topica** 将来債権の譲渡と事後の制限特約

　将来債権の譲渡後に譲渡人と債務者とが譲渡制限特約を結んだ場合につき，譲受人の期待保護と債務者の地位保障との緊張関係を調整するため，民法は，債務者対抗要件具

備以前の譲渡制限特約の存在によって，債権譲渡契約締結時の譲受人の悪意が擬制されるものとした（466条の6第3項）。すなわち，債権譲渡契約締結時においてその債権に譲渡制限特約が付着しており，かつ，債権譲渡契約締結時における譲渡制限特約の存在につき債権譲渡契約締結時において譲受人に悪意のあったことと，譲渡債権の発生が債権譲渡契約締結に後れ，かつ，債権譲渡の債務者対抗要件具備以前に譲渡債権に（譲渡人・債務者による）譲渡制限特約が付せられたこととは，置き換え可能な事実となる。

▶▶ 3　譲受人の催告権

　抗弁①に対し，譲受人は，譲渡人への履行を債務者に催告したこと，および，その催告から相当期間を経過したことを主張して，再抗弁とすることができる（466条4項）。履行拒絶権に時的限界を付して債権譲渡の効果を確保することを目的として，譲受人に催告権を付与したものである。

　また，抗弁②に対しては，譲受人は，譲渡人への履行を債務者に催告したこと，その催告から相当期間を経過したこと，および，その期間経過が債務者・譲渡人間の債務消滅事由の成立に先立つことを主張して，再抗弁とすることができる（466条4項）。譲渡人への履行行為の債務免脱効に時的限界を付して債権譲渡の効果を確保することを目的として，譲受人に催告権を付与したものである。

　さらに，抗弁①，②，③のいずれに対しても，譲受人は，債務者が譲渡制限特約上の利益を放棄したことを主張して，再抗弁とすることができる（特約利益の放棄の時期は，債権譲渡の前後を問わない）。そもそも債権譲渡制限特約は債務者の利益を目的とするものだから，債務者自身がみずから（または有効な代理行為により）その利益を放棄するのを妨げる理由はない。

▶▶ 4　譲渡人／譲受人に対する債権執行

　債務名義に基づく債権執行（差押え・取立て・転付命令）は，その債権に譲渡制限特約が付着していても，妨げられない（466条の4第1項）。譲渡制限特約の存在についての差押債権者の主観的容態を問わない。債務者の意思によってその債務者の財産に強制執行禁止財産を創出させるのを許容することは，強制執行制度を空洞化するからである。

　もっとも，債務名義に基づく差押えが，譲渡制限特約付債権の譲受人を執行債務者とし，その譲受債権に対してなされ，かつ，その譲受人が，債権譲渡契約締結時にその譲渡制限特約の存在を知りまたはかりに知らなかったならそこ

に重過失ありと認められるものであるときは，債務者は，その執行債権者の取立権に基づく請求や転付債権者としての請求に対し，履行拒絶の抗弁を主張し，あるいは，譲渡人への弁済による債務免脱の抗弁を主張することができる（466条の4第2項）。譲受人の譲受債権を差し押さえた執行債権者には，譲受人の地位を超える権能を認める必要がないからである。執行債権者は，それら抗弁に対し，その譲受人と同様の再抗弁（466条4項）を主張することができる。

　なお，担保権に基づく差押えが譲渡制限特約付債権に対してなされた場合については，いちおう解釈に委ねられているが，とくに別異に解すべき理由は考えにくい（一般先取特権に基づく債権差押え，特別先取特権・抵当権に基づく物上代位としての債権差押え）。

▶▶5　**譲渡人の破産**

　譲受人は，債権の全額を譲り受けたこと，債権譲渡時においてその債権に譲渡制限特約が付着していたこと，譲渡人について破産手続開始決定がなされたこと，および，譲渡人の破産手続開始決定に先立って自己の債権譲受けにつき第三者対抗要件（民467条2項，債権譲渡特例4条1項）を具備したことを請求原因として主張して，債務者に対し，債権の全額に相当する金銭を供託するよう請求することができる（民466条の3。供託先は，原則として債務の履行地の供託所）。全額譲受けを要件とするのは，法律関係の簡明を期してのことである（一部譲受人・質権者に**供託請求権**は認められない）。譲渡人破産に先立つ第三者対抗要件具備が要求されるのは，破産手続外の供託請求を破産管財人に対抗することができるのでなければならないからである。

　供託金還付請求権は，もっぱら譲受人に帰属する（466条の3・466条の2第3項。債務者から供託通知を受けた時〔466条の3・466条の2第2項参照〕を，還付請求権の消滅時効の主観的起算点とする）。

　債務者は，供託請求を受けない限りは破産管財人への弁済を妨げられない一方（譲受人は，その弁済相当額の利得返還を破産管財人に請求できる財団債権者となる。破148条1項5号），供託請求を受けた時以後の破産管財人への弁済をもって，債権譲受人に対抗することができない。

▶▶6　**預貯金債権の特例**

　債権譲渡制限特約をめぐる法律関係は，預貯金債権（預貯金を受け入れている金融機関を債務者とする）については一変する。

預貯金債権に譲渡制限特約が付されている場合，その特約に反して預貯金債権を譲り受けた者が，債権譲渡契約締結時にその特約の存在につき悪意または重過失ありと認められるときは，預貯金債権は移転しない（466条の5第1項。譲渡制限特約の対世的効力。差押えを妨げない。466条の5第2項。悪意または重過失ある譲受人は債権を取得しないから，譲受人の債権者による差押えは奏功しない）。

　したがって，預貯金債権を譲り受けたと主張する者の債務履行請求に対し，債務者（金融機関）は，債権譲渡契約締結においてその預貯金債権に譲渡制限特約が付着していたこと，および，債権譲渡契約締結時における譲渡制限特約の存在につき債権譲渡契約締結時における譲受人の悪意または重過失があることを主張して，**債権移転障害の抗弁**とすることができる。しかも，実社会では，預貯金債権に譲渡制限特約が付されていないことはおよそ考えられず（個別案件においてそれが解除されることはある），それを知らないとすれば，そこには重過失があるにほぼ決まっている（最判昭和48・7・19民集27巻7号823頁）。

　預貯金債権以外の一般債権に譲渡制限特約が付されている場合と同様の複雑な制度がまとわりついてきたのでは，安定性・透明性・円滑性を誇るべき金融システムにとって，迷惑この上ない。銀行業界が特別扱いを要求したのにも，宜なるかなの感がある。もっとも，空理空論をもって債権譲渡制限特約の一般ルールを複雑化させた平成29（2017）年改正の方がそもそも無用だったといえよう。

🐸 Topica　将来の預貯金債権の譲渡と事後の制限特約

　将来の預貯金債権の譲渡後に譲渡人と債務者とが譲渡制限特約を結んだ場合につき，譲受人の期待保護と債務者の地位保障との緊張関係を調整するため，民法は，債務者対抗要件具備以前の譲渡制限特約の存在によって，債権譲渡契約締結時の譲受人の悪意が擬制されるものとした（466条の6第3項）。すなわち，債権譲渡契約締結時においてその預貯金債権に譲渡制限特約が付着しており，かつ，債権譲渡契約締結時における譲渡制限特約の存在につき債権譲渡契約締結時において譲受人に悪意のあったことと，譲渡債権の発生が債権譲渡契約締結に後れ，かつ，債権譲渡の債務者対抗要件具備以前に譲渡債権に（譲渡人・債務者による）譲渡制限特約が付せられたこととは，置き換え可能な事実となる。一般の将来債権譲渡の場合と，譲渡制限の効果は異なるが，悪意擬制の仕組みは共通なのである。

▶3　債権譲渡の対抗要件

▶▶1　意　義

　債権譲渡が意思主義・対抗要件主義に従うことは，物権変動におけると同様である。

　債権譲渡契約によって譲受人は債権を取得するが，これをもって第三者に対抗するには，しかるべき対抗要件を備えるのでなければならない。問題は，物権変動と異なり，債権譲渡をもって対抗すべき第三者には，「債務者」と「債務者以外の第三者」との2つの類型があること（債務者に対する対抗問題を生ずるのが債権譲渡に固有の局面である），対抗すべき第三者がそのいずれであるかによって対抗要件として何が要求されるかも異なってくること，この2点にある。

　近年，法人による金銭債権の譲渡に限って，債権譲渡登記の制度が新設されたが，これについては後述することとし，まず，債権譲渡登記制度の存在を前提としない，一般的な債権譲渡の対抗要件について述べる。

▶▶2　債務者に対する対抗問題

▶▶▷1　債務者に対する対抗問題は，いかにして**債務者に債権譲渡の事実を承知させる**ことができるか，の問題である。債務者としては，うかつに債権者を誤って弁済したのでは有効な弁済と認められず，二重弁済を強いられることになりかねないから，債権を譲り受けたと自称する者があらわれたとしても，おいそれとこの者に弁済するような危険なマネをするわけにはいかない（478条の適用によって弁済の安全が保護されるには，弁済受領者に弁済受領権限ありと信頼したことについての弁済者の無過失評価根拠事実が主張・証明されなければならない）。

　そこで，ひとつには，債権譲渡契約の場に債務者を立ち会わせることが考えられる。こうすれば，債務者も，債権譲渡の事実を承知した旨（債権譲渡の承諾）を表示してくれるであろう。すなわち，債権譲渡の事実を承知した旨の表示が債務者から譲渡人または譲受人に対して発せられたならば，これ以後，譲受人は債務者に対して債権譲渡を対抗することができる，と考えてよい。

　が，いつもそんなことができるわけではないから（債権譲渡担保の場合のように，債務者に債権譲渡の事実をただちに知らせないで譲渡人に取立権を留保しておくことに，譲渡人の信用劣化を避けるメリットのあることもある），より一般的に，債務者の意思的関与を要しないで備えることのできる対抗要件の仕組みが必要であ

る。そこで，債務者としては自称譲受人をうかつに信用するわけにはいかないというのであれば，もとの債権者すなわち債権譲渡人から，債務者に対して，特定の第三者に債権を譲渡したとの事実を通知してやればよい，その通知が債務者に到達すればそれでよい，と考えることができる。

▶▶▷ 2　　以上の2つの方法がそのまま民法上，債権譲渡の債務者に対する対抗要件として採用されている。譲渡人から債務者への**債権譲渡の通知**（通知の趣旨においては，譲渡債権と譲受人の特定を要する。また，譲渡人の意思に基づく通知であることを要し，譲受人による代位通知は許されない。大判昭和5・10・10民集9巻948頁。他面，譲渡人の通知意思が完成されている限り，通知行為の主体が譲渡人である必要はなく，譲受人が使者として通知の伝達に当たってよい），または，債権譲渡についての**債務者の承諾**（申込・承諾というときの意思表示たる承諾でも債権譲渡禁止特約の利益を放棄する旨の意思表示たる承諾でもなく，債権譲渡の事実があったことを認識した旨の観念の通知である。承諾の趣旨においては，譲受人の特定を要しない。承諾の表示は，譲渡人・譲受人のいずれかに対してなされれば足りる），このいずれかがあれば，債権譲渡は債務者に対する対抗力を備えたことになる（467条1項）。

　譲渡人からの通知は，債務者に到達した時に，将来に向かって債権譲渡に債務者対抗力を与える。債権譲渡に先立つ通知に対抗要件適格は認められない。**将来債権の譲渡**の場合には，債務者への通知到達と譲渡債権の発生とが共に認められる時点から，将来に向かって対抗力を生ずる。

　債務者の承諾は，債務者が発信した時に，将来に向かって債権譲渡に債務者対抗力を与える。債権譲渡に先立つ承諾にも対抗要件適格が認められる。将来債権の譲渡の場合には，債務者の発信と譲渡債権の発生とが共に認められる時点から，将来に向かって対抗力を生ずる。

▶▶▷ 3　　すなわち，債務者は，民法により債権譲渡の債務者対抗力を争う資格を付与された者として，債権譲受人の債務履行請求に対し，債務者たる地位に基づき（債務者たる地位は請求原因に含まれる），**債務者対抗要件**が具備されるまでは譲受人への履行を拒絶するとの権利主張をもって，抗弁とすることができる（**債務者対抗要件の抗弁**。将来債権が譲渡された場合にも，履行請求をする以上，譲渡債権の発生は請求原因に含まれる）。譲受人は，債務者対抗要件具備の事実を主張して，再抗弁とすることができる。

　なお，債務者は，もとの債権者の債務履行請求に対し，その債権が第三者に

譲渡されたことを主張しさえすれば，その債権譲渡について債務者対抗要件が具備されたことを主張しなくても，もとの債権者からすでに債権が失われた旨の抗弁とすることができる（**債権喪失の抗弁**）。

▶▶ 3　第三者に対する対抗問題

▶▶▶ 1　債務者以外の第三者に対する対抗問題は，債権譲受人が譲受債権の二重譲受人や譲受債権に対する差押債権者に債権譲受を対抗するにはいかにすればよいか，という問題である。物権変動におけると同様であって，要するに，**債権譲渡を対世的に公示する**にはどのような方法が適切か，公示の先後関係はどのように判定されるかが，基本的な問題である。

特定の不動産について一定の法律関係に入ろうとする第三者は，一般に，登記簿の記載から当該不動産の法律関係上の来歴を調べようとする。つまり，登記所という国家機関が，物権変動についての，世間一般に向けてのインフォメーションセンターとなっている。ならば，債権譲渡についても，同様に，第三者が法律関係に入ろうとする債権の法的来歴を調べることのできるインフォメーションセンターを設ければよい。

そこで民法は，債務者を債権譲渡のインフォメーションセンターとして活用すべきものとした。ある債権について法的来歴を知りたい第三者としては，債権者に尋ねてもアテにはならず，債務者に問い合わせるのが合理的な行動だからである。

したがって，債権譲渡人から債務者に債権譲渡の事実を通知し（通知の到達を要する），または債務者が債権譲渡の事実について承諾した旨を表示すれば（承諾の発信で足りる），これ以後，債権譲渡は債務者の認識を介して対世的に公示されるに至った（債権の法的来歴を知りたい第三者は債務者に問い合わせればその情報を得ることができる），ということができる。たしかに，債務者も情報を誤認識したり虚偽を述べることがあるかもしれないから，債権譲渡の公示方法として確実完全なわけではない。しかし，完全な債権譲渡登記制度の整備も夢のような話であるから，現実論としてはこのへんで手を打たないと仕方がない（梅謙次郎『民法要義3巻』〔明法堂，明治36（1903）年，訂正増補20版〕210頁参照）。

▶▶▶ 2　具体的には債務者対抗要件と同じ方法である。同じ方法ではあるが，債務者対抗要件は債務者自身に債権譲渡の事実を納得させることが眼目であるのに対し，**第三者対抗要件**は，債務者の認識を介して債権譲渡の事実を公示す

ることが眼目である。意味合いは異なるが，具体的な方法としては同じだから，民法は，債務者対抗要件と第三者対抗要件の具体的方法を，まとめて定めた（467条1項）。

▶▶▷3　方法はそれでよいとして，つぎは，二重公示の先後関係をどのように判定すべきものとするかが問題である。不動産登記なら登記手続の日付を見ればよい。同じように，債権譲渡の公示に，私人によって書き換えることのできない日付を付することができればよい。すなわち確定日付である。ゆえに，民法は，通知または承諾による債権譲渡の対抗要件が債務者以外の第三者に対する対抗要件として機能するためには，**確定日付証書**によってするのでなければならないものと定めたのである（民467条2項）。確定日付証書の具体的種類は，別途定められている（民施5条）。とりあえずは，公正証書（同5条1号。公正証書作成日付が確定日付になる），**内容証明郵便**（同5条6号。受理・発信の日付が確定日付になる）を覚えておけばよい。

　もっとも，確定日付の先後が，第三者対抗要件具備の先後に直結するわけではない。むしろ，債権譲渡の公示は債務者をインフォメーションセンターとして行うというのが制度の根本趣旨であるから，通知による第三者対抗要件具備の時点は，通知書が債務者に到達した時点でなければならない。確定日付の先後関係が必ずそのまま到達の先後関係になるのであれば問題はないが，実際はそうとは限らない。郵便事故もさることながら，とりわけ債権譲渡担保の場合には，譲渡人の意思に基づき確定日付証書として作成された通知書は，被担保債権の債務不履行を理由とする譲渡担保実行の段階ではじめて債務者に向けて発信されるのが，通常の合理的経過だからである。

　したがって，債権譲渡の公示の根本趣旨に沿う限り，公示の順位は，債権譲渡通知については**債務者への到達時**を基準として判定するのほかはない（到達時説。最判昭和49・3・7民集28巻2号174頁。なお，債務者の承諾については，発信時をもって基準時とすればよい）。第三者対抗要件の方式として要求される確定日付証書のその日付は，当該証書の作成ないし発信がその日付より遡ることはない，ということを担保するにとどまるのである。

▶▶▷4　Sを債務者とする額面900万円の甲債権を有するAが，この甲債権を，BとCとに二重譲渡した，としよう。

■ Situation ①

> Bのための確定日付なき通知書が債務者に到達した後で，Cのための確定日付のある通知書が債務者に到達した。

この場合，Cが，Bに優先して，甲債権を確定的に取得する。Bは債務者に対する関係でも甲債権の取得を対抗することができない。Bは債務者対抗要件を備えたに過ぎないが，Cは債務者対抗要件と第三者対抗要件とを兼備したのであるから，Bのための通知書とCのための通知書のいずれが債務者に先に到達したかにかかわらず，CがBに優先するのである。

したがって，Bの債務履行請求に対し，債務者Sは，CもまたAから同じ債権を譲り受け，かつ，第三者対抗要件を備えたことを主張して，抗弁（Bは確定的に債権を喪失したとの趣旨）とすることができる。

■ Situation ②

> Bのための確定日付なき通知書が債務者に到達した後で，Cのための確定日付なき通知書も債務者に到達した。

この場合には，B・Cの間の勝負はまだ試合の途中であって，決着していない。いずれにも，確定日付証書による対抗要件を具備する余地が残されているからである（いずれか確定日付証書による対抗要件具備に先んじた方が，優先する。これが Situation ① の場合である）。

したがって，債務者Sとしては，B・Cいずれの請求に対しても，他方譲受人の存在を主張して，債務の履行を拒絶する旨の抗弁を主張することができるし，この履行拒絶によって履行遅滞の責めを負うべきこともない。また，SがB・Cのいずれか一方への弁済をすれば，それで甲債権は双方的に（＝Bとの関係でもCとの関係でも）消滅する。したがって，Sは，B・Cいずれからの請求に対しても，B・Cいずれか一方への弁済をもって債務消滅の抗弁とすることができる。

■ Situation ③

> Bのための確定日付ある通知書が債務者に到達した後で，Cのための確定日付ある通知書が債務者に到達した。

BがCに優先して甲債権を確定的に取得する。到達時説の適用によって解決

されるべきことが明白なケースである。

　債務者Ｓは、Ｃの債務履行請求に対し、ＢもまたＡから同じ債権を譲り受けたこと、および、Ｂにおいて第三者対抗要件を具備したことを主張して抗弁とすることができ、これに対してＣは、自分もまた第三者対抗要件を具備したことを主張して再抗弁とすることができるが（この段階では Situation ⑤ の場合に該当する）、さらにＳは、Ｂの第三者対抗要件具備がＣの第三者対抗要件具備に先立つことを主張して再々抗弁とすることができる。

▰ Situation ④

> 　Ｂのための確定日付ある通知書が債務者に到達したのと、Ｃのための確定日付ある通知書が債務者に到達したのとが、同時であった。

　ＢとＣとは同順位で甲債権を取得したことに確定する。そういうことで権利関係上の勝負は決着している。これ以上対抗要件を重ねる余地はないからである。したがって、Ｂ・Ｃは、いずれも、債務者に対し、単独で、甲債権全部の取得を対抗することができ、甲債権全部の履行を請求することができる（Ｂの単独全部請求とＣの単独全部請求のいずれに対しても、無条件・無留保の請求認容判決が下される。最判昭和55・1・11民集34巻1号42頁）。債務者は、Ｂ・Ｃいずれか一方の請求に対して、他方に同順位の譲受人が存在する事実をもって抗弁とすることができない。

　Ｂ・Ｃいずれか一方への弁済は、甲債権の双方的な消滅原因となる。Ｂ・Ｃのいずれが先に現実の弁済を得るかは、債権回収の自由競争に委ねられる。

　単独で弁済を得たＢに対してＣが分配請求をすることができるかについては、判例上未解決であり、学説は公平の観点からなんとか肯定しようと努めているが、十分に説得的な理論構成には至っていない（単独の弁済受領に法的原因があり、Ｂ・Ｃ間に特別な関係はない以上、Ｂ・Ｃ相互間の分配請求権は否定される、ということを議論の出発点とせざるをえない）。

▰ Situation ⑤

> 　Ｂのための確定日付ある通知書が債務者に到達したのと、Ｃのための確定日付ある通知書が債務者に到達したのと、先後関係が不明である。

　先後関係不明とは、審理不尽で不明なのではなく、審理を尽くして遂に不明

に帰した場合である。B・Cが相互に自己の優先性を主張することのできない
のは Situation ④ の場合と同様であるから，B・Cのいずれも，債務者に対し
て単独で全額の請求をすることができ（それぞれに請求が全部認容される。最判平
成5・3・30民集47巻4号3334頁），債務者はいずれか一方に弁済すれば双方的に
免責されると解さざるをえない。B・Cのいずれが先に現実に弁済を得るかは，
B・Cの自由競争の問題である。弁済を得たBがCに分配しなければならない
というに足りる法的根拠はいまだ見当たらない。

　ただ，同時到達の場合と異なり，債務者は，**債権者不確知**を理由として，弁
済供託をすることができる（494条2項）。供託金還付請求は，国庫に対する金
銭請求であるから，無資力危険のある私人に対する金銭請求と異なり，自由競
争の問題とみることは適当でない。したがって，端的に公平の原則により，B・
Cそれぞれの譲受債権額に応じて按分分割された額の供託金還付請求権が，
B・Cそれぞれに別々に帰属する（最判平成5・3・30民集47巻4号3334頁。B・C
が共に甲債権全部の譲受人であるときは，結果として半々の分割になるが，債権譲渡に
は債権の一部の譲渡もありうるし，B・Cのいずれかが債権の一部の差押債権者である
ときも，理屈は同じになる。債権の差押えは，債権差押命令の第三債務者〔差し押さえ
られた債権の債務者であり，債権譲渡の場合の債務者と同一人にほかならない〕への送
達が，第三者対抗要件の役割を果たす。民執145条5項，最判昭和58・10・4判時1095号
95頁）。

▶▶ 4　特例法上の対抗要件

▶▶▶ 1　　債権譲渡担保の場合など，譲渡人Aのみならず譲受人Bにおいても債
務者対抗要件をあえて具備せずにおくことに合理性のあることがある。とはい
え，その間に譲渡人Aが債権を第三者Cに二重譲渡したり，あるいは譲り受け
たはずの債権が第三者Dによって差し押さえられたりすれば元も子もない，と
いうのではBは困る。債務者対抗要件の具備は後回しにして，第三者対抗要件
だけを先に具備することができればよいのだが，民法の一般的システムではそ
れは不可能である（467条1項・2項参照）。そこでそのニーズを満たすシステム
が，債権譲渡特例法（立法目的の第1は，集合債権譲渡の対抗要件具備を簡素明確な
ものとすることにある。後に，動産譲渡登記制度も加わって，**動産譲渡・債権譲渡特例
法**になった）によって導入された。

　特例法の適用対象は法人による金銭債権の譲渡に限られるが，法人AからB

への金銭債権譲渡について，債権譲渡登記ファイルに**債権譲渡登記**をすれば，第三者対抗要件が備わったことになり（将来債権譲渡の場合には債務者特定を要せず，登記具備の時点で第三者対抗力を生ずる），いざというときに債務者対抗要件を備えるには，ＡまたはＢが債権譲渡の登記事項証明書の交付と共に債務者に債権譲渡を通知すればよい（特例4条1項・2項）。登記がＡ・Ｂの双方申請に基づいて行われることを前提として，「登記事項証明書交付＋譲渡通知」は譲受人Ｂの意思によるものであってもよい，というところがミソである。民法に基づいて債務者の承諾により債務者対抗要件を具備することも，もとよりさしつかえない。

▶▶▷2　Ｂの債権譲渡登記の後に，二重譲受人Ｃのための確定日付ある通知書が譲渡人Ａから債務者Ｓに到達したとしても，また，Ｂの債権譲渡登記の後に，差押債権者Ｄのための債権差押命令が第三債務者Ｓに送達されたとしても，Ｂは，自己の債権譲受を，債務者Ｓにはいまだ対抗できないが，ＣやＤには対抗することができる。

　この段階ではまだ債務者ＳにおいてＣやＤに弁済してしまう余地があるが（ＳがＣやＤに弁済したときでも，Ｂは，ＣやＤに対し，その受領した弁済を不当利得としてＢに返還するよう，請求することができる），さらに債務者ＳがＢへの債権譲渡を承諾するか，またはＡもしくはＢが債権譲渡の登記事項証明書の交付と共に債務者Ｓに債権譲渡を通知すれば，Ｂはついに債務者対抗要件と第三者対抗要件を兼備したことになるから，Ｂの債権取得が，二重譲受人Ｃや差押債権者Ｄに対しても債務者Ｓに対しても確定的に優先し，反面において，Ｃの債権取得もＤの債権差押えも，絶対的に無効となるに帰する。

▶4　抗弁接続の原則

▶▶1　債務者の地位

　話を再び，債権譲受人と債務者の関係に戻してみる。

　債権譲渡は債務者の意思によらずに行われ，債権譲渡によって債権の同一性は失われない。したがって，債権譲渡によって債務者の地位が弱められてはならない。ゆえに，債権譲受人の債務履行請求を受けた債務者は，債権譲渡人に対して主張できるはずの種々の抗弁（債権の障害，消滅，または排斥の抗弁）を，債権譲受人に対しても主張することができる（抗弁の接続。468条1項）。

これに対し，譲受人は，債務者が当該抗弁の接続の利益を放棄したことを主張して，再抗弁とすることができる（明文規定なき当然の法理）。債権譲渡方式によるクレジットカード（クレジットカード会社が，カード利用者に対する販売店等の代金債権等を譲り受けて，後日，カード利用者に対し譲受債権の履行請求としてその代金等の支払請求をすることになる）では，債務者の抗弁接続利益放棄の意思表示が，債務者対抗要件としての包括的事前承諾と共に，約款中の必須条項となっている。

　また，譲受人は，譲渡人に対する債務者の抗弁事由の成立に債務者対抗要件具備が先立つことを主張して，再抗弁とすることができる（468条1項）。

🔖 Case　譲渡債権の発生原因行為の公益的無効

　契約の公序良俗違反・強行法規違反がその契約自体からあらわれる場合（賭博契約など），その契約に基づく債権の履行請求は，請求原因たる債権根拠事実が同時に債権障害事実でもあるから，何らの抗弁を待つまでもなく，棄却を免れない。したがって，その債権の譲受人の債務履行請求も，債務者の抗弁主張利益の放棄を問うまでもなく，棄却されざるをえない。

　これに対し，契約自体とは異なる別個の事実によるのでなければその契約の公序良俗違反・強行法規違反が明らかにならない場合は（前借金契約が芸娼妓契約との一体的関係を明らかにされて無効となる場合など），債権者ないし債権譲受人の債務履行請求を棄却せしめるには，債務者において公序良俗違反・強行法規違反の原因事実を抗弁として主張する必要がある。では，この場合において，公序良俗違反・強行法規違反の抗弁主張の利益を放棄した債務者は，債権譲受人の請求に対して，公序良俗違反の抗弁を切断され，請求の認容を許さざるをえないのであろうか。

　判例（最判平成9・11・11民集51巻10号4077頁）は，賭博契約の事案なので，この問題に直接答えた関係にはないが，契約の公益的無効の法目的を私人たる債務者が破棄することはできず，債権譲受人において，公序良俗違反・強行法規違反の抗弁利益を債務者が放棄したとの主張をしても，その主張自体が失当となる旨を判示したものと理解することができる。

⛏ Topica　債務者対抗要件具備と等価の要件事実

　譲渡制限特約の存在につき悪意または重過失のあった債権譲受人が，債務者に対して譲渡人への履行を催告した後に相当期間を経過したときは，譲受人は，この一連の事実の完結が譲渡人に対する債務者の抗弁事由の成立に先立つことを再抗弁として主張して，債務者の抗弁接続の主張を斥けることができる（468条2項前段）。

　また，譲渡制限特約付債権の全額の譲受人が第三者対抗要件を備えており，譲渡人に

破産手続開始決定があったことを受けて，債務者に対し，譲受債権全額の供託請求を到達させたときは，譲受人は，この一連の事実の完結が譲渡人に対する債務者の抗弁事由の成立に先立つことを再抗弁として主張して，債務者の抗弁接続の主張を斥けることができる（468条2項後段・466条の3）。

いずれも，譲渡制限特約の存在が債権譲受人の債務者に対する請求の妨げとならなくなったことを，債権譲受人一般の債務者対抗要件具備の事実になぞらえる趣旨である。

▶▶ 2　債権譲渡と相殺

債権者Aに対して債務者Sが反対債権を有している場合，Sは，反対債権の弁済期到来を要件として，Aに対して相殺を実行することができるはずであり，その意味でSには相殺期待が成立している。しかし，Aから債権を譲り受けたBが債務者対抗要件を備えたときは，その後のSの相殺の実行は，いわゆる三角相殺の格好になり，そもそも有効な相殺とはなりえない道理である（Bには，Aが債務を免れたからといって，自分の債権を失うべき理由がない）。他方でしかし，A・B間の自由な債権譲渡によってSの相殺期待が一方的に奪われる（A・B間の自由な債権譲渡によってSがAの無資力危険を負担しなければならなくなる）というのも，不合理である。債権譲受人の債権回収期待と債務者の相殺期待との間に緊張関係が生じ，これを適切に調整する必要が生ずる。

民法は，SがAに対する債権をもってBの譲受債権と相殺することができることを原則として容認した上で（相殺の抗弁。469条1項），例外的に，つぎの2つのケースで，Sの相殺期待は保護を受けるに足りないものとした（相殺障害の再抗弁）。

ひとつは，Bの債務者対抗要件具備がSのAに対する債権の発生原因の成立に先立つときである（469条2項1号）。もっとも，この事由による再抗弁は，Bの譲受債権とSの自働債権が共にBの債務者対抗要件具備に後れて締結された同一の契約に基づいて発生したものであるとき——請求原因事実と抗弁事実とによって明らかになる（A・B間の債権譲渡は，必然的に，将来債権の譲渡であったことになる）——は，主張自体失当となる（同項2号。契約締結を反復する継続的取引関係上の将来債権が譲渡される場合を念頭に置き，同一契約に基づく債権債務間の相殺期待を厚く保護して，債権譲渡が取引関係自体を終息させるようなことにならないようにする趣旨である）。

いまひとつは，Bの債務者対抗要件具備がSのAに対する債権の取得に先立

ち，かつ，ＳがＡに対する債権を第三者Ｃから取得したものであるときである（469条2項但書。Ｓの債権取得経路は，抗弁事実から明らかになる）。Ｂの債務者対抗要件具備時にはＳの債権として発生するはずではなかった債権によっては，たとえその債権の発生原因がＢの債務者対抗要件具備以前にあったとしても，Ａとの関係においてすらＳの相殺期待を保護に値するものとは認められないからである。

> **♟ Topica** 債務者対抗要件具備と等価の要件事実
>
> 　2つの再抗弁のいずれにおいても，譲受人Ｂの債務者対抗要件具備の事実を，譲渡制限特約の存在につき譲受人Ｂに悪意または重過失が認められ，かつ，ＢがＳに対して譲渡人Ａへの履行を催告した後に相当期間を経過したこと，または，譲渡制限特約付債権の全額の譲受人Ｂが第三者対抗要件を備えており，かつ，Ａの破産手続開始決定を受けてＳに対し譲渡債権全額の供託請求を到達させたことに，置き換えることができる（469条3項）。
>
> 　いずれも，譲渡制限特約の存在が債権譲受人の債務者に対する請求の妨げとならなくなったことを，債権譲受人一般の債務者対抗要件具備の事実になぞらえる趣旨である。

▶▶ 3　債権譲渡と契約解除

　ＡがＳと契約を締結してＳに対する債権を取得し，その債権をＢに譲渡した場合，契約当事者の地位はなおＡにとどまる。この場合において，Ａの債務不履行などを理由としてＳがその契約の解除権を取得した，としよう。このとき，Ｓは，Ｂの譲受債権履行請求に対し，Ａに対する解除の意思表示によりＡとの契約を解除したことをもって，債務消滅の抗弁とすることができる（468条1項）。これに対してＢは，Ｓによる契約解除に先立って債権譲受の債務者対抗要件を具備したことを主張して，再抗弁とすることができるだろうか。債務者対抗要件具備の時においてＳの解除権が成立していたときは，解除権行使が債務者対抗要件具備に後れるとしても，Ｓが契約解除による譲渡債権の消滅の抗弁を主張できることに，とりあえず異論は聞こえない（ただし，Topica「解除抗弁の構造」参照）。したがって，Ｂの再抗弁は，Ｓの解除に先立つ債務者対抗要件具備の主張では足りず，少なくとも，債務者対抗要件具備をＳの解除権成立に先立つものとして主張されなければならない。問題は，それで足りるかどうかである。Ｂの債務者対抗要件具備が，Ｓの解除権成立から遡って，Ｓの解除権発生の具

体的原因（Ａの債務の履行期経過など）の成立に先立つ必要はないのか，さらにいっそう遡って，Ｓの解除権発生の抽象的可能性の存在に先立つ必要はないのであろうか。

　学説上は，Ｂの債務者対抗要件具備がＳの解除権発生の具体的原因に先立つことの主張でＢの再抗弁は成立する，と解する見解が有力であるが，判例（最判昭和42・10・27民集21巻8号2161頁）は，譲渡債権の発生原因が双務契約であるならばそれだけで解除の可能性があるから，Ｂの債務者対抗要件具備がＳの解除原因（Ａの債務不履行など）の成立に先立つときにも，債務者は解除権を行使して，債権譲受人に対し債務消滅の抗弁を主張することができる（双務契約上の債権の譲受人にとってその契約の解除の可能性は想定の範囲内である），と考えているようである（しかも判例によれば，契約上の債権の譲受人は，契約解除の遡及効から保護される第三者の地位〔545条1項但書〕に立たない。大判明治42・5・14民録15輯490頁，大判大正7・9・25民録24輯1811頁）。

> ♨ **Topica**　解除抗弁の構造
>
> 　契約の解除は，あくまで契約当事者間（債権譲渡人と債務者の間）で行われるものであり，債権が第三者に譲渡されると契約解除はできなくなるという理屈はない。この点で，債権譲渡と契約解除の問題は，債権譲渡と相殺の問題（債権が第三者に譲渡されると，基本的に，相殺適状の要素たる2当事者関係が崩れてしまう）と，質的に異なる。契約解除については，債権譲渡の対抗要件具備に後れて（三角相殺ならぬ）三角解除が許されるかという問題を生じる余地がない。また，契約債権は，債権譲渡されても契約債権であり，債権譲渡によって，契約の効力から遮断された無因の債権になるわけではない。したがって，契約解除は契約当事者間でなされ，債権譲渡後の契約解除による譲渡債権消滅の効果は，債権譲受人と債務者の間で原始的かつ直接的に生じる。
>
> 　そうすると，債権譲渡と契約解除の問題は，もっぱら，契約解除の遡及効からの第三者の保護の問題（545条1項但書）——債権譲渡の債務者対抗要件具備に後れる契約解除の遡及効から債権譲受人は保護されるべきか，保護されるとすればその要件は何か——として理解されるべきではないだろうか。そう理解したときに，判例が債権譲受人を第三者保護の射程外に置くのに反対して，債権譲受人は契約解除原因に先立つ債務者対抗要件具備を要件（権利保護資格要件）として契約解除の遡及効から保護されるべきであると解することに，意味が生まれるのではないだろうか。

▶▶ 4　抗弁接続利益放棄の主観的射程

　Ａから債権（債務者Ｓ）を譲り受けたＢが，その債権を担保する抵当権（抵当

不動産所有者もＳ）を随伴取得したものとして，抵当権確認請求の訴えを提起した場合，あるいは抵当権実行に着手した場合，被告あるいは執行債務者たるＳは，抵当権の被担保債権がすでに弁済されていることを，被担保債権消滅に附従する抵当権消滅の抗弁事由あるいは実体的執行異議・執行抗告の事由（民執182条）とすることができる。これに対し，Ｂは，その弁済に先立つ債務者対抗要件具備を主張してＳの言い分を覆すことができるほか，それとは別に，被担保債権弁済の抗弁を対Ｂ関係に接続する利益をＳがあえて放棄する意思表示をしたことを主張して，やはりＳの言い分を覆すことができる。

これと異なり，抵当不動産の所有者が**物上保証人**（ないし物上保証人からの第三取得者）Ｃである場合には，Ｃに対して抵当権確認請求の訴えを提起し，あるいは抵当権実行に着手したＢは，被担保債権の債務者Ｓが弁済の抗弁を対Ｂ関係に接続する利益を放棄したことを主張しても，被担保債権の弁済により抵当権も附従消滅したとのＣの言い分を覆すことができない。Ｓの利益放棄は，Ｃを拘束しえないからである。

同じことは**保証人**についても当てはまる。主債権の譲受人Ｂが，保証債権を随伴取得したとして保証人（ないし保証債務の引受人）Ｄに対し保証債務の履行を請求する場合，Ｄは，主債務の弁済に附従して保証債務も消滅したとの抗弁を主張することができる一方，Ｂは，主債務者Ｓが弁済抗弁接続の利益を放棄したことを主張しても，Ｄの抗弁を覆すことはできない。

債務者Ｓの弁済抗弁接続利益の放棄の効果を及ぼされるべきでないことは，先順位抵当権の消滅によって順位上昇の利益を得た後順位担保権者，抵当権の消滅によって債務者の責任財産の拡張の利益を得た一般債権者（具体的には差押債権者）についても，同様である。

ただし，第三者のなかで，**債務者Ｓ所有の抵当不動産の第三取得者Ｅ**については，別の考慮を要する。債務者Ｓの抗弁接続利益の放棄以後にＳから抵当不動産を取得した第三取得者Ｅは，Ｓにおいてすでに抵当権消滅を主張しえない状態が形成されたその不動産を取得しているのであるから，その不動産に付着したＳの責任をも承継し，抵当権消滅を主張する固有の利益を有するものとは認められない（大決昭和５・４・11新聞3186号13頁）。すなわち，被担保債権の譲受人Ｂは，被担保債権弁済によって抵当権も消滅したとのＥの言い分を，ＥはＳによる弁済抗弁の接続利益の放棄以後に当該不動産を取得したものであること

を主張して，覆すことができる。

2 有価証券

▶▶▷ 1　　ここまで「債権」と呼んできたのはフツウの債権，つまり「指名債権（債権者が特定された債権）」である（債権譲渡によって別の特定人が債権者になる）。これに対し，債権（広くは私法上の財産権）が証券に化体されているとき，その証券を「有価証券」といい，債権者を決定する方法の別によって，指図証券，記名式所持人払証券（記名式持参人払証券，選択持参人払証券ともいう），無記名証券（持参人払証券，所持人払証券ともいう），指図証券・記名式所持人払証券以外の記名証券（指名証券ともいう）に分けられる。

▶▶▷ 2　　指図証券は，その記載により，特定人を最初の債権者とし，そこから順次の指定（裏書）を受けた者を順次交替的に権利者としていく有価証券である（ラストの被裏書人のみが権利者である。一般の手形・小切手など）。記名式所持人払証券は，その記載により，特定人または証券所持人を権利者とする有価証券である。無記名証券は，証券上に権利者の記載がなく，所持人を権利者とする有価証券である（乗車券，入場券，商品券など，身近に多くある）。

　　これら証券の譲渡は，指図証券では証券への裏書および証券の交付，記名式所持人払証券・無記名証券では証券の交付を，効力要件とする（520条の2・520条の3・520条の13・520条の20）。債務者は，証券の記載と性質にあらわれない事由を，善意の証券譲受人に対抗することができない（人的抗弁の切断。520条の6・520条の16・520条の20）。債権の行使は，証券を提示してすることを要する（520条の9・520条の18・520条の20）。

▶▶▷ 3　　指図証券・記名式所持人払証券以外の記名証券は，その記載によって特定人を権利者とする証券である（裏書禁止手形など）。その譲渡は，指名債権の譲渡の規律に従う（520条の19第1項）。

▶▶▷ 4　　いずれの有価証券も，これを喪失したときには，公示催告手続によって無効とすることができる（520条の11・520条の12・520条の18・520条の19第2項・520条の20）。

3 債務引受

▶1 意 義

　他人の債務（現在または将来の債務）の目的たる給付と同一内容またはそれに代わるべき内容の給付を目的とする債務を，第三者（引受人）が契約に基づいて負担することを，債務引受という。債務者の債務が存続するままで第三者（引受人）が別個の債務を負担するのを「**併存的債務引受**」（連帯債務になる。470条1項），引受人が債務を負担するのと入れ替わりに債務者が債務を免れるのを「**免責的債務引受**」という。引受の範囲は，債務者の債務の全部に及ぶこともあれば，一部にとどまることもある。

> ⚖ **Topica**　併存的債権譲渡？
>
> 　それならば，債権譲渡でも，譲渡人の債権を存続させたままで譲受人に同一内容の給付を目的とする債権を取得させるもの（併存的債権譲渡。不可分債権または連帯債権となる。譲渡契約が効力を生ずるには債務者の意思関与を要しよう）と，譲受人が債権を取得するのと入れ替わりに譲渡人が債権を失うもの（交替的債権譲渡）との，両方を考えてもよさそうなものであるが，民法に規定のある債権譲渡（466条以下）は，もっぱら交替的債権譲渡である。

▶2 契約の態様

　債務引受契約の当事者は，債権者・債務者・引受人のこともあり，債権者・引受人のこともあり，債務者・引受人のこともある。

　併存的債務引受もしくは免責的債務引受を目的とする三面契約が締結されたとき，または，併存的債務引受契約が債権者・引受人を当事者として締結されたとき，その効力発生に法定の加重要件はない（契約上特別の要件を設けるのは契約自由の問題である）。

　併存的債務引受契約が債務者・引受人を当事者として締結されたとき，その契約は，第三者（債権者）のためにする契約の性質を有し，債権者から引受人への受益の意思表示を効力発生要件とする（470条2項・3項，537条3項）。

免責的債務引受契約が債権者・引受人を当事者として締結されたとき，その契約は，債権者から債務者への該契約締結事実の通知（観念の通知）を効力発生要件とする（472条2項）。免責的債務引受契約が債務者・引受人を当事者として締結されたとき，その契約は，債権者から引受人への承諾の意思表示を効力発生要件とする（472条3項）。

▶3　併存的債務引受による法律関係

　債務者と併存的債務引受人とは，債権者に対し，連帯債務者となる（470条1項。給付の性質により，不可分債務となることもあろう）。したがって，別段の合意または法規定なき限り連帯債務の規定が適用され（準用ではない），たとえば，債務者が債権者に対して相殺権を有するときは，引受人は，債務者の負担部分の限度で，引受債務の履行を拒絶することができる（439条2項）。

　その上で，債務引受である以上，もとの債務者の債務が引受人の債務の前提にあるわけだから，債務者が債権者に対して主張できる抗弁事由を有するときは（併存的債務引受の効力発生時，したがって債務者・引受人の契約による場合は債権者の受益表示の時を，基準時とする），引受人もまた，その事由を債権者に対し抗弁として主張することができる（471条1項）。債務者が債権者に対して債務負担原因行為の取消権・解除権を有するときは，引受人は，債務者がその権利を行使すれば債務を免れうる範囲内で，債権者に対して引受債務の履行を拒絶することができる（471条2項）。

　なお，債務者・引受人の契約による併存的債務引受にあっては，第三者のためにする契約の規定に従い，引受人は，その引受契約に基づいて債務者に対して主張できる抗弁を，債権者に対する関係にも接続することができる（471条4項・539条）。

♙ Topica　第三者のためにする契約

　併存的債務引受が第三者のためにする契約であることは本文に述べたとおりであるが，たとえば売主Aと買主Bの売買契約というありふれた場合でも，売主Aがその代金債権を第三者Cに譲渡しようとあらかじめ考えているくらいなら，最初から，代金債権はCが直接取得するものとして売主A・買主Bが売買契約を締結した，というのも全然ありである。売主はあくまでA自身であって，AがCの代理人として（すなわちCを売主として）契約を締結したのではない。このとき，この売買契約も，第三者のためにす

る契約に当たることになる。

　一般に，契約に基づく債権の全部または一部を第三者に取得させようという場合に，この契約を「第三者のためにする契約」という。今の例では，契約当事者のＡ・Ｂをそれぞれ要約者・諾約者といい，第三者Ｃを受益者という。Ａが本来なら自分が取得する債権をＣに直接取得させようとするその背景には，ＡＣ間のなにがしかの関係（対価関係という）があるのだろうけれども，それはあくまで背景事情であって，せいぜいＡ・Ｂの契約締結の動機にとどまる。Ａ・Ｂの契約締結の時に，Ｃはまだ胎児や設立中の法人であってもよいし，そもそも誰だか特定していなくてもよい（537条2項）。ＣのＢに対する代金債権が発生するのは，ＣがＢに対して受益の意思表示をした時である（537条3項）。

　Ｃが取得するのは，Ａ・ＢがＣに取得させようとその契約で定めた範囲の債権であって，契約当事者であるからこその権利（取消権や解除権など）は，あくまでＡやＢに帰属する。ただし，ＢがＣに対する債務を履行しないからといって，Ｃが受益の意思表示をした以後にＡが契約を解除するには，Ｃの承諾を要する（538条2項）。

　Ｃの債務履行請求に対して，Ｂは，Ａ・Ｂ間の契約に基づく抗弁を主張することができる（539条）。契約の無効・取消し・解除の抗弁，停止条件の抗弁，履行期限の抗弁，同時履行の抗弁などなど。

　なお，生命保険（Ａ死亡の際には保険金をＢがＣに支払うものとするＡ・Ｂ間の契約）も，第三者のためにする契約であるが，ＣのＢに対する保険金請求権は，Ａ死亡によって当然に（すなわちＣの受益の意思表示なしに）発生する（保険42条。ほかに，保険8条・71条，信託88条1項参照）。

▶4　免責的債務引受による法律関係

▶▶▷1　債務引受である以上，もとの債務者の債務が引受人の債務の前提にあったわけだから，債務者が債権者に対して主張できる抗弁事由を有していたときは（免責的債務引受の効力発生時，したがって債務者・引受人の契約による場合は債権者の承諾表示の時を，基準時とする），引受人もまた，その事由を債権者に対し抗弁として主張することができる（472条の2第1項）。債務者が債権者に対して債務負担原因行為の取消権・解除権を有するときは，引受人は，債務者が免責前にその権利を行使すれば債務を免れ得た範囲内で，債権者に対して引受債務の履行を拒絶することができる（472条の2第2項）。

▶▶▷2　引受債務を弁済した引受人が，免責債務者に求償請求することができるためには，債務者・引受人間の特段の関係（引受委託，求償合意など）が認められることを要する（472条の3）。

▶▶▷3　免責債務のために**債務者が**供していた**物的担保**は，免責的債務引受

の効力発生以前に債権者が引受人に担保移転の意思表示をすることにより，引受債務のための担保として順位を維持したまま存続させることができる（472条の4第1項）。

　また，免責債務のために第三者が供していた人的担保・物的担保は，免責的債務引受の効力発生以前に債権者が引受人に担保移転の意思表示をし，かつ，その第三者の承諾の意思表示を得ることによって，引受債務のための担保として存続させることができる（472条の4第1項・2項）。第三者による人的担保を引受債務のために存続させる場合，その第三者の承諾は，書面または電磁的記録によらなければならない（472条の4第3項・4項）。

▶5　履行引受

　債務引受と似て非なるものとして，履行引受がある。履行引受人は，債務者との間の履行引受契約に基づいて，債務者に対してその債務の履行をする義務を負うが，債権者に対しては履行義務を負わない。履行引受人が債務者の債務を履行しないときは，債務者は，履行引受人に対し，債権者に履行するよう請求することができる。

4　契約上の地位の譲渡（契約譲渡）

▶1　意　義

　個々の債権を譲渡したり個々の債務を引き受けたりするのとは別に，契約当事者の地位（債権者となり債務者となり同時履行抗弁権や取消権・解除権の主体となりその相手方となるための包括的淵源たる地位）もまた，譲渡契約の目的とすることができる。契約当事者の一方または双方が，契約関係から離脱してしまいたいがその契約関係自体の終了を欲しているわけではなく，むしろこれを存続させようとする場合などに，利用されよう。

▶2　契約の態様

　契約譲渡を，譲渡目的契約の当事者双方と譲受人とが当事者となる三面契約によってすることができるのは，いうまでもない。

譲渡人・譲受人を当事者とする契約譲渡契約は，譲渡目的契約の相手方当事者が，契約譲渡を承諾する意思表示を譲受人に対してしたことを，効力発生要件とする（539条の2。不動産賃貸人の地位の譲渡につき，特則〔605条の2第1項，605条の3〕がある）。

▶3　契約譲渡の対抗要件

契約上の地位の移転を譲渡目的契約の相手方当事者に対抗するためには，特段の加重要件を考える必要はない。三面契約による場合はもとより，譲渡人・譲受人による契約譲渡による場合も，契約上の地位の移転が生ずること自体について,すでに相手方当事者の認容意思が確保されている(539条の2)からである。

問題は，契約上の地位の移転を，譲渡目的契約の相手方当事者以外の第三者(契約上の地位の二重譲受人，契約上の地位に包摂される個々の債権の譲受人，契約上の地位に包摂される個々の債権に対する差押債権者など) に対抗することができるためには，どのようなことが必要か，という点にある。民法は，この問題を解決する一般規定を設けていない（壊れていないものを壊し，必要なパッチを当てることはしないという，平成29〔2017〕年改正の姿を象徴している）。当面，債権譲渡の第三者対抗要件制度（467条1項・2項）を借用して，譲渡人の意思に基づいて契約譲渡の通知が確定日付証書によって相手方当事者に到達するか,または,相手方当事者の意思に基づいて契約譲渡の承諾（観念通知）が確定日付証書によって譲渡人または譲受人に向けて発信されるか，いずれかによって契約譲渡に第三者対抗要件が備わるものと解するほかなかろう（ゴルフクラブ会員の地位の譲渡事例：最判平成8・7・12民集50巻7号1918頁参照。不動産賃貸人の地位の譲渡を賃借人に対抗する要件については，特則〔605条の2第3項〕がある）。

▶4　契約譲受に伴う債務承継と担保移転

契約上の地位に包摂されて譲受人が譲渡人の債務を承継する場合（不動産の賃貸人の地位の譲受人が敷金返還債務を承継するなど。605条の2第4項参照），譲渡目的契約の相手方当事者（債権者）にとっては，譲渡人を債務者として供せられていた担保を，譲受人を債務者として存続させうることが望ましい。これについても民法は規定を設けないが，免責的債務引受に伴う担保移転の規定（472条の4）を類推適用するのが自然であろう。

Check

●設問1 （基本問題）

(1) 債権譲渡の債務者対抗要件と第三者（債務者以外の第三者）対抗要件の制度目的と
その相異を，動産譲渡債権譲渡特例法の制度設計にも視野を及ぼして説明しなさい。

(2) 差押債権者に対抗できる相殺の範囲と債権譲受人に対抗できる相殺の範囲とは，ど
のような理由でどのような点に相異があるのか，説明しなさい。

●設問2 （発展問題）

AのBに対する融資に係る貸金債権（本件債権）には，Aは本件債権を第三者に譲渡
してはならないものとする旨の合意（本件合意）が付され，本件合意は，A・Bが交わ
した融資契約書にも，特約条項として記載された。ところが，Bから貸金の返済がない
ことに業を煮やしたAは，本件合意の破棄をBに通告すると共に，本件合意の破棄およ
びその経緯をCに説明した上で本件債権をCに売却し，このことをBに内容証明郵便で
通知した。

Cに対する売掛代金債権者Dは，本件債権に本件合意が付されていることを知らず，
すでに取得していた債務名義に基づき，Cを執行債務者として本件債権全部に対する金
銭執行を申し立て，これを受けた執行裁判所から，B・Cに対して順次，債権差押命令
が送達された。

他方，Aに対する請負報酬債権者Eは，本件債権に本件合意が付されていることを知
りつつ，すでに取得していた債務名義に基づき，Aを執行債務者として本件債権全部に
対する金銭執行を申し立て，これを受けた執行裁判所から，B・Aに対して順次，債権
差押命令が送達された。

これら債権差押命令の送達を受けたBは，本件債権の全額に相当する金銭を，供託所
に供託した。

この場合において，認定できる事実関係が（個々の事実の間の先後関係も含めて）以
上に尽きるものであるとき，供託金の還付を受けられるのはD・Eのいずれか。また，
Dのみが，あるいはEのみが，はたまたD・Eが共に，供託金の還付を受けられること
になるためには，以上の事実関係に別の事実を加える必要があるか，あるとすればそれ
はどのような事実か。

参考文献ガイド

1　平成29（2017）年改正後の民法に関する文献

■ 教科書

内田貴『民法Ⅲ 債権総論・担保物権〔第4版〕』（東京大学出版会，2020年）

潮見佳男『新債権総論Ⅰ』（法律学の森，信山社，2017年）

　　現在のところ改正法に対応したもっとも詳細な体系書である。わかりやすい文章で書かれてはいるが，内容は高度であり，上級者向けである。Ⅰ巻では，主として本書の序論，第1章，第2章，第4章，第5章の範囲が扱われている。

潮見佳男『新債権総論Ⅱ』（法律学の森，信山社，2017年）

　　Ⅱ巻では，主として本書の第3章，第6章，第7章の範囲が扱われている。

潮見佳男『プラクティス民法債権総論〔第5版補訂版〕』（信山社，2020年）

　　多くの設例を用いた解説に特徴がある教科書。

中田裕康『契約法〔新版〕』（有斐閣，2021年）

　　契約法全体について，改正前と改正後を対比しつつ記述した教科書。

中田裕康『債権総論〔第4版〕』（岩波書店，2020年）

奥田昌道・佐々木茂美『新版債権総論上・中・下巻』（判例タイムズ社，2020〜2022年）

　　定評ある旧版が裁判官であった共著者の参加を得て全面改訂されたもの。

■ 平成29（2017）年の民法（債権関係）改正の解説書

潮見佳男『民法（債権関係）改正法の概要』（金融財政事情研究会，2017年）

　　改正により変更されたり，新設された規定を逐条的に（各条文ごとに）解説したもの。

中田裕康・大村敦志・道垣内弘人・沖野眞已『講義　債権法改正』（商事法務，2017年）

　　改正法の内容を口語体で分かりやすく解説したもの。

山本敬三『民法の基礎から学ぶ 民法改正』（岩波書店，2017年）

　　民法改正の全体像を簡潔に描き出したもの。

■ その他

窪田充見・森田宏樹編『民法判例百選 II 債権 第9版（別冊ジュリスト263号）』
（有斐閣，2023年）

　債権法分野の重要な判例それぞれに詳細な解説を加えたもの。判例の内容のみならず，
それを取り巻く学説の状況なども知ることができる。

田髙寛貴・白石大・山城一真『START UP 民法3債権総論　判例30！』（有斐閣，
2017年）

中原太郎・幡野弘樹・丸山絵美子・吉永一行『START UP 民法4債権各論
判例30！』（有斐閣，2017年）

　判例百選よりも，取り上げる判例を絞り込み，わかりやすく解説したもの。

潮見佳男・山野目章夫・山本敬三・窪田充見編著『新・判例ハンドブック債権
法 I・II』（日本評論社，2018年）

　判例百選よりも，多くの判例を取り上げ，簡潔に解説したもの。

森田宏樹監修，丸山絵美子・吉永一行・伊藤栄寿・三枝健治『ケースで考える
債権法改正』（有斐閣，2022年）

　具体的事例に即して債権法改正後の規定がどのように適用されるのかを検討して，解
釈論上の問題を浮き彫りにし，解決の方向性を探求しようとするもの。

松岡久和・松本恒雄・鹿野菜穂子・中井康之『改正債権法コンメンタール』（法
律文化社，2020年）

鎌田薫・松本恒雄・野澤正充編『新基本法コンメンタール債権1』（日本評論社，
2021年）

鎌田薫・潮見佳男・渡辺達徳編『新基本法コンメンタール債権2』（日本評論社，
2020年）

松岡久和・中田邦博編『新・コンメンタール民法（財産法）〔第2版〕』（日本評
論社，2020年）

　上記の4冊はいずれも各条文の解釈を比較的簡潔に解説したもの。

2　平成29（2017）年改正前の民法（債権総論・契約総則）に関するもの

　改正前の法状態を知る必要のある人に向けて，上述の教科書の以前の版に加えて，定
評のある体系書をいくつか紹介しておく。すでに入手困難であったり，今後そうなる
ことが予想されるものであるが，必要に応じて図書館などで参照してほしい。

我妻栄『新訂債権総論』（岩波書店，1964年）

我妻栄『債権各論上巻』（岩波書店，1954年）

奥田昌道『債権総論〔増補版〕』（YUYUSHA LEGAL SERIES，悠々社，1992年）

平井宜雄『債権総論〔第2版〕』（法律学講座双書，弘文堂，1994年）

淡路剛久『債権総論』（有斐閣，2002年）

北川善太郎『債権総論 民法講要III〔第3版〕』（有斐閣，2004年）

北川善太郎『債権各論 民法講要IV〔第3版〕』（有斐閣，2003年）

3　より深く探求したい人の為に

■ 注釈書

『注釈民法（全26巻）』（有斐閣，1964年～）・『新版注釈民法（全28巻）』（有斐閣，
　　1988年～）

　民法の条文を逐条的に解説した，いわゆるコンメンタールの中でもっとも詳細なもの。
　新版が出ている巻と出ずにおわった巻がある。『新注釈民法（全20巻）』（有斐閣，
　2016年～）の刊行が始まっており，改正後の規定に対応したものになる。

『新・判例コンメンタール　民法（全15巻）』（三省堂，1991年～）

　民法の各条を，判例を中心に解説したコンメンタール。

■ 民法典とそれをめぐる判例・学説の発展を叙述する文献

　今から130年近く前に民法典を作るときに，起草者がどのようなことを考え，どのよ
　うな議論がなされたのか，そしてその後，判例・学説がどのように民法を発展させて
　きたのかを知ることができる。

星野英一他編『民法講座4　債権総論』（有斐閣，1985年）

星野英一他編『民法講座5　契約』（有斐閣，1985年）

広中俊雄・星野英一編『民法典の百年III　個別的観察(2)　債権編』（有斐閣，
　　1998年）

加藤雅信他編『民法学説百年史――日本民法施行100年記念』（三省堂，1999年）

判例索引

【高等裁判所】

【地方裁判所】

事項索引

●監修者紹介

田井　義信（たい　よしのぶ）同志社大学名誉教授

●執筆者紹介（執筆順，＊が編集責任者）

笠井　修（かさい　おさむ）中央大学法科大学院教授

　　担当：序論，第1章，第2章

吉永　一行（よしなが　かずゆき）東北大学大学院法学研究科教授

　　担当：第3章

＊上田　誠一郎（うえだ　せいいちろう）同志社大学法学部教授

　　担当：第4章

下村　正明（しもむら　まさあき）関西大学法科大学院教授

　　担当：第5章，第6章，第7章

Horitsu Bunka Sha

ユーリカ民法3　債権総論・契約総論〔第2版〕

2018年8月10日　初　版第1刷発行
2023年4月25日　第2版第1刷発行

監修者　田井義信

編　者　上田誠一郎

発行者　畑　　光

発行所　株式会社 法律文化社

〒603-8053
京都市北区上賀茂岩ヶ垣内町71
電話 075(791)7131　FAX 075(721)8400
https://www.hou-bun.com/

印刷：亜細亜印刷㈱／製本：㈲坂井製本所
装幀：谷本天志

ISBN 978-4-589-04270-5

©2023 Y. Tai, S. Ueda Printed in Japan

乱丁など不良本がありましたら，ご連絡下さい。送料小社負担にて
お取り替えいたします。
本書についてのご意見・ご感想は，小社ウェブサイト，トップページの
「読者カード」にてお聞かせ下さい。

JCOPY 〈出版者著作権管理機構 委託出版物〉

本書の無断複写は著作権法上での例外を除き禁じられています。複写される
場合は，そのつど事前に，出版者著作権管理機構（電話 03-5244-5088，
FAX 03-5244-5089, e-mail: info@jcopy.or.jp）の許諾を得て下さい。